25€

GUIDE DE L' AMATEUR de THÉ

Photographies de
David Coulon

Dessins de
Eva-Maria

Les Thés du monde entier
présentés par

Jean Montseren

SOLAR

Du même auteur :

Le Livre du thé, 1998, Éditions du Rocher.

Internet : www.admirable-tea.com

Si vous souhaitez recevoir notre catalogue
et être tenu au courant de nos publications,
envoyez-nous vos nom et adresse, en citant ce livre
et en précisant les domaines qui vous intéressent.

Éditions SOLAR
12, avenue d'Italie
75013 PARIS
Internet : www.solar.tm.fr

ISBN : 2-263-02847-1
Code éditeur S02847

SOMMAIRE

L'INVITATION A LA DÉGUSTATION

Un jour à Guwahati, en Inde, un homme rencontré dans la rue me convia pour la soirée à une dégustation improvisée sur les berges du Brahmapoutre. J'acceptai.

L'heure venue, je me rendis à notre rendez-vous. Mon hôte n'était pas là. Je l'attendis, fasciné et hypnotisé par l'immense fleuve majestueusement libre. Il était en crue et charriait, comme des brindilles, des arbres géants arrachés du sol. J'imaginais la vie sur ces îles si grandes et si nombreuses tandis que les flots, boueux et impétueux, tourbillonnaient, frappaient et emportaient ce qu'il pouvait rester d'immobile. Quant à l'autre berge... elle était si lointaine qu'on la devinait, on la présumait sans aucune réelle certitude. Deux ou trois familles, habitant des cabanes de fortune qu'elles devaient reconstruire après chaque mousson, vivaient là et m'offraient leurs chants et leur animation. Passées deux heures du matin, sans nouvelle de mon hôte, je rentrai à pied.

Le lendemain, au détour d'une rue, je le croisai. Sans délai, il me demanda sérieusement : « Alors, monsieur le *tea taster*, qu'avez-vous goûté hier ? » « Le Brahmapoutre », lui répondis-je. « Bien, me dit-il en souriant, il ne vous reste plus qu'à y laver votre linge. »

Ces paroles simples, fortes et déroutantes me reviennent une nouvelle fois en mémoire. Car, dans notre parcours de thé commencé ici, dans ce livre, ensemble, il ne s'agira pas de déclamer une vérité plus qu'une autre, de chercher l'exactitude ou l'exhaustivité. Non, pas de cela entre nous. Nous allons invoquer toutes les voix de thé, présentes à notre attention, afin qu'elles nous content chacune, avec leurs mots et leurs accents, un morceau de l'Épopée.

Puis nous célébrerons ces rencontres lors d'une dégustation de thés. Certains de ces thés sont des tasses types, d'autres des tasses éphémères. Et même si ces tasses n'existent que dans la justesse du moment de la dégustation, le message qu'elles nous délivrent demeure. Quelques-uns de ces thés sont goûtés en qualité exceptionnelle ou supérieure, d'autres en qualité courante... car la voie du thé n'est pas en dehors de la vie quotidienne. Elle coule à chaque instant, comme le Brahmapoutre.

Et qui sait si, après avoir su goûter tout cela, nous n'irons pas y faire, simplement, nos ablutions ?

C. - ville basse, novembre 98

A LA DÉCOUVERTE DU THÉ

LES ORIGINES DU THÉ

Thé du présent, thé de l'instant, le thé est une boisson éphémère autant qu'inscrite dans un très ancien passé. A la question : « D'où vient le thé ? », toujours quelqu'un s'empresse de répondre : « Je sais, je sais, c'était un jour où... » Mais à la question : « D'où venons-nous au thé ? », seuls travaillent les compagnons et les maîtres de thé.

Cela dit, je vous invite à aborder plusieurs passés inclus dans le thé d'aujourd'hui, celui des légendes, des savants, des historiens... et des amateurs.

Trois légendes

De multiples légendes évoquent la découverte du thé. Certaines ont peut-être leur part de vérité, mais toutes restituent à cette merveilleuse plante la dimension poétique et spirituelle qui est la sienne. En voici trois, issues de trois grands pays du thé.

Quelque part en Chine, l'étrange empereur Shennong, le « laboureur divin », se reposait à l'ombre d'un arbre. Son corps était d'un homme et sa tête d'un buffle. Des trois souverains chinois qui prirent le titre d'« Auguste », il est celui qui apporta à son peuple l'agriculture, et notamment le riz. Pour que l'état de santé des Chinois leur permette de travailler au champ, il créa également une médecine préventive, principalement à base de plantes. Nous lui devons ainsi le *Shennong Bencao,* premier herbier de Chine.

Ce jour-là, Shennong était donc assis au pied d'un arbre sauvage. Il faisait bouillir de l'eau afin de la purifier lorsqu'une bise se leva et y fit tomber deux ou trois feuilles. L'empereur vit l'eau changer de couleur et se réjouit du parfum qui s'en dégageait. Il goûta et découvrit un breuvage riche en arômes et vertus bienfaisantes.

Les deux autres légendes, japonaise et indienne, évoquent Bodhidharma, ce prince indien du VIe siècle qui partit en Chine fonder le bouddhisme *chan* – lequel se développera au Japon à partir du XIIe siècle, où il prendra le nom de *zen*.

Bodhidharma avait fait vœu de ne jamais dormir, afin de ne pas se soustraire un seul instant à sa mission. Malgré tout, épuisé par sa longue veille, il s'écroula un jour sur le bord d'un chemin et se mit à rêver de femmes. A son réveil, ivre de colère, il s'arracha les paupières. Quelques années plus tard, passant au même endroit, il vit que, là où il avait jeté ses paupières, deux arbustes avaient poussé.

La troisième légende raconte que, à la fin de sa vie, il resta en méditation pendant neuf ans, assis immobile face à un rocher. Mais, au bout de quelque temps, lassé, il eut le geste curieux de cueillir quelques feuilles sur l'arbuste qui poussait à proximité. Les mâchant, il découvrit qu'elles avaient le pouvoir d'écarter l'ennui et l'aidaient à rester concentré. Il put ainsi reprendre sa méditation pendant les années qui suivirent. A la longue, il perdit l'usage de ses jambes, tandis que son image s'imprimait sur le rocher.

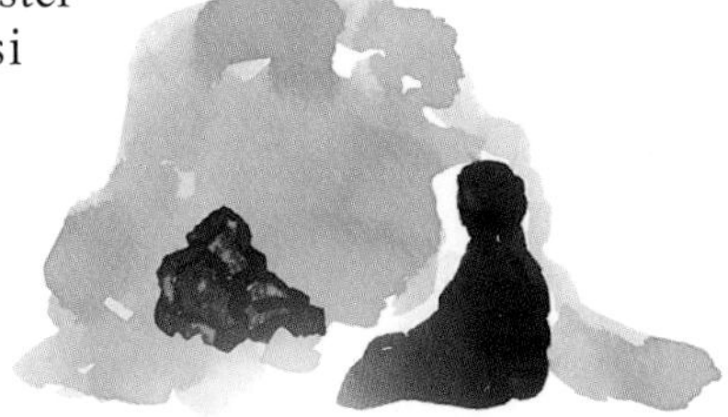

Ces trois légendes mettent en scène des théiers sauvages. La légende chinoise présente le thé dans sa fonction médicinale. Une confusion avec l'idéogramme d'une plante amère, *tu,* le fait remonter très loin dans le passé. En fait, le thé n'apparut, d'abord sous la forme d'un breuvage thérapeutique, que sous les Han de l'Ouest (206 av. J.-C.-24 apr. J.-C.). Ce n'est qu'à la fin de la dynastie Han de l'Est (25-220) et à l'époque des Trois

Royaumes (220-280) qu'il devint une boisson quotidienne, puis, à partir de la seconde moitié de la dynastie Tang (618-907), le breuvage de prédilection des poètes et des artistes.

La deuxième et troisième légendes font remonter l'apparition du thé au VIe siècle après J.-C. En réalité, les premiers théiers furent apportés au Japon au début du IXe siècle et ce furent les moines zen qui développèrent la culture du thé dans l'archipel. Quant à l'Inde, on n'y découvrit des théiers que très tardivement, dans la première moitié du XIXe siècle : le secret, jusqu'alors, avait été le privilège de quelques tribus vivant dans la jungle de l'Assam.

Bien entendu, ce n'est pas la vérité historique qu'il convient de chercher dans les légendes : celles-ci révèlent plutôt l'attachement des peuples aux héros et aux éléments qu'elles mettent en scène. Mais, en ce qui concerne le thé, il est intéressant de constater que sa découverte est attribuée à deux personnages majeurs de la culture asiatique, Shennong, l'empereur mythique, et Bodhidharma, l'un des fondateurs de la spiritualité bouddhiste.

Les trois fleuves

L'origine géographique du théier reste encore une énigme. Toutefois, parmi une multitude d'hypothèses de toute sorte, les travaux de M. Wight me paraissent particulièrement convaincants. Non seulement ils s'appuient sur de sérieuses bases scientifiques, mais ils présentent l'avantage d'expliquer de façon très satisfaisante l'existence des trois grands types de théiers.

Selon Wight, l'origine du théier se situerait autour du point 29° de latitude nord et 98° de longitude est, soit à la source du fleuve Irrawaddy. Dans cette aire géographique se rencontrent l'Assam, la Chine, la Birmanie et le Tibet, et trois grands fleuves d'Asie du Sud-Est passent en ces terres : le Luhit, un bras du Brahmapoutre, le Mékong et le Yangzi Jiang.

Diverses graines, voyageant au gré du vent, seraient tombées dans ces trois fleuves. C'est d'elles que seraient issus les trois types de théiers que nous rencontrerons plus loin (voir « Le matériel végétal », page 14).

Celles qui auraient été emportées par le Brahmapoutre auraient traversé l'Assam, cette jungle indienne quasi impénétrable où les arbres morts restent debout, faute de place pour tomber. Le théier de type assamais se serait développé dans cette terre extrêmement riche.

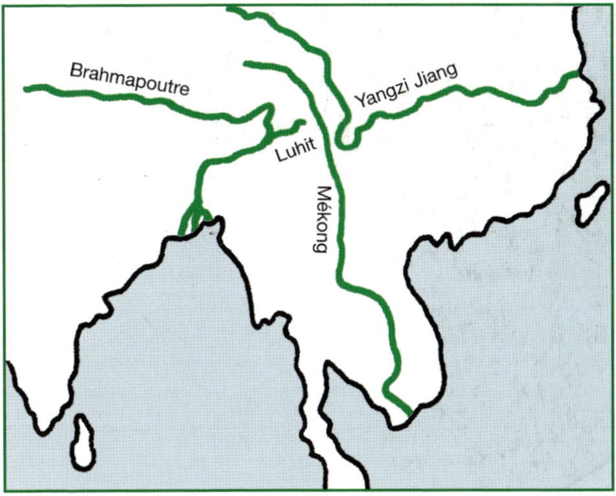

Parcours des trois « chevaux fluviaux » du théier.

Les graines transportées par le Mékong, qui, lui, file tout droit vers le sud et parcourt l'Indochine, auraient donné le théier de type cambodgien.

Quant aux graines qui auraient navigué avec le Yangzi Jiang, qui part vers l'est et traverse la Chine, elles auraient donné naissance au théier de type chinois.

Les trois âges du thé

Le thé n'a pas toujours été consommé comme il l'est aujourd'hui. Dans les premiers temps, il est vraisemblable que l'on faisait bouillir les feuilles fraîches. Vers le IIIe siècle, on prit l'habitude de les faire sécher, puis de les réduire en une poudre que l'on mettait à bouillir. Vinrent ensuite ce que l'on appelle « les trois âges » du thé.

L'âge du thé bouilli

A l'époque chinoise dite classique, sous la dynastie Tang (618-907), le thé était bouilli. On préparait des briques de thé compressé, afin de le rendre aisément transportable. Pour préparer le thé, on chauffait les briques de façon à les émietter, puis on faisait bouillir les miettes avec du sel. « Quelquefois, précise Lu Yu, qui fut au VIIIe siècle l'un des premiers grands maîtres de thé, on ajoute des ingrédients comme des oignons, ou du gingembre. De tels breuvages ne valent pas plus que des rinçures de gouttière et de caniveau. » Très répandue dans le

Nord, cette préparation n'était autre qu'une soupe, que l'on buvait dans de grands bols. Les Tibétains, qui connurent le thé à cette époque, le consomment toujours ainsi.

Du sud-ouest de la Chine au Tibet et du nord de la Chine à la Mongolie, le thé voyagea en effet avec les caravanes de chameaux et de yaks tout au long des 1 500 kilomètres de la route du thé, à travers une cinquantaine de cols parfois situés à plus de 5 000 mètres d'altitude. Les briques de thé constituaient des valeurs d'échange, de plus en plus précieuses à mesure que l'on s'éloignait des lieux de production. La Chine ouvrit même un ministère du Cheval et du Thé, habilitant des commissaires du thé à faire respecter jusque dans les contrées les plus lointaines le monopole d'État sur les exportations. Ce ministère avait également pour mission d'échanger du thé contre des chevaux avec les peuples « barbares » et impétueux du Nord. En effet, la Chine, qui ne possédait pas de chevaux, ne pouvait en procurer à son armée que par ce seul biais. Le thé s'échangeait donc en Mongolie contre des chevaux et des fourrures, au Tibet contre des peaux de yak.

L'âge du thé battu

A l'époque dite romantique, sous les dynasties Song du Nord et du Sud (960-1279), le thé commença d'être battu. On l'écrasait sous une meule afin d'obtenir une poudre très fine, que l'on battait dans de l'eau chaude avec un fouet de bambou jusqu'à l'obtention d'une mousse délicate et substantielle. Les Japonais, qui découvrirent le thé à cette période, utilisent toujours ce procédé lors des cérémonies du thé *(chanoyu).*

Les grands bols cédèrent la place à de larges bols peu profonds, les *chien,* dont les plus prisés étaient « fourrure-de-lièvre », un coloris bleu sombre nuancé de brun.

L'âge du thé infusé

A l'époque dite naturaliste, sous la dynastie Ming (1368-1644), la préparation du thé changea encore : cette fois, on utilisait des feuilles, que l'on faisait infuser. La bouilloire remplaça la « bouteille à thé » *(p'ing),* en même temps qu'apparaissaient la théière et les petites tasses sans anse. L'emploi du *chung* – sorte de tasse sans anse munie d'un couvercle et d'une soucoupe profonde – semble plus tardif et dater des débuts de la dynastie Qing (1664-1911). Les Européens, qui découvrirent le thé à cette époque, le consomment toujours de la manière décrite par Matteo Ricci (1552-1610), l'un des premiers missionnaires à avoir pénétré en Chine :

Du thé en brique à la théière, en passant par le thé en poudre…
l'histoire tient parfois dans une tasse.

> Les Chinois jettent quelques feuilles en un petit vaisseau d'eau bouillante et, après cela, quand elle a attiré la vertu et la faculté des feuilles, ils la boivent chaude, rejetant les feuilles.

Le thé est donc bien autre chose que cette simple boisson qui nous semble aujourd'hui si familière : il a voyagé à travers les pays, les civilisations et les âges. Ceux qui l'enferment dans un mode de préparation et de consommation unique et affirment qu'il a trouvé là sa forme parfaite et définitive se trompent : le thé offre un visage multiple, riche de saveurs, de savoir-faire et d'histoire, qu'il importe de redécouvrir à chaque nouvelle dégustation.

LE THÉ DANS LE CHAMP

Qui pourrait se douter, poussant la porte d'une boutique où l'on vend du thé, de l'extraordinaire saga vécue par la feuille du théier depuis le jardin lointain où elle fait l'objet de soins ancestraux jusqu'à ces boîtes mystérieuses où se dissimulent ses parfums ? L'arbre lui-même fit l'objet d'intenses querelles parmi les botanistes des siècles passés, et l'on ne sait toujours pas avec certitude, aujourd'hui, de quelle région du monde il est précisément originaire.

Le matériel végétal

Bien que le théier figure en bonne place dans les plus grands ouvrages de la littérature chinoise classique – parmi lesquels, plusieurs siècles avant notre ère, les *Annales des printemps et automnes* ou les *Élégies du pays de Chu* –, on n'y trouve aucune description propre à satisfaire un botaniste d'aujourd'hui. Et c'est à des savants européens que l'on doit, dans des temps beaucoup plus proches, les premières tentatives de classification.

Le botaniste suisse Gaspard Bauhin (1560-1624), auteur d'un *Pinax theatri botanici*, classait le théier dans l'espèce des fenouils. Bontius (1599-1631), naturaliste hollandais, pensait que le thé était une petite herbe, et Simon Pauli, professeur de botanique à Copenhague, était persuadé qu'il s'agissait d'une forme du piment royal, connu dans toute l'Europe. En fait, bien peu d'Européens de l'époque avaient pu voir la feuille fraîche, les graines, les fleurs et les racines, et leurs hypothèses ne s'appuyaient généralement que sur l'examen de la feuille sèche.

C'est un chirurgien de la Dutch East India Company stationné au Japon, Kaempfer, qui fit en 1712 la première description scientifique d'un théier, auquel il donna le nom de *Thea japonense.* Comme il n'avait pas collecté de spécimens, c'est d'après ses dessins que Linné, en 1753, répertoria cet arbre sous le nom de *Thea sinensis* dans le premier volume de son *Species Plantarum.* Il distingua également un autre genre de thé, qu'il appela *Camellia* et déclina en deux variétés : *C. japonica* et *C. sassanqua.* En 1762, il répartit également le genre *Thea sinensis* en deux variétés – *T. viridis* et *T. bohea* –, censées produire respectivement du thé vert et du thé noir.

La question de l'origine de ces deux types de thé resta longtemps au cœur de nombreux débats. Certains pensaient qu'il y avait deux espèces distinctes, l'une pour le thé noir, l'autre pour le thé vert, tandis que d'autres soutenaient qu'il n'en existait qu'une, produisant l'un et l'autre. Les partisans de la seconde hypothèse, parmi lesquels les botanistes français Jussieu et Mirbel, durent donc justifier la différence.

Selon Lettsom, un médecin anglais de la fin du XVIIIe siècle, le fait qu'un théier produise du thé vert ou noir n'était qu'une question de climat, de sol et d'exposition du terrain :

> On a remarqué que l'arbre à thé vert, planté dans les pays d'où vient le thé noir, produit du thé noir, et réciproquement.

Sans aucune ambiguïté, le major écossais Robert Bruce, en mission dans l'Assam, écrivit en 1838, dans un rapport à la Compagnie des Indes :

> Les feuilles de thé vert ne se récoltent pas de la même manière que celles du thé noir, quoique l'arbre soit exactement le même ; cela ne saurait faire l'objet du moindre doute, puisque, en ce moment même, je cueille dans la même plantation, et sur le même arbre, des feuilles destinées à faire du thé noir et du thé vert. La différence se limite au mode de fabrication, et rien de plus.

Ces hésitations et ces controverses donnèrent lieu à une profusion de noms d'espèces et de sous-espèces, un même type de théier se voyant parfois attribuer une dizaine d'appellations différentes, tandis que circulait le terme générique de *Camellia.* Créé par Linné, ce nom, plus tard transformé en « camélia », se

De haut en bas et de gauche à droite :

un Camellia cambodiensis *et deux de ses hybrides,*

quatre shoots *avec bourgeons,*

une feuille de Camellia assamica

et de Camellia sinensis *au même âge.*

voulait un hommage à Georg Joseph Kamel, jésuite morave en mission aux Philippines et botaniste éminent de la fin du XVIIe siècle.

Finalement, c'est au Congrès international de botanique que l'on demanda de trancher, ce qui fut fait lors d'une session tenue à Amsterdam en 1935. Le thé reçut le nom officiel de *Camellia sinensis (L.)* O. Kuntze, ce qui signifie « *Camellia* chinois » ; « L. » rappelle que la plante doit son nom à Linné et « O. Kuntze » désigne le botaniste qui intervint après Linné dans l'établissement de son nom.

Le théier appartient donc au genre *Camellia L.,* de l'ordre des Guttiférales, famille des ternstræmiacées, et compte plus de 80 espèces.

Si la question de l'appellation du genre a été tranchée, il reste cependant de nombreux points à éclaircir. Comment, par exemple, distinguer un simple type d'une variété ? Certains reconnaissent les théiers de type assamais (Inde) comme une variété de *Camellia sinensis* (C. *sinensis* var. *assamica*), d'autres comme une race à part entière (*C. assamica* [Masters]). Quant au plant cambodgien, il est tantôt rattaché au plant chinois ou assamais, tantôt identifié comme une espèce.

Si ce travail de classification apparaît si complexe, c'est que l'on n'a toujours pas trouvé de théier sauvage « pur ». On connaît bien l'existence d'un théier d'une trentaine de mètres et de plus de 1 600 ans dans le Yunnan, en Chine, et de quelques exemplaires plusieurs fois centenaires dans des endroits peu accessibles au commun des mortels, mais il ne semble pas qu'il s'agisse de prototypes. On peut en dire autant des plants assamais ou cambodgiens, qui, même dans la jungle, sont vraisemblablement des reliques laissées derrière elles par des tribus locales pratiquant le *jhumming* : après avoir nettoyé une parcelle de jungle, celles-ci utilisaient la terre ainsi disponible, puis l'abandonnaient au bout de quelques années pour s'en aller ailleurs. Ces plants ont d'ailleurs été découverts très tardivement, dans la première moitié du XIXe siècle. De même, nul plant réellement sauvage n'a encore été retrouvé dans la péninsule indochinoise, où l'on connaissait pourtant le thé depuis plusieurs siècles lorsque les Chinois entreprirent de le cultiver.

Mais ces problèmes, au demeurant passionnants, concernant les botanistes : ils ne doivent troubler ni les planteurs, ni les dégustateurs, ni les amateurs.

Ce qu'il faut retenir, c'est que l'on a affaire à un matériel végétal très diversifié, obtenu soit par clonage, soit par multiplication à partir de la graine. Ce matériel se compose d'une multitude de races, d'hybrides et de mélanges de phénotypes présentant différentes caractéristiques organoleptiques (arôme, saveur, tenue, couleur, texture, consistance, présence...) et botaniques (résistance au froid, aux moussons, aux sécheresses...).

Voici les trois types de théiers rencontrés le plus souvent :

● *Camellia sinensis* var. *sinensis*

A l'état sauvage, sa taille avoisine les 5 mètres. Les feuilles sont petites (de 3 à 10 centimètres), rigides et mates. Le théier de type chinois et ses hybrides sont cultivés dans des régions où les températures peuvent descendre assez bas (Japon, Chine, ex-URSS, Iran, Turquie), ainsi que dans des plantations de haute altitude. Ils sont robustes et résistent bien à la sécheresse. Contrairement à *C. assamica, C. sinensis* se renouvelle par rejets issus des racines. Certains théiers de la variété chinoise produisent depuis plus de 100 ans en Inde (à Darjeeling et Nilgiri) et à Sri Lanka. *C. sinensis* var. *sinensis* donne des liqueurs assez parfumées, avec peu de corps.

Thé et liqueur
La « liqueur », dont il est question à chaque page de cet ouvrage, désigne le liquide obtenu dans la tasse après infusion des feuilles de thé.

- ***Camellia sinensis* var. *assamica* ou *Camellia assamica* (Masters)**

A l'état sauvage, il peut atteindre plus de 15 mètres. Ses feuilles sont grandes (jusqu'à 20 centimètres), brillantes, claires et souples, avec une texture assez épaisse. Le théier de type *assamica* et ses hybrides sont présents dans des régions connaissant de fortes pluies (la mousson), essentiellement en plaine. Leur durée de vie en production est inférieure à celle de la variété chinoise : de 30 à 50 ans. *C. sinensis* var. *assamica* produit des liqueurs plutôt charpentées, avec de la force et de la couleur.

- ***Camellia sinensis* var. *cambodiensis* ou *Camellia assamica* ssp. lasiocalyx**

Pouvant atteindre de 6 à 10 mètres de hauteur, il présente des feuilles brillantes, jaune-vert lorsqu'elles sont jeunes. Il est plus grand que *C. sinensis,* plus petit que *C. assamica* et sert essentiellement à produire des hybrides.

Le théier a de petites fleurs blanches isolées ou en inflorescence de 1 à 4 fleurs, au cœur jaune, comportant de 5 à 7 pétales. Le fruit se présente sous la forme d'une coque dure contenant de 1 à 3 graines, dont la taille diffère selon la variété (de 4 à 8 millimètres pour *C. sinensis* et de 10 à 15 millimètres pour *C. assamica*). Ses racines plongent dans le sol en un pivot qui peut atteindre de 1,5 m à 3 mètres de profondeur. Seuls les clones ont des racines peu profondes, en parapluie, ce qui les rend sensibles aux sécheresses prolongées.

Le plant assamais, par exemple, ne signifie pas qu'il n'existe qu'en Assam, mais plutôt qu'il fut découvert en Assam. Ainsi, nous avons des plants assamais en Chine et des plants chinois en Assam.

Outre ces trois « classiques », il existe une multitude de croisements ayant des noms propres et de « jats ». Le mot « jat » signifie « caste » ou « pédigree » en assamais et désigne une descendance générative avec des caractéristiques liées à une certaine région, en fait un écotype stable. Citons, pour illustrer notre propos, les jats et les clones Betjan, Lushai, Manipuri, Asatsuyu, Yabukita, Sayamakaori, Sayamamidori, Yamatomidori, Kanayamidori, Okumidori, Yamakai, Yutakamidori, Meiryoku, Fukumidori, Okumusashi, Ooiwase, Surugawase,

Samidori, Gokou, Kurasawa, Yamanami, Saemidori... ou portant des noms chiffrés tels que les TRI (Talawakelle Research Institute : institut de recherche du thé à Ceylan) 2142, TRI 2023, TRI 2025, ou TV17 (Tocklai Vegetative : institut de recherche du thé en Inde), TV 25, TV 31, GMB1 (issus des recherches indonésiennes), GMB2, GMB5, TTES 12 (Taiwan Tea Experiment Station)... Ajoutons encore à cette liste innombrable les quelque 250 clones ou jats cultivés en Chine.

La plantation (ou « jardin »)

Les théiers sont cultivés dans des plantations appelées *gardens* (« jardins ») ou *estates*. Ces jardins, dont la superficie peut aller de moins de 1 hectare à plus de 1 000 hectares), appartiennent à des planteurs indépendants ou à des entreprises, qui en possèdent parfois un très grand nombre. Tous les jardins ont un nom. Les plus réputés vendent leur thé sous leur nom, tandis que les autres voient leur production mélangée à d'autres. Les *blends* (ou « mélanges ») portent un nom générique qui correspond à leur région d'origine – c'est le cas du thé de Darjeeling –, à leur pays – comme le thé d'Inde – ou à un élément plus ou moins pittoresque – thé de la Reine Berthe, thé des Sept Moines de la Montagne, thé de Noël, etc.

Une factory *et des cueilleuses dans un jardin de Darjeeling.*

Les opérations de champ sont sensiblement les mêmes partout : défrichage, taille de formation, taille de production, taille de régénération, taille dans le vert, cueillette, entretien de la pépinière, etc. Peuvent varier les travaux relatifs à la richesse ou à la pauvreté du sol, à son érosion, à l'altitude, à la politique de production et aux conditions climatiques.

De la graine à la pépinière

Pour obtenir un théier par reproduction classique, on prélève les graines sur des plants sélectionnés, puis on les met dans une section spéciale de la plantation, où on les plonge dans une bassine d'eau afin d'éliminer celles qui flottent. On place ensuite les graines dans un germoir, sorte de plate-bande ombragée composée de sable ou de matières organiques en décomposition. La germination commence dès le troisième jour. On transfère alors les graines dans une pépinière. Ces pépinières, généralement ombragées, sont faites de plates-bandes surélevées d'environ 20 centimètres et d'une largeur maximale de 1,50 m. Les graines y sont repiquées dans le sol ou dans des sachets de polyéthylène. Peu à peu, on diminue l'ombrage afin d'habituer les plants à la lumière (c'est l'« endurcissement »). Lorsque les plants atteignent une certaine hauteur, ils sont transplantés à leur emplacement définitif.

Pour obtenir un théier par clonage, on prélève sur un arbre mère, avec un couteau à greffer ou une lame de rasoir, une tige de 3 à 4 centimètres comportant un œil et une feuille. Les boutures sont repiquées en pépinière, tige droite ou légèrement inclinée vers la feuille mère, qui ne doit pas toucher le sol. Après 2 à 4 mois, les boutures s'enracinent et subissent un endurcissement progressif. L'ombrage aura totalement disparu de 4 à 6 semaines avant la transplantation en champ.

Les tailles dans le champ

Après une première taille en pépinière, le théier subit souvent deux tailles de formation, afin d'acquérir une charpente basse et large sous la forme d'un tronc central et de nombreuses ramifications. Une méthode d'arcure peut être utilisée à la place des tailles de formation.

Des tailles de production sont régulièrement effectuées afin de maintenir le théier à une hauteur comprise entre 0,80 m et 1 mètre. Cela permet aux cueilleuses de procéder à la récolte sans avoir à se baisser ni à monter sur une échelle. On a tenté, par le passé, de dresser des singes à la récolte des feuilles situées tout en haut des théiers : on leur lançait des pierres pour

La taille d'un théier.

qu'ils ripostent en jetant des branches, d'où l'on aurait récupéré les feuilles. Mais ils se montrèrent peu coopératifs, et l'on renonça à les employer...

Il arrive que des tailles de régénération plus ou moins fortes *(hard, medium prune)* soient nécessaires pour rajeunir une charpente et stimuler la croissance. Ainsi, le *cut across* permet de rabattre le théier de 12 à 35 centimètres du sol et de laisser quelques résidus de la taille *(brout)* au sol. Le *rim-lung,* très pratiqué au Kenya, consiste à tailler le centre du théier en laissant les branches du pourtour, ce qui permet à l'arbre de respirer. Quant à la taille dans le vert *(skiff)*, qui doit rester exceptionnelle, elle a pour but d'égaliser une table de cueillette rendue irrégulière par la grêle, le gel, une croissance trop rapide ou une cueillette maladroite.

L'entretien du champ

La culture du thé comprend également de nombreuses opérations de drainage, de lutte contre l'érosion, les maladies et les insectes, de fertilisation (par fumure organique ou minérale), de désherbage et d'irrigation. Afin de protéger les théiers du vent, du soleil et des fortes pluies, d'autres types d'arbres sont plantés çà et là dans les jardins. On les choisit avec soin pour

Jean Montseren offrant ses soins et mille attentions à un jardin.

qu'ils n'appauvrissent pas le sol déjà fatigué par la monoculture. Les arbres de la famille des légumineuses, dont les racines fixent l'azote dans le sol, sont très précieux de ce point de vue.

Les parasites

Les plantations représentent, par leur étendue et leur caractère durable, un environnement accueillant pour de nombreux insectes. La pulvérisation (le plus souvent effectuée à l'aide d'un réservoir porté sur le dos, et quelquefois par voie aérienne) et le poudrage (rapide et peu coûteux, mais moins efficace) sont les modes d'épandage des insecticides les plus utilisés.

Parmi les principaux ennemis du théier figurent de nombreuses sortes de chenilles, larves, vers et insectes volants, pucerons, cochenilles, criquets, moustiques, termites, fourmis et acariens...

Si la plupart de ces parasites doivent impérativement être écartés, d'autres semblent avoir une action bénéfique. Ainsi, les araignées rouges (*Oligoychus coffae*) de Ceylan et les *green flies* (*Empoasca flavescens*) de Darjeeling provoquent des désordres chimiques dans le chloroplaste, ce qui donne aux feuilles un arôme très recherché. Certains attribuent même aux attaques de la *green fly*, qui surviennent lors de la deuxième récolte, le fameux goût de muscat des Darjeeling.

Les maladies

Les théiers sont également sujets à des maladies, généralement causées par des champignons, et parfois favorisées par l'utilisation de certains pesticides. Primaires – entraînant la mort de l'arbre – ou secondaires – nuisibles sur les sujets faibles –, ces maladies n'épargnent aucune partie des plants.

Les maladies des racines

Généralement dues à une terre mal défrichée comportant encore d'anciennes racines, elles se transmettent par voie aérienne, lors de la dissémination des spores, ou par contact direct dans le sol.

Difficilement détectables, elles sont rarement traitées à temps et provoquent la mort soudaine des théiers, particulièrement des plus jeunes. La seule solution, dès que l'on constate qu'un théier est malade, consiste à le brûler et à laisser la terre en friche un certain temps.

Les maladies des branches

Elles surviennent surtout lorsque l'écorce, qui, d'ordinaire, offre une bonne protection, est affaiblie par une taille ou une longue sécheresse.

Les maladies des feuilles

La plus grave est la cloque, un champignon qui se manifeste par des taches circulaires et concaves et qui, lorsqu'il éclate, libère des milliers de spores dans l'air.

La maladie des fleurs

Il s'agit de *Botrytis ssp.*, une maladie secondaire dont la menace se limite aux inflorescences.

Les conditions de culture idéales

Malheureusement, il ne suffit pas de respecter à la lettre ces opérations de champ pour transformer n'importe quel terrain en jardin de thé. Des tentatives ont été faites en Corse, en Bretagne et même à Paris, mais ces efforts sont restés peu concluants. Voici donc les conditions d'une bonne culture du thé.

Le sol ne doit être ni calcaire ni argileux. Il peut être alluvionnaire, comme dans l'Assam, sédimentaire rocheux, comme à Sri Lanka ou Darjeeling, ou volcanique, comme dans la vallée du Rift, au Kenya. La racine centrale du théier, qui descend profondément en terre, ne doit rencontrer aucune couche dure. L'arbre se plaît dans des sols acides (pH entre 3,9 et 7,1), meubles, perméables, riches en azote, en acide phosphorique et en potasse. Pour toute nouvelle plantation, le sol doit être défriché à la main ou au bulldozer. La terre ne sera pas brûlée, mais labourée deux fois. Avant d'installer les théiers, on y mettra une culture de plantes sélectionnées pour leur capacité à fixer l'azote dans le sol.

En ce qui concerne le climat, il faut des vents réguliers et secs, une température qui n'excède pas 30 °C et ne descende pas sous 10 °C, sous peine de voir la croissance du théier compromise ; l'arbre, en effet, meurt en dessous de –5 °C. Mais les répercussions des variations climatiques ne sont pas toutes négatives : si, par exemple, le théier se déshydrate lors d'une journée sèche baignée d'une lumière vive et à laquelle succède une nuit fraîche, le stress qui désorganise le chloroplaste de ses feuilles, emprisonnant la chlorophylle, favorise le développement de l'arôme. Néanmoins, les théiers ont besoin de pluies fréquentes (de 1 500 à 3 000 mm/an), de préférence nocturnes. Le taux d'hygrométrie doit être compris entre 70 et 90 %, et un ensoleillement de 5 heures par jour est recommandé. Toutes ces raisons font que la zone la plus propice à la culture du théier s'étend entre 43° de latitude nord et 27° de latitude sud.

La cueillette

Sauf en Afrique, la cueillette est généralement effectuée par des femmes. Dans de nombreux pays, elle se fait encore à la main, mais, dans d'autres, comme le Japon ou la Géorgie, elle est souvent mécanisée.

La cueillette est une opération déterminante pour la qualité du thé manufacturé ; en effet, au-delà du simple geste qui consiste à prélever les feuilles sur l'arbre, elle suppose un véritable choix économique.

La situation est simple : plus les feuilles sont jeunes, plus elles sont riches en substances intéressantes (théine, tannins,

Des cueilleuses, des petites mains et beaucoup de persévérance...

etc.) qui les rendent savoureuses –, mais plus elles sont petites. Si l'on ne cueille que les jeunes feuilles, qui se situent à l'extrémité des branches, la récolte est donc de faible quantité, mais de plus grande qualité. D'autant que c'est également au bout des branches que l'on trouve un bourgeon (*pekoe*, « duvet blanc »), qui n'est autre que la jeune pousse enroulée sur

Les hottes pleines, les cueilleuses partent à la pesée.

elle-même. Plus on redescend vers le tronc, plus les feuilles sont âgées et plus elles sont grandes.

Le planteur peut effectuer une cueillette impériale (*pekoe* + 1 feuille), une cueillette fine (*pekoe* + 2 feuilles) ou une cueillette classique, parfois appelée « cueillette grossière » (*pekoe* + 3 feuilles ou plus).

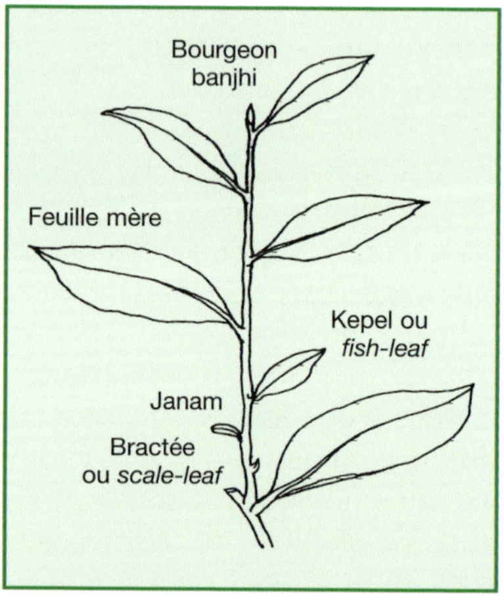

Une fois les instructions données, les cueilleuses pincent les extrémités à cueillir *(shoots)* entre le pouce et l'index, puis les lancent dans une hotte tressée qu'elles portent sur le dos. Lorsque ce panier sera pesé, il leur vaudra une prime supplémentaire selon son poids.

Un kilo de thé manufacturé peut demander 12 000 *shoots* en cueillette fine, et beaucoup moins en cueillette classique. Mais, si le planteur prend le parti de la quantité, le thé, qui contiendra beaucoup de morceaux de nervures et de tiges *(stalks)*, sera plus pauvre en substances et en saveurs.

Les récoltes sont rythmées par les conditions climatiques. Lors de la mousson et de la saison froide, le théier connaît des périodes de latence, dites périodes *banjhi* (ce qui signifie « endormi », en assamais). Après quoi il s'éveille et donne une récolte (*flush,* ou *crop*). Dans certaines régions, il peut y en avoir quatre ou plus par an, chacune avec ses caractéristiques. Lors des récoltes, les cueillettes ont lieu par *rounds* de 4 à 14 jours, selon la vitesse de renouvellement du théier. Dans les zones aux conditions climatiques particulièrement clémentes, la cueillette est possible tout au long de l'année. Il existe néanmoins des « saisons de qualité », durant lesquelles le thé présente des caractéristiques saisonnières plus remarquables.

LE THÉ DANS LA « FACTORY »

Si différents soient-ils, thé vert et thé noir peuvent être issus d'un matériel végétal identique. C'est lors de la transformation que chacun va prendre son apparence et sa personnalité. A chaque type de thé correspond un procédé de fabrication : les thés rouges et noirs sont fermentés, le thé vert est non fermenté, le thé Oolong est semi-fermenté, le thé fumé, comme son nom l'indique, est fumé, etc.

Les procédés de transformation

Autrefois, notamment en Chine et en Indochine, le thé était fabriqué selon des modes traditionnels souvent longs et complexes. Les Anglais s'intéressèrent de près à ces secrets et se les approprièrent, par des voies parfois fort peu recommandables puisqu'ils allèrent jusqu'à faire appel à des botanistes espions ! Ils apportèrent plants et savoir-faire à leurs colonies indiennes et ne tardèrent pas à moderniser les méthodes traditionnelles, notamment au moyen de machines. Les méthodes de production, de plus en plus rapides, devinrent du même coup de plus en plus rentables. Aujourd'hui, même si l'on trouve encore des producteurs recourant aux méthodes artisanales, ils se font de plus en plus rares.

On ne saurait toutefois opposer procédés traditionnels et modernes, les premiers ne donnant pas nécessairement un thé plus savoureux que les seconds. Les techniques de pointe, si elles permettent en premier lieu de développer production et marché, peuvent mettre au service des hommes les moyens d'accroître les qualités d'un produit.

Les feuilles de thé, extrêmement fragiles, doivent, autant que possible, être traitées aussitôt après la récolte. C'est pourquoi la plupart des plantations disposent de leur propre fabrique, généralement appelée *factory*. Lorsqu'elles sont trop petites pour cela, soit elles se regroupent autour d'une unité commune, soit elles vendent leur récolte, laissant à d'autres le soin de la transformer en produit fini.

Les thés noirs ou rouges

Une légende chinoise raconte qu'au début du XVIIe siècle les premières cargaisons de thé à destination de l'Europe auraient subi quelques avaries : embarquées sur un navire européen, les caisses, placées sous la ligne de flottaison, auraient moisi pendant le trajet. Le thé vert serait devenu noir, mais les destinataires, encore néophytes en la matière, auraient réclamé d'autres caisses de ce savoureux... thé noir !

Plus sérieusement, les Chinois avaient mis au point une technique de fabrication assez complexe. Après la cueillette, les feuilles ne subissaient pas moins de six opérations, dont certaines répétées plusieurs fois, avant d'être empaquetées.

Au cours de la première opération, le *flétrissage,* les feuilles étaient exposées au soleil durant 2 à 3 heures. Une fois refroidies dans une salle spéciale, on les plaçait dans de petits paniers où on les roulait à la main : c'était le *roulage.* Elles restaient ensuite étendues pendant près de 1 heure, pour la *fermentation.* Tout cela était répété trois ou quatre fois, jusqu'à ce que les feuilles se colorent. Venait ensuite la *torréfaction,* pendant moins de 1 minute, dans des bassines en fonte montées sur des fourneaux. Après quoi les feuilles étaient roulées et pressées entre les mains, puis de nouveau torréfiées, le tout trois ou quatre fois, à une chaleur de plus en plus faible. On pouvait, enfin, leur faire subir une légère *dessiccation* sur un fourneau où était allumé un petit feu de bois. Après quelques instants, on les étendait sur de grandes claies où elles attendaient le lendemain que femmes et enfants viennent procéder au *triage* : les feuilles dignes d'être conservées étaient encore exposées à feu doux pendant quelques minutes, puis vannées et à nouveau remises à chauffer, cela successivement trois fois. Au troisième feu, réduit à quelques tisons, les feuilles, désormais bien roulées, se brisaient sous la pression des doigts : elles étaient prêtes à être tassées (avec des mains et des pieds propres) dans de grandes caisses.

A quelques variantes près, tel était le procédé de fabrication des premiers thés noirs qui abordèrent l'Europe.

Lorsqu'elle perdit le monopole du commerce du thé avec la Chine, en 1833, l'Angleterre créa des plantations de thé en Inde et fit venir de la main-d'œuvre chinoise. Les Anglais commencèrent alors à simplifier les procédés de préparation. Le flétrissage fut fait d'une traite et les feuilles furent roulées directement. On les laissait fermenter avant de les sécher dans des bassines en fer et sur des plateaux chauffés au charbon de bois. Ainsi réduisait-on à quelques opérations un procédé qui demandait auparavant près de 3 jours.

Avec le temps, les Européens perfectionnèrent encore leurs méthodes, jusqu'à aboutir au procédé « orthodoxe » que l'on utilise aujourd'hui encore dans de nombreux pays.

THÉS NOIRS : LE PROCÉDÉ ORTHODOXE

Le flétrissage

Le flétrissage, qui vise à retirer une partie de l'humidité des feuilles fraîches, peut aujourd'hui durer de 6 à 24 heures. Il est effectué à l'air ambiant ou à l'aide de grands ventilateurs, qui envoient et aspirent de l'air chaud au travers des feuilles, étalées en couches minces dans des bacs à fond perforé ou grillagé, les flétrissoirs.

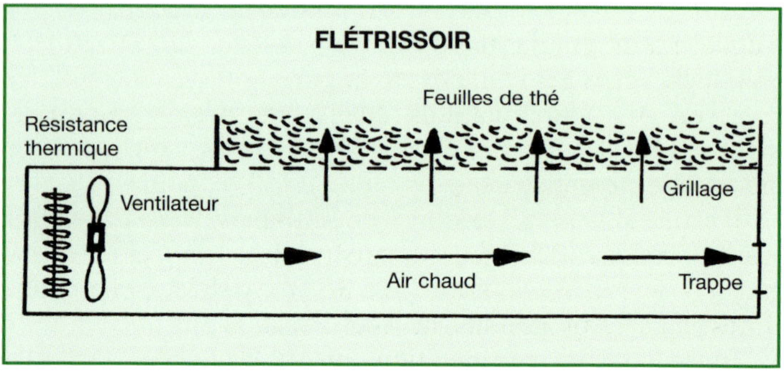

Idéalement pratiqué à une température ambiante de 26 °C, le flétrissage demande beaucoup de doigté et d'expérience. Un flétrissage léger *(soft withering)* donnera une feuille fragile qui risque de se briser au roulage, donnant une liqueur peu colorée, maigre et amère. Un flétrissage moyen *(medium withering)*, qui ôtera près de 50 % de l'humidité des feuilles, leur permettra d'être bien roulées, ce qui donnera une liqueur mordante. Un flétrissage dur *(hard withering)*, avec plus de 55 % d'humidité retirée, aboutira à une liqueur mordante, mais maigre. A plus de 60 %, les feuilles, trop sèches, seront beaucoup plus difficiles à rouler.

Le flétrissage est une opération extrêmement importante, car elle produit une augmentation des acides aminés, des composants aromatiques et de la théine.

En outre, il est préférable de flétrir un matériel végétal non mélangé, car toutes les variétés n'exigent pas le même temps de flétrissage.

Les feuilles flétries dégagent une vive odeur de pomme. Une poignée de feuilles que l'on presse à la main se plie sans se casser et ne se rouvre pas lorsqu'on relâche la pression des doigts.

Le roulage

Une fois déshydratées, les feuilles peuvent être roulées sans se casser. Il existe aujourd'hui des machines qui permettent d'exercer des pressions d'intensité variable. L'opération se déroule généralement en trois à cinq étapes, d'une durée d'une dizaine de minutes chacune. Elle a pour objet de briser les cellules de la feuille, provoquant ainsi la mise en contact de ses différents composants et de ses enzymes.

Deux types de roulage sont pratiqués : léger *(light rolling)* et fort *(hard rolling)*. Le premier, caractéristique des plantations de basse altitude, exige jusqu'à cinq manipulations et limite le nombre de feuilles brisées ; il fait ressortir peu de sucs et provoque une légère oxydation des bourgeons. Le second, très développé dans les plantations de haute altitude, ne doit pas excéder trois manipulations, sous peine d'endommager les feuilles ; il fait ressortir beaucoup de sucs et donne aux bourgeons une coloration dorée.

Il arrive que l'on ait recours à un roulage mixte. A Darjeeling, où l'on recherche des feuilles entières pour la qualité de leur parfum, mais ayant libéré le plus de sucs possible, on procède à des roulages progressifs, de léger à fort.

Entre chaque manipulation, on se livre à un tamisage *(dhool)*, afin de séparer les feuilles brisées des feuilles entières. Cette étape a par ailleurs l'avantage d'éviter un départ de fermentation trop rapide, toujours à craindre en raison de la chaleur emmagasinée dans la masse. C'est pourquoi de nombreux planteurs préfèrent rouler leurs feuilles dans la fraîcheur du petit matin, du soir ou de la nuit.

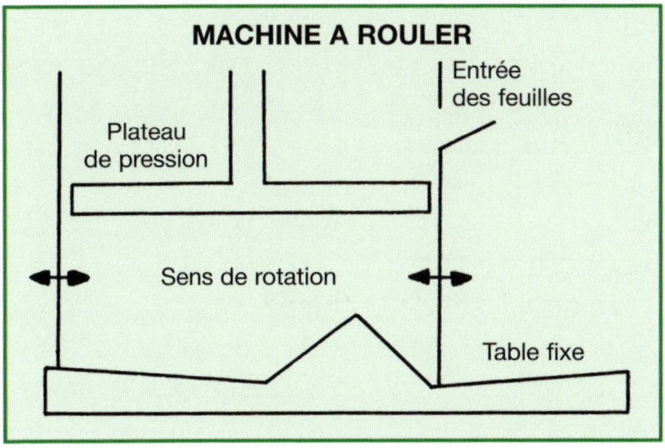

La fermentation

Une fois le roulage terminé, les feuilles vont subir une opération que l'on nomme encore « fermentation » de nos jours, bien que l'on sache, depuis le début de ce siècle, qu'il s'agit en fait d'une oxydation enzymatique. Quoi qu'il en soit, les feuilles sont simplement mises à reposer dans une pièce humide et chaude (27 °C maximum), le temps que s'opèrent les réactions chimiques nécessaires à la transformation de leurs enzymes en théaflavines et théarubigines, responsables de la couleur de la liqueur et de son astringence. Le taux de ces deux substances dépend à la fois du temps de fermentation (de 1 à 3 heures) et de la température des feuilles (qui peut atteindre 29 °C). Des composants aromatiques vont également se former, d'autant plus accentués que la fermentation sera brève.

Cette étape exige un grand savoir-faire, car un thé trop peu fermenté aura une note amère, tandis qu'un thé trop fermenté aura perdu toute astringence.

La dessiccation

L'arrêt de la fermentation est une opération délicate – et coûteuse –, que l'on obtient en soumettant les feuilles à une ambiance sèche et une température élevée (de 85 à 90 °C). Pour ce faire, on les répartit sur un tapis roulant qui passe plus ou moins vite dans un dessiccateur, parfois équipé d'une soufflerie d'air chaud.

Au sortir de la dessiccation, la feuille doit avoir perdu le moins possible d'arômes et son taux d'humidité doit être de 2 à 3 %. Plus humide, elle risquerait de moisir ; plus sèche, elle serait insoluble dans l'eau.

DEUX MODÈLES DE DESSICCATEUR

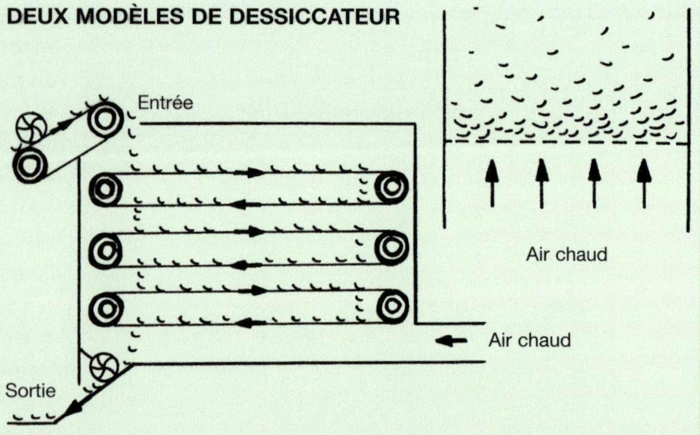

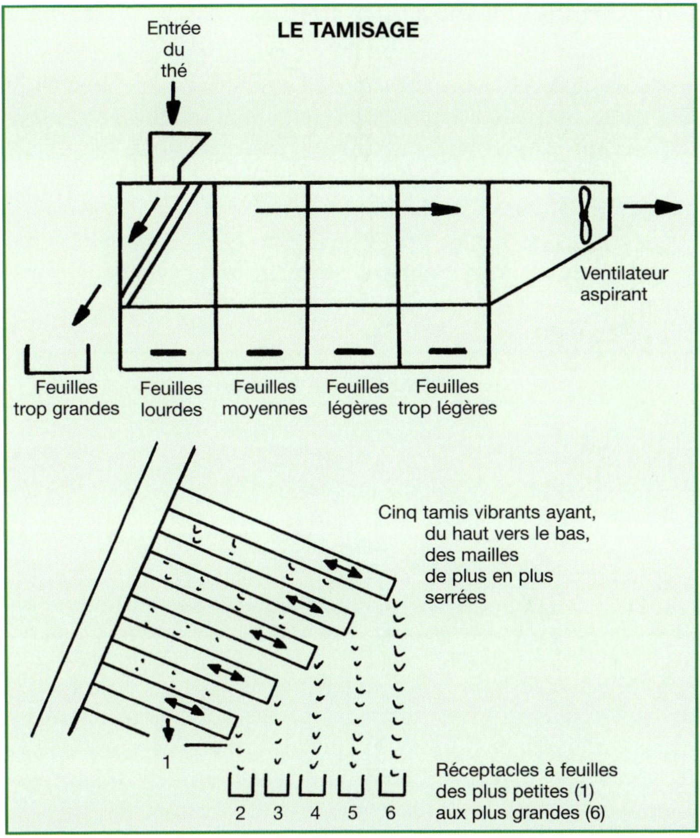

Le tamisage

La dernière opération consiste à trier les feuilles selon leur taille : entières, brisées, broyées, etc. Pour ce faire, on les met sur des tamis vibrants ou dans des machines équipées de ventilateurs qui les répartissent dans plusieurs casiers. Elles passent ensuite sous des rouleaux de bakélite, qui les débarrassent de leurs fibres par électricité statique. Enfin, les plus grandes sont coupées entre des rouleaux métalliques, et celles que l'on destine aux préparations les plus fines (Dust ou Fannings) sont broyées ou brisées.

Il ne reste plus qu'à mettre le thé dans des sacs en papier doublés d'aluminium que l'on range dans des caisses de contreplaqué de 60 x 45,5 x 45,5 cm, elles aussi doublées d'aluminium (de plomb avant 1932). Le thé en vrac est séparé de l'aluminium par une feuille de papier de riz. Un certain moelleux continuera de s'y développer avec le temps.

THÉS NOIRS : LE PROCÉDÉ CTC

Développé dans les années 30 en Assam par McKercher, le procédé CTC, ou *crushing-tearing-curling* (broyage-déchiquetage-bouclage), était à l'époque réservé aux feuilles grossières. L'opération proprement dite prend place après un flétrissage léger. Après avoir été coupées une première fois, les feuilles sont complètement déchiquetées entre des cylindres métalliques munis de lames. Après quoi elles sont roulées dans un *ghoogi,* sorte de grand tonneau tournant verticalement sur lui-même.

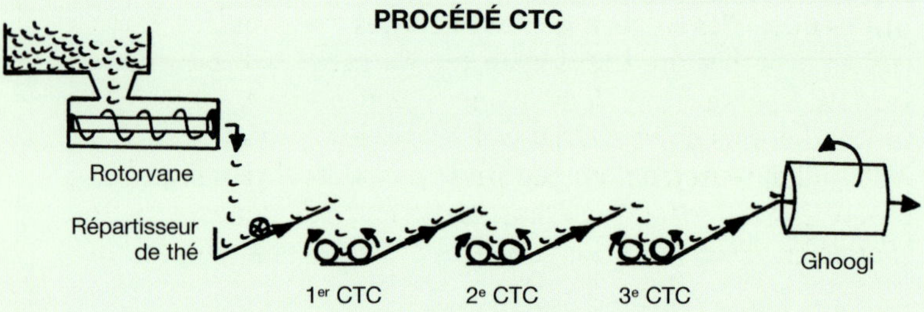

Le thé manufacturé, qui se présente sous forme de boules plus ou moins grandes selon les grades, donne une liqueur intense, mais à laquelle les goûteurs des années 30 reprochaient ses notes trop fermentées et sa pauvreté en arômes. Cela n'empêcha pas ce type de thé de connaître une renaissance après la Seconde Guerre mondiale, du fait de l'expansion alors naissante des sachets.

Selon qu'il est bien appliqué ou non, le procédé CTC, qui, désormais, s'applique également aux feuilles de bonne qualité, produit des liqueurs vigoureuses, charnues et colorées ou, au contraire, lourdes, épaisses et ternes.

Les thés fumés

Bien des amateurs les nomment maladroitement « thés de Chine ». S'il est vrai qu'ils viennent de Chine et qu'ils en sont une des nombreuses spécialités, les thés fumés ne représentent qu'une toute petite partie de la production chinoise.

La légende raconte que, sous l'empereur Daoguang (1821-1851), une unité de l'armée en campagne aurait occupé la manufacture de thé d'un village du Fujian. Lorsqu'elle leva le camp, le planteur se trouva face à une quantité importante de feuilles cueillies, qui s'abîmaient faute de n'avoir pu être manufacturées. Il décida, pour rattraper son retard, de les placer dans un feu de racines d'épicéa. Les feuilles absorbèrent la fumée et donnèrent une liqueur au goût inattendu et merveilleux. Le thé fumé était né. Malgré cela, aucun commerçant local n'en voulut. Le planteur s'en fut alors le proposer à la capitale, Fuzhou, où résidaient des marchands étrangers. Ainsi débuta la longue carrière du thé fumé, qui, de nos jours encore, reste destiné à l'exportation.

Après une torréfaction en bassines, les feuilles *souchong* (grandes feuilles matures) sont roulées, puis pressées jusqu'à fermentation dans des tonneaux en bois recouverts de tissu. Après quoi elles sont à nouveau torréfiées, puis roulées, et enfin mises à sécher au-dessus d'un feu de racines d'épicéa ou de cyprès, dont la fumée leur donne ce goût unique.

Ce thé, très en vogue dans l'Europe de l'entre-deux-guerres, est malheureusement un peu passé de mode. Il gagnerait beaucoup à être redécouvert, car sa liqueur est délicate et fine. Faible en théine, doté de peu de corps, il est tout en parfum.

Les thés Oolong ou Wulong

Le procédé Oolong a vu le jour il y a un peu plus de 300 ans dans la région chinoise du Fujian. Un planteur déambulait entre ses théiers en se demandant quelle nouvelle saveur il pourrait en tirer. Soudain, il vit un dragon noir (qui tenait vraisemblablement plus du serpent...) sortir de l'un des arbres. Interprétant cela comme un heureux présage, il cueillit quelques feuilles, les prépara et découvrit les notes merveilleusement boisées d'un Oolong.

Selon certains, l'origine du Oolong est tout autre : aux enfants qui trouvaient fréquemment des serpents noirs dans les branches des théiers, on disait qu'il ne s'agissait que de bébés dragons. Cela, apparemment, était censé les rassurer...

Si Oolong signifie bel et bien « dragon noir », ses caractéristiques, une fois encore, ne tiennent pas au matériel végétal, mais au procédé. Le thé Oolong est un thé semi-fermenté qui subit une courte fermentation, stoppée par chauffage dans une bassine en fer. L'un des procédés employés consiste à agiter les feuilles dans des paniers afin que leurs bords, en s'abîmant, se mettent à chauffer et à fermenter.

Dans la méthode chinoise, la fermentation n'est que de 12 à 20 %, ce qui signifie que le thé est plus vert que noir. Dans la méthode de Formose, elle est stoppée à 60-70 % : le thé est donc plus noir que vert.

Toujours présenté en feuilles entières, le thé Oolong est faible en théine. Il contient quantité de substances aromatiques, dont 130 ont été identifiées à ce jour. Ses notes principales sont quelquefois proches de la châtaigne, de la noisette et du miel.

Les thés « noir-noir » ou « rouge-rouge »

Les feuilles (ici, seules les feuilles matures sont utilisées) connaissent une phase dite de sudation. Après une torréfaction à l'étuvée (dans des bassines couvertes de paille) et un roulage, les feuilles couvertes d'un tissu humide sont maintenues entassées, pendant plus de 20 heures, à un degré d'humidité compris entre 80 et 90 %. Elles demeurent ainsi jusqu'à ce qu'elles s'oxydent, sous l'effet de l'humidité et de certaines bactéries. Cette fermentation est non enzymatique. Suit la phase de roulage, puis une brève dessiccation. Enfin, le thé est gardé aussi longtemps que nécessaire pour pouvoir développer des arômes post-fermentaires. Ce thé est parfois compressé en briques.

Les thés jaunes

Les thés jaunes tirent leur couleur de la fermentation non enzymatique, comme les thés « noir-noir », mais en plus petit tas et sur une plus courte durée. Ces thés sont non post-fermentés.

Parmi les thés jaunes les plus connus, on trouve les Yin Zhen de Jun Shan (Hunan, Chine) et les bourgeons jaunes de Mengding (Sichuan, Chine).

Les thés verts

Les thés verts sont surtout produits en Chine, au Japon et à Formose. Leur appellation n'a rien à voir avec leur aspect, mais signifie qu'il s'agit de thés non fermentés.

Voici, selon Robert Bruce, comment l'on procédait dans la Chine du XIXe siècle. On torréfiait les feuilles dans des bassines chauffées, puis on les malaxait, les exposait au soleil une dizaine de minutes et les malaxait à nouveau, le tout à trois reprises. Après avoir remis les feuilles dans les bassines brûlantes, on les enfermait dans des sacs de toile épaisse, où on les battait, les frappait à coups de poing et sautait dessus jusqu'à ce qu'elles forment une boule. Elles reposaient ainsi toute la nuit.

Au matin, le sac était ouvert et les feuilles étaient mises dans une corbeille passée au feu, où elles se recroquevillaient. On les emballait alors dans des caisses ou des paniers de bambou.

Après 2 à 6 mois de garde, les feuilles étaient exposées à l'air, puis enroulées. On les torréfiait, puis on séparait les plus lourdes des plus légères avec des tamis ou à l'aide d'un éventail. Les plus légères étaient les *young hyson,* suivies des *hyson,* des *gunpowder,* puis des « gros » *gunpowder* – parfois coupés et mélangés au *gunpowder*.

Venant ensuite, des femmes et des enfants étaient chargés de retirer les feuilles défectueuses et les débris de tiges. On procédait encore à une torréfaction, puis à un roulage et à un dernier triage. Toutes ces étapes étaient répétées à l'identique, si ce n'est que l'on ajoutait, à la dernière torréfaction, une poudre constituée de trois quarts de sulfate de chaux et d'un quart d'indigo pulvérisé filtré dans une mousseline. L'indigo apportait sa couleur et le sulfate de chaux la fixait. Enfin, le thé était emballé et tassé avec les pieds et les mains.

De nos jours, les feuilles sont cueillies, souvent flétries, puis chauffées quelques minutes afin de tuer les enzymes et de stopper toute possibilité de fermentation. Elles sont ensuite malaxées et desséchées à plusieurs reprises. La méthode chinoise utilise des bassines en cuivre posées sur le feu, tandis que la japonaise pratique le séchage à la vapeur, ce qui donne à la feuille des caractéristiques organoleptiques différentes.

Selon les variantes utilisées, les Chinois obtiennent des thés d'apparences très diverses : plat, torsadé, enroulé, tordu, en forme d'aiguilles ou de sourcils. Chacun possède ses caractéristiques, mais tous sont très parfumés. Sur les 150 composants aromatiques décelés dans les thés verts, on en a identifié près de 75 à ce jour.

Yin Zhen et Pai Mu Tan, les vertueux thés blancs.

Les thés blancs

Au XIXe siècle, et de nos jours encore, le procédé de fabrication des thés blancs a toujours été minimaliste. Au siècle dernier, les Chinois exposaient les feuilles et les bourgeons fraîchement cueillis au soleil, puis à l'ombre. Ils les soumettaient ensuite à l'action d'un feu doux, puis les laissaient refroidir une nuit entière avant de les trier et de leur faire subir une vive torréfaction.

Aujourd'hui, on cueille une grande quantité de bourgeons, parfois accompagnés de quelques feuilles, on les flétrit, puis on les sèche au soleil, à moins qu'on ne les torréfie en bassine ou à la vapeur. Il en résulte des thés aux notes fleuries et fraîches, que l'on boit souvent l'été en Asie, afin de se rafraîchir. Parmi eux, le Yin Zhen et le Pai Mu Tan, produits dans la région chinoise du Fujian, donnent une liqueur assez déconcertante, car non tannique, légère et très cristalline.

LE THÉ « MODIFIÉ »

C'est un grand sujet d'étonnement qu'une boisson aussi riche et diverse que le thé fasse l'objet de tant d'adaptations aussi décevantes. En effet, des thés aromatisés aux thés déthéinés, des thés « glacés » aux thés solubles, les nouveaux produits sont légion qui dénaturent le thé.

Les thés aromatisés

Les thés aromatisés ont connu une véritable explosion dans la décennie 70, et les grandes marques ont commencé dix ans plus tard à proposer les leurs en grandes surfaces.

Ce nouveau genre de produit, que les puristes n'osent appeler « thé », a permis d'obtenir un « rajeunissement » de la « cible ». En clair, les thés aromatisés ont été inventés pour attirer les jeunes vers le thé, longtemps perçu comme une boisson de vieux, terne, acre et non festive... « Vous reprendrez bien une petite tasse de thé ? »

L'engouement pour les thés aromatisés semble aujourd'hui stabilisé, mais le marché demeure important, représentant jusqu'aux deux tiers du chiffre d'affaires de nombreuses boutiques spécialisées. Parmi les arômes « classiques », les plus prisés sont le caramel, l'orange, le citron, la pomme, la bergamote, la cannelle, la vanille, la mûre et la pêche.

Si l'on continue aujourd'hui de produire ces thés, c'est sous le prétexte qu'ils font connaître le thé à des gens qui voudront par la suite découvrir le goût de l'original... En réalité, l'objectif est souvent de se servir des aromatisants pour masquer des thés de qualité très moyenne, voire médiocre, afin de les vendre à un prix qu'ils ne pourraient jamais atteindre purs. Mais trêve de mots : il suffit, pour s'en convaincre, de jeter un coup d'œil sur les bouts de bois et sur les feuilles ouvertes, cassées ou mal fermentées du premier thé-pamplemousse venu...

Le procédé de fabrication, dans les pays consommateurs, consiste à pulvériser des huiles essentielles ou, plus souvent, des arômes sur le thé. Si ces arômes sont naturels, ils ont droit à l'appellation « arôme naturel » ; s'ils sont artificiels, leur désignation légale est « arôme », à quoi l'on ajoute pudiquement

« de nature identique ». Montés sur alcool, « encapsulés » ou concentrés sous forme de granulés, les arômes artificiels sont moins chers et plus faciles d'emploi que les arômes naturels. Les granulés, qui ont la durée de vie la plus longue et la meilleure stabilité, ne sont utilisés que dans les sachets, car, dans le thé en vrac, ils tomberaient au fond du paquet.

Une autre mode veut que l'on ajoute au thé des morceaux de pétales, d'épices ou de fruits, parfois sans rapport avec les arômes. On appelle cela la « yaourtisation », car, comme pour les yaourts aux fruits, les morceaux que l'on y met donnent un aspect plus « vrai ». En outre, cela suffit, aux yeux de certaines législations, pour avoir le droit de dessiner le fruit en question sur le paquet... Malheureusement, tous ces éléments n'ont ni la même durée de vie, ni la même stabilité que le thé et n'ont d'autre effet que d'en tourner le goût.

Deux thés aromatisés : tiges et feuilles médiocres à gauche, « yaourtisation » à droite.

Des thés véritablement parfumés

Des thés hâtivement aromatisés, enfants pauvres de la soif de profits immédiats, il faut distinguer les liqueurs construites par des professionnels. Ici, l'arôme n'est pas un cache-misère, mais un éclairage délicat posé sur un thé accueillant. Il existe, de même, des thés parfumés selon des procédés issus de traditions ancestrales. Dans les pays d'origine, pour les thés verts aux fleurs – jasmin, chrysanthème, rose, etc. –, on mélange les fleurs fraîchement cueillies au thé encore chaud après dessiccation. On laisse le thé s'imprégner de ces parfums avant d'en retirer les fleurs, souvent à la main, afin que les pétales ne tournent pas la liqueur vers des notes trop amères. C'est pourquoi un bon thé au jasmin doit contenir peu de pétales. Pour les thés noirs aux fleurs, les fleurs séchées sont réduites en poudre et mélangées au thé lors de la dessiccation.

Voici, pour finir, une superbe et antique façon de parfumer le thé au lotus. Le soir, on déposait une poche en soie contenant du thé à l'intérieur d'un calice de lotus. On venait la récupérer à l'aube, après la rosée, une fois que le thé s'était imprégné des parfums nocturnes de la fleur.

Les thés déthéinés

La théine est un élément aromatique important de la liqueur, et les thés déthéinés sont comme des fleurs sans pétales. De plus, ils sont vendus chers et leur goût est bien triste.

Industriellement, on déthéine le thé avec du dioxyde de carbone, de l'acétate d'éthyle ou du chlorure de méthylène. De ces trois solvants, le premier, d'origine organique, est inoffensif en petite quantité ; le deuxième se retire difficilement après traitement ; quant au troisième, très utilisé, il s'enlève facilement mais est interdit aux États-Unis. Rien de très enthousiasmant...

Comment faire un thé déthéiné maison
Il est préférable, si l'on redoute la théine, de jeter la première eau d'infusion après 1 ou 2 minutes et de faire infuser le thé dans une nouvelle eau. Une grande partie de la théine, en effet, est lâchée dans l'eau dès les premiers instants. Cependant, même si ce procédé maison donne un résultat bien supérieur à celui que l'on obtient avec les thés déthéinés du commerce, la liqueur n'aura rien d'un chef-d'œuvre. Il vaudra mieux choisir des thés faibles en théine, tels que thés fumés, Oolong ou Pu Erh, ou laisser infuser longuement le thé. En effet, les tannins libérés progressivement durant l'infusion brident naturellement les effets de la théine : un thé infusé moins de 3 minutes sera plus stimulant qu'un thé infusé de 3 à 5 minutes.

Les thés glacés

Les thés glacés seraient nés lors de l'Exposition universelle de Saint Louis (États-Unis), en 1904, sur un stand destiné à la promotion du thé noir indien. Personne ne voulant boire de thé chaud par la forte chaleur qui régnait cet été-là, l'Anglais Richard Blechynden, de désespoir, versa le thé sur de la glace... Le succès fut immédiat. Depuis, les Américains sont de grands consommateurs de thé glacé : 80 % du thé servi aux États-Unis contient de la glace.

Aujourd'hui, le thé glacé commence à se répandre en Europe, notamment parmi les jeunes, très amateurs de boissons sucrées sans alcool. Il se vend sous forme de poudre à ajouter à l'eau ou de boisson prête à boire. Mais s'agit-il vraiment de thé ? Le thé, en réalité, entre pour une très faible part dans ces breuvages et est souvent de qualité médiocre. Il n'est là que pour donner à l'eau un peu de sa couleur et de sa texture. Les marges sont grandes, comme on peut l'imaginer...

Comment faire un thé glacé maison
Pour préparer un thé glacé, il est conseillé de laisser les feuilles infuser pendant plus de 12 heures dans de l'eau froide placée au réfrigérateur. On obtient ainsi une liqueur claire, ce qui n'est pas le cas si l'on verse du thé chaud sur des glaçons, car le liquide se trouble aussitôt. On peut aussi se souvenir que les habitants des pays chauds boivent du thé chaud, bien plus désaltérant que le thé froid...

Les thés solubles

Malgré quelques essais infructueux sur les marchés européens il y a une trentaine d'années, les thés solubles sont actuellement en pleine expansion.

On les obtient en préparant une infusion « classique » que l'on soumet ensuite à déshydratation. Cette dernière opération se fait en pulvérisant finement la liqueur au travers d'un air chaud (ce qui fait évaporer l'eau) ou en gelant la liqueur afin de récupérer les particules glacées (c'est la lyophilisation).

Les thés solubles : un festin ?

Mais ces poudres de thé, réalisées dans les pays producteurs, utilisent souvent des feuilles prises avant ou pendant le traitement, sans la moindre sélection. Les thés instantanés encouragent donc la mécanisation des récoltes, pour des résultats organoleptiques qui ne peuvent rivaliser avec ceux des thés en préparation infusée. De plus, leur dosage est très délicat, car il se présentent sous forme de poudres très concentrées.

Les autres déclinaisons

Depuis quelques années, les pays producteurs multiplient les produits dérivés du thé. On trouve ainsi du thé noir, du thé noir avec du lait, du thé Oolong ou du thé vert prêts à boire dans des boîtes rondes métalliques, mais aussi des vins au thé, et toutes sortes de préparations contenant du thé vert en poudre : nouilles, pain, gâteaux, confitures, biscuits, glaces.

La catéchine du thé apporte ses vertus désodorisantes et antibactériennes à des chewing-gums et des bonbons, tandis que le fluor théier entre dans la composition de certaines pâtes dentifrices. Quant aux feuilles fraîches, elles sont parfois mangées comme légumes.

Les « thés » qui n'en sont pas

Certains produits, abusivement appelés « thés », n'ont aucun rapport avec le théier. C'est le cas du maté d'Amérique du Sud, aussi nommé « thé des jésuites », qui est une variété de houx forte en théine.

C'est encore le cas du thé rouge d'Afrique du Sud, qui, comme son nom l'indique, est cultivé en Afrique du Sud (Roosibos Bush). Il ne contient pas de théine et très peu de tannins.

Diverses infusions de plantes – camomille, verveine, etc. – sont parfois appelées « thés ». En effet, certaines langues, comme l'allemand, ne font pas la distinction entre « thé » et « infusion », et les traductions n'en tiennent pas toujours compte. Quant au « thé » français, il s'agit de la sauge.

LES GRADES DU THÉ

Au-delà de leur nom propre, la désignation des thés recourt à des appellations, les « grades », qui correspondent à des catégories de production. Jusqu'en 1945, ce système était trop complexe, car il classait les thés selon leur origine et usait de spécificités locales approximatives et trop nombreuses. Depuis, des efforts ont été faits, bien que les grades, dépassant le nombre de 70, ne soient pas toujours très fiables. La tentation est grande, dans cette jungle, de surévaluer son propre thé.

La plupart des grades décrivent plus l'apparence de la feuille que sa qualité. Ce n'est pas, par exemple, parce qu'un thé a des feuilles entières qu'il est meilleur qu'un thé à feuilles brisées ou broyées. Plus la feuille est brisée ou broyée, plus la surface de contact avec l'eau est grande. L'infusion est plus rapide et complète et la liqueur plus intense et charnue, alors qu'un thé à feuilles entières produit un thé plutôt aromatique et léger.

La double origine du mot « thé »
Le mot « thé » recouvre une réalité complexe, qui s'explique par la diversité des voies commerciales suivies par la plante. Les pays d'Europe, qui, à l'exception du Portugal et de la Russie, ont connu le thé par voie maritime, utilisent des mots commençant par « t » – tea, Tee, thé… –, empruntés au malais teh ou à un mot t'e de dialectes chinois méridionaux. Les pays qui ont connu le thé par voie continentale se servent de mots en « tch » ou « ch », empruntés au chinois classique cha. C'est le cas du Japon, du Tibet, de l'Inde, de l'Iran, de la Russie (tchaï) et de la Turquie. Et si les Portugais sont les seuls, en Europe occidentale, à utiliser le vocable cha, alors qu'ils n'ont pas connu le thé par voie continentale, c'est seulement parce que Macao, où ils fondèrent leur comptoir en 1557, est situé juste en face de Canton…

Feuilles entières (avec golden tips), feuilles brisées et feuilles broyées. De l'éthéré au condensé...

Les grades du thé noir

« Pekoe » et « orange »
Pekoe, qui signifie « duvet blanc » en chinois, désigne les jeunes feuilles encore enroulées du théier, qui présentent un léger duvet blanc.
Quant au mot orange, qui revient avec insistance dans certains noms de grade, il ne désigne pas un thé aromatisé à l'orange, mais est un hommage rendu par les premiers importateurs européens de thé, les Hollandais, à leur famille royale, les Orange-Nassau.

LES GRADES DE L'ORTHODOXE

Feuilles entières

FOP (Flowery Orange Pekoe) : *pekoe* + 2 feuilles (cueillette fine).
Lorsque le nombre de bourgeons *(golden tips)* est important, la classification peut être encore plus précise, comme à Darjeeling. On trouve au-dessus de FOP, par ordre croissant de qualité : GFOP (Golden Flowery Orange Pekoe), TGFOP (Tippy Golden Flowery Orange Pekoe), TGFOP 1 (Tippy Golden Flowery Orange Pekoe One), FTGFOP (Finest Tippy Golden Flowery Orange Pekoe), FTGFOP 1 (Finest Tippy Golden Flowery Orange Pekoe One), SFTGFOP (Special Finest Tippy Golden Flowery Orange Pekoe), SFTGFOP 1 (Special Finest Tippy Golden Flowery Orange Pekoe One).
OP (Orange Pekoe) : *pekoe* + 2 feuilles, mais sans bourgeons. La cueillette étant plus tardive, le bourgeon est devenu feuille.

FP (Flowery Pekoe) : feuilles roulées en boule. La liqueur est corsée et très colorée.
Pekoe : feuilles moins fines, sans bourgeons, d'aspect grossier. L'infusion est foncée et l'arôme moins délicat.
Souchong : très grandes feuilles, basses sur le théier, larges, âgées, donc faibles en théine. La qualité est acceptable lorsqu'il s'agit d'un thé de Chine, surtout fumé ; sinon, la liqueur est généralement médiocre.
Pekoe Souchong : cueillette grossière. La liqueur, peu foncée, possède moins d'arôme et moins de corps.

Feuilles brisées

BOP (Broken Orange Pekoe) : présentation homogène et régulière, sans morceaux de feuilles plates ou mal fermentées. La liqueur est corsée, l'infusion très colorée, vigoureuse, épaisse pour les thés de basse altitude, mordante pour ceux de haute altitude. Comme pour les FOP, si l'on constate une présence importante de bourgeons, on notera, par ordre croissant de qualité : BOP 1 (Broken Orange Pekoe One), FBOP (Flowery Broken Orange Pekoe), GBOP (Golden Broken Orange Pekoe), GFBOP (Golden Flowery Broken Orange Pekoe), TGBOP (Tippy Golden Broken Orange Pekoe).
BP (Broken Pekoe) : deuxième ou troisième feuille, sans bourgeons. Le thé, plus grossier et plus noir que le BOP, sert régulièrement pour des *blends* en feuilles brisées.
BPS (Broken Pekoe Souchong) : cueillette très grossière, de basse qualité.
Broken Tea : cueillette irrégulière, médiocre, avec des morceaux de feuilles plates.

Feuilles broyées

Les feuilles broyées sont utilisées essentiellement pour les sachets.
Fannings (F) : petits morceaux de feuilles mesurant environ 1,5 mm. L'infusion est très colorée et très corsée. On trouve également : OF (Orange Fannings), PF (Pekoe Fannings), GOF (Golden Orange Fannings), FOF (Flowery Orange Fannings), BOPF (Broken Orange Pekoe Fannings).
Dust : morceaux de feuilles plus petits que ceux de Fannings, souvent inférieurs à 1 millimètre. Il est impropre de traduire *dust* par « poussière », car il s'agit de vrais morceaux de feuilles, qui atteignent parfois des sommes élevées lors de ventes aux enchères. On trouve également : OPD (Orthodox Pekoe Dust), OCD (Orthodox Churamani Dust), BOPD (Broken Orange

Pekoe Dust), BOPFD (Broken Orange Pekoe Fine Dust), FD (Fine Dust), DA (Dust A), Spl Dust (Special Dust), G Dust (Golden Dust), OD (Orthodox Dust), etc.

LES GRADES DU CTC

Les grades du CTC se déclinent sur les grades de l'Orthodoxe, mais ces thés sont rarement présentés aux consommateurs avec mention de leur grade.

CTC : du Churamani Dust One au Broken Pekoe. Du « micro » au « macro »...

Feuilles brisées

PEK (Pekoe), BP (Broken Pekoe), BOP (Broken Orange Pekoe), BPS (Broken Pekoe Souchong), BP 1 (Broken Pekoe One), FP (Flowery Pekoe), etc.

Feuilles broyées

Fannings : OF (Orange Fannings), PF (Pekoe Fannings), PF 1 (Pekoe Fannings One), BOPF (Broken Orange Pekoe Fannings).
Dust : PD (Pekoe Dust), D (Dust), CD (Churamani Dust), PD 1 (Pekoe Dust One), D 1 (Dust One), CD 1 (Churamani Dust One), RD (Red Dust), FD (Fine Dust), SFD (Super Fine Dust), RD 1 (Red Dust One), GD (Golden Dust), SRD (Super Red Dust), etc.

Les grades du thé vert

Les thés verts ne bénéficient pas réellement d'une codification internationale. La plupart de leurs grades sont nationaux ; nous y reviendrons (voir « Le monde des thés », page 153). En voici cependant quelques-uns :

Réalités multiples des thés verts...

Quelques grades chinois
Young Hyson, Fine Young Hyson, Gunpowder, Hyson, Fine Hyson, Chun-Mee, Lung Ching, Natural Leaf...

Quelques grades japonais
Sencha, Bancha, Matcha, Gyokuro, Hojicha...

Les grades du thé Oolong

Comme pour les thés verts, l'attribution des grades est nationale, voire régionale. C'est pourquoi il est très difficile, entre les numéros de standard chinois, les noms de région, les appellations d'origine ou de procédé, de schématiser un ensemble aussi disparate. Mais on rencontre parfois cette échelle de valeur décroissante : Choicest, Choice, Finest, Fine, Superior, Good, Fair, Common...

Présence simple et inestimable de cinq Oolong.

LA COMPOSITION CHIMIQUE DU THÉ

Des études chinoises ont établi que le thé contiendrait de 75 à 78 % d'eau et de 22 à 25 % de substances sèches.

Ces substances sèches, organiques pour la plupart, se composeraient de tannins (20 à 35 %), de protéines (20 à 30 %), de glucides (20 à 25 %), de lipides (4 à 5 %), d'acides organiques (3 à 5 %) et de divers éléments – dont la fameuse théine (3 à 5 %) –, nombre de pigments et plus de 500 substances aromatiques.

Les tannins

Les tannins sont essentiels à la qualité de la liqueur. Ce sont eux, notamment, qui lui donnent son mordant et sa couleur, mais aussi sa force et son épaisseur. L'appellation « tannin », cependant, est abusive. Elle fut donnée à divers éléments découverts dans le thé, au milieu du XIXe siècle, par analogie avec des substances astringentes de la noix de Galle. Il s'agit en fait de phénols, constitués de nombreux polyphénols, dont la catéchine représente plus de la moitié. La présence de cet élément varie selon le matériel végétal, la saison, l'âge de la feuille, la manufacture, etc.

Comme les tannins décroissent avec l'âge de la feuille (les jeunes feuilles en contiennent de 18 à 25 %, contre 5 à 11 % pour les vieilles feuilles), il est nécessaire de choisir des cueillettes fines. De même, les thés verts, non fermentés, contiennent plus de catéchine que les thés noirs.

C'est essentiellement après 3 minutes que les polyphénols se libèrent dans la tasse. Ils lient l'effet de la théine et l'empêchent d'être lâchée immédiatement dans le corps.

Les protéines

Le thé contient 20 % de protéines, mais seule l'albumine, qui ne représente que 4 % de l'ensemble, est soluble.

Les glucides

Bien que le thé renferme beaucoup de glucides (25-30 %), seule une faible partie d'entre eux est soluble dans l'eau. Avec 1 à 2 calories par tasse, c'est donc une boisson hypocalorique.

Les acides organiques

Les acides organiques, présents surtout dans les bourgeons, contribuent à l'arôme du thé. Ce sont, pour l'essentiel, les acides citrique, tartarique, malique, fumarique, succinique, cinchoninique, isocitrique etoxalique.

La théine

La théine est incontestablement la vedette du thé, à moins que ce ne soit... la caféine... La caféine a été découverte en 1820 par Runge, la théine en 1827 par Oudry. Quelques années plus tard, on s'aperçut que ces deux éléments n'en faisaient qu'un, mais leurs noms, déjà lancés, devaient connaître un grand succès public. Ce que l'on appelle communément « théine » est en fait un alcaloïde « caféine » et, dans une moindre mesure, de la théobromine (de 0,16 à 0,2 %), de la théophyline (de 0,02 à 0,04 %) et des traces d'adénine, guanine, xanthine et hypoxanthine.

Selon le matériel végétal, les régions et l'âge de la feuille, la « théine » représente de 2,5 à 5 % du thé. Plus une feuille est vieille, moins elle en contient. C'est un élément d'autant plus important qu'il est très soluble dans l'eau chaude. Il contribue à la formation de la *cream* (ce léger voile brillant qui est gage de qualité) et au caractère vif de la liqueur.

Plus de 85 % de la population mondiale adulte absorberait chaque jour de la caféine, dont 90 % seraient fournis par le thé et le café, les 10 % restants venant d'autres boissons, du cacao et de certains médicaments.

La caféine est un excitant du système nerveux. Elle stimule l'écorce cérébrale et favorise la circulation sanguine, en agrandissant le diamètre des vaisseaux, en augmentant la souplesse de la paroi cardio-vasculaire et en tonifiant le cœur.

Il suffit de 5 à 7 milligrammes de caféine par litre de sang pour intensifier la concentration et la capacité de réaction d'un individu. A raison de 20 à 90 milligrammes de théine par tasse, l'objectif sera aisément atteint dès la première tasse !

Les effets de la théine du thé ne sont pourtant pas identiques à ceux de la caféine du café. S'il y a plus de théine dans la feuille de thé, il suffit de 2 grammes de thé pour préparer une tasse, alors qu'une tasse de café requiert aisément 6 ou 7 grammes de café. De plus, la théine est lâchée sur une durée plus longue (de 6 à 8 heures) et à un niveau stable. Tandis que la caféine du café est lâchée rapidement, produisant un pic d'intensité qui retombe aussitôt, sur une durée de 2 à 3 heures. C'est pourquoi l'on a coutume de dire que « le thé stimule sans énerver ».

Bien que les opinions ne soient pas définitivement fixées, il semble que la plupart des thés verts contiennent un peu moins de théine que les thés noirs. Ce qui est certain, en revanche, c'est que la théine du thé vert est lâchée plus « vivement » dans le sang, et sur une durée plus courte.

La théine est-elle dangereuse ?
Malgré quelques hypothèses alarmistes exprimées dans les années 60, on n'a constaté aucun effet nuisible à dose « normale ». Des rumeurs inquiétantes ont circulé à la suite d'analyses effectuées sur des rats, prétendant notamment que la caféine était carcinogène, mais les doses administrées représentaient l'équivalent de 180 tasses quotidiennes pour une personne de 60 kilos ! Récemment, des chercheurs américains ont établi que, jusqu'à 40 milligrammes par kilo et par jour, la théine ne présentait aucun danger pour l'être humain. De plus, elle produit des effets différents selon le patrimoine génétique et la condition physique des individus, selon qu'ils sont ou non à jeun, etc. On a signalé quelques cas de théisme « sérieux » en Afrique du Nord, mais ils étaient dus à la consommation excessive de décoctions poussées de thé, alliée à une alimentation insuffisante et qualitativement pauvre.

Une fois ingérée, la théine est décomposée à plus de 50 % en 4 heures, et la dépendance (dont le manque peut entraîner des maux de tête) disparaît généralement au bout de quelques jours. Quant à la dépendance psychologique : c'est une autre histoire, car il est indéniable que le thé peut être, dans un sens éminemment positif et poétique, un « opium philosophique ».

Les acides aminés

On décèle dans le thé, surtout dans les jeunes feuilles et les thés verts, une trentaine d'acides aminés, qui contribuent à donner aux liqueurs leur note fraîche. Il s'agit, pour 50 %, de théanine, qui n'est d'ailleurs présente que dans le thé.

Les vitamines

Le thé renferme des vitamines A, B, C, E et P en quantités plus ou moins importantes (voir « Thé et Santé », page 53).

Les éléments minéraux

Le thé contiendrait une trentaine d'éléments minéraux. Si l'on tient compte des quantités présentes dans les feuilles manufacturées et des potentiels d'extraction de chaque élément, voici ce que l'on trouve dans une tasse, par ordre décroissant de concentration : potassium, phosphore, magnésium, calcium et aluminium, manganèse, cuivre, sodium, silicium, du zinc, bore, baryum, chrome, fer, nickel, plomb, etc. Le fluor représente de 0,2 à 0,3 mg par tasse, ce qui peut être considéré comme une teneur exceptionnelle ; les thés verts en contiennent deux fois plus que les autres.

Les composants aromatiques

Bien qu'ils n'entrent que pour 0,01 à 0,02 % dans sa composition, les composants aromatiques du thé témoignent d'une diversité qui leur assure un nombre de combinaisons quasi illimité. Ils diffèrent selon le matériel végétal, les caractéristiques saisonnales, le type de cueillette pratiqué, l'importance du flétrissage et, bien entendu, le terroir. Les thés de Darjeeling, par exemple, particulièrement riches en linalool, oxydes de linalool, géraniol, nérolidol et salicylate de méthyle, présentent des notes caractéristiques qui rappellent le raisin muscat à petits grains d'Alexandrie.

THÉ ET SANTÉ

Avant de devenir une boisson quotidienne et de gourmets, le thé fut d'abord apprécié pour ses vertus thérapeutiques. L'herbier médicinal de Shennong, paru à l'époque des Han de l'Est, expliquait déjà que « le thé, au goût amer, réconforte l'esprit, chasse la passivité, rend le corps allègre et fait briller les yeux ». Pas loin de deux mille ans plus tard, on ne saurait dire mieux.

Mille effets...

Il importe, pour juger des effets du thé sur la santé, de le replacer dans son contexte « naturel » et de garder à l'esprit qu'il fut, et demeure, un élément de la phytothérapie chinoise. Or celle-ci est plus préventive, plus quotidienne que notre médecine occidentale actuelle, qui traite le mal une fois qu'il s'est manifesté. Pourtant, il est un fait que l'on reconnaît aujourd'hui de nombreuses vertus au thé, même s'il n'est pas toujours facile de faire la part des choses entre les arguments scientifiques et marchands. Certes, il n'est pas question de prétendre que le thé fasse maigrir quelqu'un qui se gave de gâteaux, ni, a fortiori, qu'il soit capable de guérir un cancer. Mais les substances qu'il contient ont des effets qu'il serait injuste de nier. Voici donc, agrémenté des quelques conditionnels que doit s'imposer tout non-scientifique, un résumé succinct des actions bienfaisantes qu'il semble possible d'attribuer aux composants du thé.

Une longévité exceptionnelle
Une légende précise qu'un bonze se présenta devant l'empereur Xuanzong des Tang. Lorsque celui-ci lui demanda son âge, le bonze répondit qu'il avait 130 ans et que, trop pauvre pour se soigner, il devait cette longévité exceptionnelle au seul fait de consommer du thé. Aussitôt, l'empereur lui en offrit plusieurs dizaines de kilos et le nomma administrateur du monastère du Maintien de la Longévité.
Selon ce que l'on sait aujourd'hui, les tannins tueraient les bactéries et le virus de la grippe. Ils réduiraient l'oxydation, diminueraient le cholestérol, inhiberaient l'augmentation de la pression sanguine et de la glycémie, lutteraient contre les bactéries cariogènes et empêcheraient la mauvaise haleine. Par ailleurs, ils réduiraient les tumeurs et l'incidence du cancer.

Non seulement la caféine stimule l'état de veille en excitant les centres nerveux, mais elle aurait une action diurétique et renforcerait la fonction cardiaque.
Il semble que les vitamines du groupe B, très solubles dans l'eau, favorisent le métabolisme des hydrates de carbone ; la vitamine B1 entretient le système nerveux, le cœur et l'appareil digestif ; la vitamine B2 aurait une action générale sur les tissus ; la vitamine B5 serait nécessaire au bon état de la peau, des muqueuses et des cheveux, et les vitamines B3 et B11 renforceraient le métabolisme lipidique. La vitamine C, surtout présente dans le thé vert, stimule les défenses de l'organisme. La vitamine E, que l'on trouve dans les thés d'Inde et de Ceylan, se caractérise par son action antioxydante et régulatrice du vieillissement. Quant à la vitamine P, elle passe pour jouer un rôle important dans la résistance de la peau et des cheveux et pour renforcer les tissus sanguins.
La chlorophylle, dit-on, a une action désodorisante, tandis que le fluor prévient les caries.
Les flavonols, présents dans les tannins, renforceraient les parois vasculaires tout en augmentant l'élasticité des vaisseaux sanguins.
Le thé, enfin, posséderait une enzyme assurant la fluidité du sang, ralentirait l'assimilation des sucres et graisses, combattrait les effets de l'alcool (un thé fort dégrise), contrôlerait l'hypertension, empêcherait les intoxications alimentaires, maintiendrait une bonne hydratation du corps, éliminerait une partie de la radioactivité contenue dans l'organisme, protégerait des attaques cérébrales, etc.

Des thés « médicinaux » au goût médicinal

Il arrive malheureusement que l'on tente, au nom de fallacieux arguments de santé, de justifier la vente à prix élevé de thés au goût bizarre, pour ne pas dire imbuvables. Ces produits ne peuvent faire valoir d'autres arguments, tant ils sont de médiocre qualité… Il ne faut pas hésiter à leur préférer des thés de la même famille (fabriqués selon le même procédé ou issus de la même appellation) vendus en vrac : souvent moins chers, ils ont des saveurs plus élaborées et procurent les mêmes bienfaits, plaisir en plus…

Cent avis…

A partir du XVIIe siècle, les pays d'Europe nouvellement dégustateurs de thé se livrèrent de véritables batailles d'érudits pour ou contre le thé. La quasi-majorité des débats, on s'en doute, se situait sur un plan « médical ».

Pour Nicolas Tulpius, médecin hollandais, auteur en 1640 d'un traité intitulé *Observations médicales,* le thé rend le corps vigoureux, préserve du calcul et guérit « les douleurs de tête, les enrhumures, les fluxions sur les yeux et sur la poitrine, la courte haleine, la débilité d'estomac, les tranchées de ventre, la lassitude et le sommeil ». Sur ce dernier point, son explication est celle-ci :

> [Le thé] échauffe modérément, et, resserrant l'orifice supérieur de l'estomac, il bride et retient si bien les vapeurs nécessaires à former le sommeil qui s'élèvent d'en-bas que ceux qui désirent employer les nuits à écrire ou à méditer n'en ressentent aucun embarras ni empêchement.

Le 22 mars 1648, dans ce qui reste la première mention écrite du thé en France, un certain Guy Patin raconte :

> Morisset [un docteur], voulant favoriser l'impertinente nouveauté du siècle et tâchant par là de se donner quelque crédit, a fait ici répandre une thèse de thé. Tout le monde l'a improuvée ; il y a eu quelques-uns de nos docteurs qui l'ont brûlée, et reproches ont été faits au doyen de l'avoir approuvée. Vous la verrez et en rirez.

En 1678, c'est au tour de Henry Savile de décréter le thé impur. Alors que, la même année, le médecin hollandais Cornelis Bentekoë est prêt, dans son *Traité sur l'excellente boisson du thé,* à lui attribuer toutes les vertus, dont celles de purifier le sang, d'expulser les rêves lourds, d'alléger le cerveau des pensées sombres, de soulager les vertiges et maux de têtes, de sécher les humidités, de chasser le sommeil trop long et superflu, ainsi que la stupidité, d'écarter la crainte, d'aiguiser l'esprit, de renforcer l'énergie sexuelle, de renforcer la mémoire et l'intelligence, de rendre courageux…

Pour un certain Jonas Hanway, auteur en 1756 d'un savant *Essai sur le thé,* la chose est entendue : le thé rend les femmes laides et les hommes malaimables. Le Bègue de Presles, plus connu pour sa participation à l'autopsie du corps de Jean-Jacques Rousseau, recommande le thé comme médicament mais l'interdit comme boisson quotidienne.

Le XIXe siècle ne sera pas en reste, comme on le voit à ce commentaire :

> Une heure au plus après l'ingestion de la boisson [thé vert] surviennent des troubles nerveux caractérisés par des bâillements, des agacements, une irritabilité insolite, des pincements dans la région de l'estomac, des palpitations de cœur, des tremblements légers dans les membres, un sentiment de resserrement dans les tempes, une certaine propension à la tristesse ; et lorsque cette scène est terminée, il reste une faiblesse assez notable, et souvent un sentiment incommode de brisement et presque de courbature. Ces accidents, très communs chez les personnes qui prennent rarement du thé vert, disparaissent graduellement lorsqu'on s'est fait une habitude de cette boisson.

Nous voilà rassurés...

Clarté et brumes du thé

Balzac, on le sait, était un grand toxicomaniaque de café. Cet extraordinaire récit n'en prend que plus de saveur :

> Le gouvernement anglais a permis de disposer de la vie de trois condamnés à mort, auxquels on a donné l'option ou d'être pendus suivant la formule usitée dans ce pays, ou de vivre exclusivement, l'un de thé, l'autre de café, l'autre de chocolat, sans y joindre aucun autre aliment de quelque nature que ce fût, ni de boire d'autres liquides. Les drôles ont accepté. Peut-être tout condamné en eût-il fait autant. Comme chaque aliment offrait plus ou moins de chances, ils ont tiré le choix au sort.
> L'homme qui a vécu de chocolat est mort après 8 mois.
> L'homme qui a vécu de café a duré 2 ans.
> L'homme qui a vécu de thé n'a succombé qu'après 3 ans.
> [...] L'homme au chocolat est mort dans un effroyable état de pourriture, dévoré par les vers. Ses membres sont tombés un à un, comme ceux de la monarchie espagnole.

> L'homme au café est mort brûlé, comme si le feu de Gomorrhe l'eût calciné. On aurait pu en faire de la chaux. On l'a proposé, mais l'expérience a paru contraire à l'immortalité de l'âme.
> L'homme au thé est devenu maigre et quasi diaphane, il est mort de consomption, à l'état de lanterne : on voyait clair à travers son corps ; un philanthrope a pu lire le *Times*, une lumière ayant été placée derrière le corps. La décence anglaise n'a pas permis un essai plus original.

Malgré un léger doute quant aux fins de cette « expérience » – « Je soupçonne la Compagnie des Indes d'avoir sollicité l'expérience dans les intérêts de son commerce » –, Balzac conclut, plein d'enthousiasme scientifique et humaniste :

> Je ne puis m'empêcher de faire observer combien il est philanthropique d'utiliser le condamné à mort au lieu de le guillotiner brutalement. [...] Que les condamnés soient donc livrés aux savants au lieu d'être livrés au bourreau.

Au-delà de l'anecdote – ou de la plaisanterie –, on retiendra la proposition selon laquelle la consommation de thé aurait pour effet de gommer cette frontière entre le corps et le monde extérieur que constitue la peau. Le buveur de thé deviendrait telle la fumée d'un opium philosophique.

Dans le même ordre d'idées, remarquons que le thé fut souvent confronté à l'alcool : au saké en Chine et au Japon, et en Angleterre à la bière, qu'il remplaça lors des repas. Les Européens trouvent presque naturel – mais c'est une fausse évidence – d'opposer le thé au café : « Je n'aime pas le thé, je ne bois que du café », entend-on répéter dans les pays latins. Or l'opposition entre thé et alcool, ou, plutôt, entre théisme et alcoolisme, est moins apparente mais bien plus pertinente. Il est vrai que le thé fortement dosé et longtemps infusé dégrise, vrai aussi que nombre d'alcooliques lui vouent une véritable antipathie. Un auteur avisé n'a-t-il pas dit :

> Le thé n'a pas l'arrogance du vin, l'individualisme conscient du café, l'innocence du cacao.

Selon certains maîtres, l'excès d'alcool rendrait le corps épais et insensible, émousserait la qualité d'attention et plongerait dans un monde intérieur déformé et projeté sur le monde extérieur. Le thé, au contraire, se dissoudrait dans l'air ambiant, telle la vapeur sortant du bec de la théière, et le buveur de thé, devenu infiniment sensible, s'ouvrirait à sa nouvelle identité, la quintessence de la présence. Écoutons Thomas de Quincey (1785-1859), dans ses *Confessions d'un mangeur d'opium* :

> Ridiculisé par ceux dont la sensibilité nerveuse est grossière, ou rendue telle par la consommation de vin, et qui par conséquent ne peuvent apprécier l'effet d'un excitant aussi délicat, le thé n'en sera pas moins le breuvage préféré de tout penseur.

PARCOURS D'UNE VÉRITÉ A L'AUTRE

LA CHINE

Si le milieu naturel du théier semble être le foyer Assam-Birmanie-Indochine-Chine, c'est en Chine, puis au Japon, que le thé a commencé d'exister comme fait de culture. En Chine, où le thé était un élément de la pharmacopée bien avant notre ère, des maîtres de thé posèrent dès le VIIIe siècle les bases de ce qui allait devenir la civilisation du thé : un royaume intérieur, patrimoine vivant de notre humanité.

Les origines de la civilisation du thé

Les premiers écrits mentionnant le thé sont le *Shijing (Livre des chants)* et le *Er'ya* (VIIIe-VIIe s. av. J.-C.). Ils apportent peu d'éléments sur le sujet qui nous intéresse, car l'idéogramme employé alors, *tu*, désignait en fait une « herbe amère » mal définie. Une prononciation distincte, *cha*, fut rendue obligatoire sous la dynastie Han (206 av. J.-C.-220 apr. J.-C.), mais l'idéogramme ne se précisa qu'à partir du VIIIe siècle. Soit près de seize siècles d'incertitude linguistique...

Ce qui est certain, c'est que le thé était bel et bien consommé en Chine peu avant notre ère, mais essentiellement comme élément thérapeutique. Jusqu'au début de la dynastie Tang (618-907), il figurait parmi les remèdes d'une médecine presque exclusivement préventive. Ce qui ne l'empêcha pas, au début du VIIe siècle, de devenir une boisson mondaine.

Lu Yu, un maître initiateur

En 733 vint Lu Yu. Enfant abandonné sur les berges d'une rivière, il fut recueilli par le maître zen du monastère du Nuage du Dragon, qui lui donna son nom – Lu, pour « grande terre », et Yu, pour « plumes », en référence au trait 6 de l'hexagramme 53 du *Livre des transformations* :

> L'oie sauvage se dirige progressivement vers les hauteurs nuageuses [grande terre], ses plumes peuvent être utilisées pour les danses sacrées [cérémonies]. Bonne chance : ainsi la vie d'un homme parvenu aux chemins du perfectionnement est une claire lumière pour les êtres terrestres qui lèvent les yeux vers lui.

Lu Yu était bègue, et il est vraisemblable que ce handicap l'amena à connaître les valeurs respectives de la parole, du langage et de la voix. Il ne fut guère sensible aux vérités du zen, ne voulut pas devenir moine et développa ses propres centres d'intérêt. Cela lui valut d'être puni – il fut, entre autres, contraint de nettoyer les toilettes –, de ces punitions dont une personne de valeur sait qu'elles sont plus infamantes pour celui qui les donne que pour celui qui les exécute humblement.

Profitant du passage d'une compagnie de comédiens ambulants, Lu Yu s'enfuit avec eux. Il fit certainement, parmi eux, l'expérience de la question, du mystère de l'incarnation et de la désincarnation, du geste répété mais jamais identique, des états de passage et du rite. Puis il s'installa dans le Zhejiang, où il se consacra à des travaux de recherche et de formation. Enfin, il fit retraite jusqu'à sa mort, survenue à l'âge de 81 ans, à une époque où la longévité moyenne ne dépassait pas 27 ans ! Cette longue vie ne fut pas exempte de souffrances, en particulier lorsque l'anachorète taoïste errante qui, pense-t-on, était son amante fut assassinée par des voleurs.

Outre un enseignement riche, incisif, libre et « muet pour ceux qui n'ont pas d'oreilles », Lu Yu nous a laissé le *Cha Ching (Classique du thé).* Ce livre, publié vers 780, nous entretient de tous les aspects de la culture théière, de l'arbre au bol, et contient bon nombre de passages cachés sous différents symboles. Voici les titres de ses différents chapitres : origine, caractéristiques, noms et qualités du thé ; outils pour cueillir et préparer le thé ; variétés, cueillette et méthodes de préparation ; ustensiles pour faire et boire le thé ; pratiques pour faire le thé et différentes eaux venant de nombreux endroits ; habitudes de boire le thé ; histoires, plantations et le thé comme médecine ; quel genre de thé est meilleur dans différents endroits ; ustensiles qui peuvent être oubliés ; comment copier ce livre sur des rouleaux de soie.

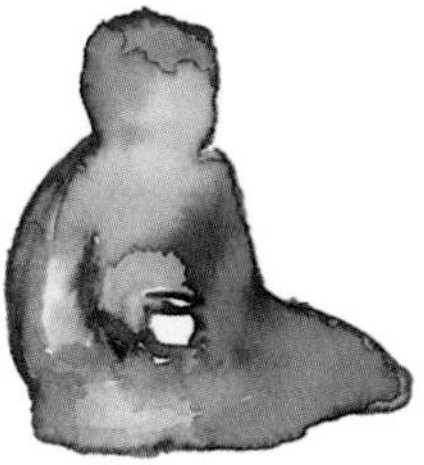

Lu Yu rédigea également des notes ou commentaires aujourd'hui perdus et un *Livre des sources* encore introuvable à ce jour. Des centaines de légendes évoquent son passage ici-bas, qui mettent en scène son acuité dégustative, sa maîtrise de la préparation et ses réactions souvent déconcertantes... mais le sort des anecdotes est de ravir les sens.

Lu Tung, un maître Mat

Nullement ne m'intéresse l'immortalité, mais juste le goût du thé.

Dans le Hunan vivait, très retiré du monde de poussière, le maître de thé Lu Tung. On s'accorde généralement à le qualifier de « fou » ou, plus précisément, de « fou du thé », car il s'était consacré tout entier à sa pratique du thé. Appliquant naturellement des principes taoïstes (tels que le *wu-wei,* ou « non-agir »), il passait le plus clair de son temps à préparer et boire du thé et à réciter des poèmes.

Il nous reste relativement peu de choses de son œuvre poétique, si ce n'est un long poème, *Remerciements au censeur impérial Meng pour son présent de thé fraîchement cueilli,* dont sont extraits ces fameux vers :

Le premier bol caresse mes lèvres et ma gorge,
Le deuxième exile toute ma solitude,
Le troisième dissipe la lourdeur de mon esprit,
Affinant l'inspiration acquise par tous les livres que j'ai lus.
Le quatrième chasse par mes pores la douleur des afflictions passées.
Le cinquième purifie tous les éléments de mon être, ma chair et mes os.
Le sixième me rend semblable aux Immortels.
Le septième est le dernier... il ne m'en faut boire davantage

Ces vers sont bien souvent repris car d'aspect charmant, mais l'essentiel est ailleurs, dans le message symbolique des sept états de réalisation au travers du thé. Tirés du même poème, ces autres vers méritent également d'être connus :

Ce thé était destiné à la Cour et à la noblesse
Comment est-il parvenu au refuge d'un humble habitant des montagnes ?

Merveilleuse question, simple et complexe à la fois, au cœur des préoccupations de tout compagnon de thé. Quelques vers plus haut, en effet, Lu Tung explique que ce thé lui fut apporté un beau matin par un fonctionnaire chargé d'une lettre du censeur impérial. Aussi son « comment » est-il plus éclairant qu'un « pourquoi », car c'est bien d'un autre « comment » qu'il s'agit.

Quittant son ermitage, Lu Tung se rendit à la Cour afin d'honorer une invitation ministérielle. Cette visite lui fut fatale. L'empereur avait en effet décidé de mettre hors d'état de nuire les chefs de son armée, car, en vérité, c'étaient eux qui détenaient les rênes du pouvoir. L'ayant appris, les gardes impériaux organisèrent une tuerie où périrent plusieurs milliers de soldats révoltés et d'opposants au pouvoir militaire, ainsi que leurs familles et amis. Lu Tung se trouva au cœur de ce massacre. Il fut décapité et l'on exposa sa tête comme celles des hors-la-loi. Il avait été, dit-on, pris pour un autre...

Tsai Hiang, celui qui échoua

Nous voici maintenant à la dynastie Song, soit à l'âge du thé battu.

A l'époque vécut Tsai Hiang (1012-1068), natif de la région du Fujian, qui eut très tôt ses premiers contacts avec le thé. Ayant passé ses examens avec succès, il devint haut fonctionnaire ou, plus précisément, commissaire du thé, chargé notamment du célèbre tribut du thé destiné à l'empereur.

Il rédigea un ouvrage sur le thé intitulé *Cha Lu*. C'était un personnage attachant et doué, réputé pour son art de préparer le thé et sa sensibilité gustative. Il aimait participer aux concours de thé, découvrir l'origine des thés et la nature de l'eau utilisée. Il semble qu'il ne perdit qu'une fois... et l'on peut imaginer que cette unique fois suffit, après tant de vaines prouesses, à le « sauver » spirituellement.

Hui Zong, celui qui avait soif

Artiste accompli, homme à femmes (pas moins de 4 000 femmes l'entouraient), l'empereur Hui Zong (1101-1125) choqua pour avoir admis une non-vierge comme concubine et avoir ouvert, dans l'enceinte du palais de Kaifeng, une boutique où ses dames servaient des produits divers et raffinés. Mû par ses multiples soifs, il négligea les affaires de l'État et le pays sombra dans l'anarchie. Il tenta de sauver la situation en abdiquant en faveur de son fils, mais rien n'y fit. Des Tartares s'emparèrent de la capitale et exilèrent l'empereur déchu et son fils dans un morne désert, où ils moururent neuf ans plus tard.

En 1107, semble-t-il, Hui Zong avait rédigé un *Traité sur le thé*. Court et précis, cet ouvrage regorge d'informations sur les soins à donner aux théiers, ainsi que sur l'art et la manière de préparer et boire le thé. A croire que l'empereur préparait lui-même son thé, ce qui paraît pour le moins inhabituel.

Les maisons de thé

Aujourd'hui, les maisons de thé chinoises, interdites sous la révolution communiste, rouvrent lentement les unes après les autres. Tels les cafés parisiens d'antan, elles valent plus pour la vie sociale qui s'y déroule que pour le thé qui y est servi, et c'est plutôt en privé que la pratique du thé se perpétue.

Pendant un long moment de l'histoire de la Chine, le thé a représenté un enjeu politique, économique, diplomatique, social, spirituel et esthétique. Le thé de l'empereur, de la noblesse et des mondanités a longtemps coexisté avec le thé du peuple. Quant au thé des maîtres et des moines, il n'a jamais cessé de poursuivre sa voie silencieuse, rencontrant quelquefois l'intérêt des contemporains.

LE JAPON

Bien que les premières importations de graines de théiers chinois aient eu lieu dès le IXe siècle au Japon, il fallut attendre la fin du XIIe siècle pour qu'une vraie culture du thé s'installe dans l'archipel, grâce à l'apport de maîtres remarqués. Elle connut son apogée au XVIe siècle, avec la codification de la cérémonie du thé, d'inspiration zen. Aujourd'hui, la culture du thé est toujours vivante au cœur des Japonais.

Saicho, celui qui apporta

S'il est vrai qu'en 729 l'empereur Shomu servit à une centaine de moines du thé venant de Chine, il fallut attendre le moine Saicho (767-822) pour que l'on parle réellement de thé au Japon. Saicho, connu aussi sous le nom de Dengyo Daishi, partit en Chine en 802 et en revint quelques années plus tard avec des graines de théier. Il les planta à Sakamoto, au pied de la montagne sacrée de Hieizan. Cinq ans plus tard, ces graines avaient donné des arbres dont on put cueillir les feuilles. Sakamoto devint ainsi le plus vieux jardin de thé du Japon.

Eichu, celui qui offrit

En juin 815, Eichu, père supérieur du temple Sufuku-ji, offrit à l'empereur Saga en visite un thé qu'il avait préparé lui-même. C'est sans doute en Chine, qu'il avait connue à la fin de la période Tang, qu'Eichu avait appris la méthode de production et l'art de la dégustation du thé. Quant aux feuilles utilisées, elles venaient vraisemblablement de Sakamoto. Séduit, l'empereur encouragea l'installation de nouvelles plantations dans l'archipel.

L'aristocratie japonaise, à vrai dire, avait emprunté à la pratique chinoise son art de vivre autour du thé. Il existait une variante japonaise de la brique de thé *(dancha)*, que l'on obtenait en séchant les feuilles, ensuite écrasées dans un moulin à main. Après quoi on les pétrissait et les séchait de nouveau, avant de les compresser en briques avec de la vapeur. Afin de préparer le thé, ce pour quoi on utilisait des ustensiles chinois, on le faisait bouillir avec des éléments sucrés, parfois additionnés de gingembre. Lorsque, en 894, les traités commerciaux avec la Chine prirent fin, l'influence de cette dernière s'étiola et le thé fut progressivement délaissé.

Eisai, celui qui répandit

Les relations sino-japonaises reprirent au XIe siècle, avec le départ de nombreux moines et artistes japonais vers la Chine. L'un de ces voyageurs, Eisai (1141-1215), moine bouddhiste de la secte zen Rinzai, revint de Chine en 1191, rapportant le thé en poudre, tel qu'il y était désormais bu. Ainsi redécouvert, le thé, qui prit le nom japonais de *matcha*, fut apprécié pour sa faculté à maintenir l'esprit en éveil et en état de méditation.

Dans le traité en deux volumes qu'il rédigea sur les vertus thérapeutiques du thé – *Texte sur le thé et ses bienfaits pour la santé* –, Eisai développe ses réflexions sur l'apport des cinq saveurs aux cinq organes vitaux. Eisai y révélait également le mode de préparation idéal du thé vert en poudre. Dès lors, chaque temple zen eut à cœur de cultiver quelques théiers.

On raconte encore, au sujet d'Eisai, qu'appelé au chevet du shôgun Minamoto Sanetomo, dictateur militaire malade de ses excès alcooliques, il l'aurait sauvé en lui faisant boire du thé, ce qui permit par ailleurs d'accroître la reconnaissance du thé.

Eisai planta dans le jardin d'Iwagami-bo de la montagne Seburi, dans la province du Hizen, des graines qu'il avait rapportées de Chine. Lorsqu'il se rendit à Kyoto, en 1202, il en donna cinq à Myoe Shonin, du temple Toganoo Kozan-ji. Ces cinq graines, qui devinrent des théiers, furent connues sous le nom de *honcha,* ou « thé originel ». Puis on en transplanta à Yamashiro, ce qui donna naissance au célèbre thé de la région Uji. Et les théiers continuèrent de voyager, créant chaque fois de nouveaux jardins.

Myoe Shonin, qui fit renaître la secte Kegon, l'une des sectes du bouddhisme Nara, considérait qu'il y avait trois poisons dans la pratique de la discipline du zen : la somnolence, l'oisiveté et une mauvaise posture méditative. L'usage du thé, pensait-il, permettait de lutter contre ces « impuretés ».

Les concours de thé

Les samouraïs, prenant la balle au bond, proposaient des concours de thé *(tocha)* où l'on devait distinguer les thés de Uji et de Toganoo des Hicha (thés de qualité médiocre provenant de tous lieux hors Toganoo et Uji). Mais ces concours consistaient surtout en étalages d'érudition, de prétention et de richesses. Tout y était somptueux, le matériel, très cher, venait de Chine ou de Corée, et les mises atteignaient des sommets déraisonnables. Le thé y était prétexte à jeux de pouvoir, paris, démonstrations de puissance et autres mondanités infamantes. Les moines en étaient consternés. Tout comme devait l'être en Chine, sous la dynastie Song, le poète Fang chung-Yen, auteur de ces vers sur les concours de thé chinois, où il s'agissait, également, de reconnaître l'origine des thés et de l'eau utilisée :

Au vainqueur une gloire éternelle,
aux perdants le déshonneur.
Comment le Ciel peut-il permettre telle folie !
Tous ces breuvages ont leur mérite, alors pourquoi tant de bruit ?
Certains jugent ces choses importantes,
je les tiens pour insignifiantes.
Laissez-les s'abuser,
car je vois les choses comme elles sont.
Mieux vaut se rendre dans les montagnes boire du thé,
en y attendant sereinement de voler dans le vent.

Murata Shukô, un maître révélé

Murata Shukô (1422-1502) traversa plusieurs provinces à pied, après avoir fui son monastère de Shomyoji, à Nara, où il avait négligé ses devoirs tant il était absorbé par les concours de thé. C'est en vagabond qu'il fit la rencontre du célèbre prêtre zen Ikkyû (1394-1481), au temple de Daitoku-ji. Il apprit de lui que la loi de Bouddha est aussi dans le thé et que l'esprit prévaut non seulement dans l'acte de boire le thé, mais également, sous forme d'engagement personnel, dans les gestes simples de sa préparation.

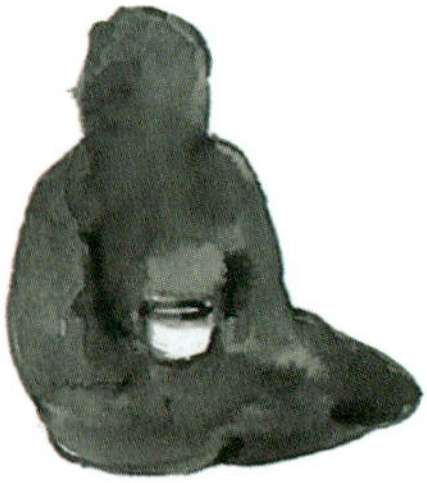

Shukô réforma la cérémonie du thé, y cherchant la vérité loin de toute vanité ou illusion. Désireux de plus d'humilité, il préconisa notamment l'usage d'une cabane rustique, de poterie japonaise – et non chinoise –, de vases et de cuillères en bambou. C'est ainsi qu'il posa les bases de la cérémonie japonaise autour de la notion de *soan cha,* ou « chaumière pour le thé », caractérisée par une riche perspicacité spirituelle.

Takeno Jo-o, un maître du contentement

A la mort de Shukô, Takeno Jo-o (1502-1555), contemporain de Rabelais, compléta l'œuvre de son prédécesseur. Il vivait dans la ville de Sakai, relative oasis de paix dans un Japon bouleversé par les combats. Marchand prospère, il reçut un enseignement littéraire, fut initié à la voie de l'encens et à la voie du thé par des disciples de Shukô. Il apporta le *wabi,* qui est honnêteté, prudence, maîtrise émotionnelle et matérielle. Sa cérémonie était, selon son expression, « simple et naturelle ». Évitant les lieux mondains qui plaisaient tant à la noblesse, il se construisit un pavillon de quatre tatamis et demi, Daikokuan, dans lequel il n'usa que d'ustensiles modestes et discrets, tels des plats

à eau et des bols de la vie quotidienne. Grâce à lui, le « fait du thé » cessa d'être une simple courtoisie sociale ou le passe-temps de nobles désœuvrés pour devenir une pratique réelle sur la Voie du thé.

Sen No Rikyu, un maître entre concordance et discordance

> *Combats ta honte, oublie ton orgueil et apprends tout ce que tu peux des autres.*
> *Voilà le fondement d'une vie accomplie.*

Puis vint Sen No Rikyu (1521-1591), contemporain de Montaigne, né Tanaka Yoshiro à Sakai. Son nom de thé, du moins pour ce qui est du premier caractère, est un hommage à son grand-père Sen'ami. C'est en effet une pratique, chez les hommes de thé, que d'avoir un nom d'enfant et un nom de thé. Le nom de thé pose la question de qui l'on est et de qui l'on devient, et éprouve celui qui le porte face aux autres et à ses propres « autres ».

A l'âge de 19 ans, Sen No Rikyu devint élève de Takeno Jo-o et changea son nom en Soeki. Il unifia les styles Shoin de Noami, avec le *soan* et *wabi* de Shukô et Jo-o. Dans sa cinquantaine, il devint maître de thé auprès d'Oda Nobunaga (1534-1582), jusqu'au jour où celui-ci fut assassiné.

L'époque était trouble et sanglante. L'empereur n'avait de rôle que symbolique et le pays était aux mains de seigneurs qui se livraient une guerre sans merci. L'un d'eux, Toyotomi Hideyoshi (1536-1598), fut impressionné par Soeki. Ni moine ni guerrier, il vit en lui l'homme qui réconcilierait les citoyens mécontents et les guerriers à la vie sauvage et dissolue. Soeki se mit donc à son service.

Trois ans plus tard, le 7 octobre 1585, Hideyoshi donna une grande réception de thé dans le palais impérial. Soeki y reçut, de l'empereur Ogimachi, le titre de *rikyu koji,* « laïc du bouddhisme ». Mais les désaccords entre son protecteur et lui ne cessèrent de s'accentuer. Hideyoshi construisait des chambres de thé à la feuille d'or, alors que Soeki, qui voulait une cérémonie simple et non affectée, sculptait lui-même ses ustensiles dans du bambou et utilisait de simples bols rouge et noir, de façon à créer des accords sensibles avec le vert du thé.

Irrité par l'attitude de Soeki, craignant de surcroît que la réputation de son protégé ne vienne à dépasser la sienne, Hideyoshi le renvoya dans ses foyers, près d'Osaka, où il lui ordonna de se donner la mort pour trahison. Ce jugement sans appel fut clairement compris : trois jours plus tard, le 28 février 1591, Sen No Rikyu cérémonia une dernière fois et, ayant bu, brisa son bol. Les lèvres du malheur s'y étant posées, plus aucun homme ne devait y boire. Ensuite, calmement, il se fit *seppuku.*

Entre autres enseignements, Sen No Rikyu laissa les « sept secrets de la voie du thé », qui indiquent la disposition d'esprit à travailler à chaque rencontre :

> *Prépare un délicieux bol de thé*
> *Place le charbon de bois afin qu'il puisse chauffer l'eau*
> *Arrange les fleurs comme elles sont dans le champ*
> *Évoque la fraîcheur en été et la chaleur en hiver*
> *Devance en chaque chose le temps*
> *Prépare-toi à la pluie même s'il ne pleut pas*
> *Porte la plus grande attention à chacun de tes invités.*

Il énonça également les quatre règles qui doivent être toujours présentes à l'esprit de l'homme de thé : harmonie, respect, pureté, sérénité *(wa, kei, sei, jaku).*

Après Sen No Rikyu

Après la mort de Sen No Rikyu, et pendant quelque temps encore, l'enseignement se fit de maître à disciple avec une liberté toujours plus affirmée. Mais tout changea lorsque le clan Tokugawa prit le pouvoir : par goût de l'ordre social, cette liberté fut contestée.

A cette époque, le petit-fils de Sen No Rikyu, Sen Sôtan (1578-1658), avait repris le flambeau familial. Il refusa de devenir le maître de thé officiel de la famille Tokugawa. Considérant que le *wabi* ne pouvait prendre place dans un pavillon de thé en or, il préféra vivre modestement, parmi des citoyens ordinaires, et vécut selon le principe « Thé et zen en un même goût ».

Il avait quatre disciples tellement accomplis qu'ils eurent quatre styles propres : Yamad Sohen (1627-1708) ; Sugiki Fusai (1628-1706) ; Fujimura Yoken (1613-1699) ; Matsuo Soji (1579-1658) ou Kusumi Soan (1636-1728).

Mais, à la veille de sa mort, Sôtan offrit une part de ses terres à deux de ses fils, qui y fondèrent leur propre école de thé : Ura Senke – l'« école de derrière » – pour Sohistu, et Omote Senke – l'« école de devant » – pour Sosa. Soshu fonda une école portant le nom de l'endroit où il s'était installé, Mushanokoji Senke. L'aîné, Sosetsu, partit jeune vers d'autres terres.

Ces trois écoles existent toujours et sont dirigées par les descendants de Sen No Rikyu, les *iemoto* (« grands maîtres héréditaires »). C'est ainsi qu'Ura Senke a à sa tête Soshitsu Sen, quinzième du nom. Elles se sont si bien adaptées à leur temps qu'elles ont finalement, par exemple, sacrifié à l'usage de tables et de tabourets, créés lors de l'Exposition internationale de Kyoto de 1872 pour les étrangers n'appréciant pas de s'asseoir sur un tatami. Récemment, elles se sont ouvertes aux femmes.

Un service japonais contemporain :
un maintenant illuminé de pénombre.

A ceux qui se demandent si un descendant peut présenter les mêmes dispositions que son ancêtre, la culture japonaise oppose son respect de la hiérarchie passée et présente, et la question tombe d'elle-même. Et puis, certains le savent, il a toujours existé et il existera toujours, en tout temps et en tout lieu, des hommes et des maîtres de thé issus d'aucune académie, plus proches de l'esprit de la tradition que de la tradition formelle, comme le furent Eisai, Taken Jo-o ou Sen No Rikyu.

VOYAGES D'UN MONDE A L'AUTRE

LE THÉ AU CŒUR DE LA RENCONTRE DE L'ASIE ET DE L'EUROPE

Connu en Asie depuis la nuit des temps, le thé frappa l'imagination de l'Occident dès l'époque des grands voyageurs, dont les témoignages furent corroborés par ceux des missionnaires. Mais il fallut attendre le début du XVIIe siècle pour que les premières feuilles de thé débarquent en Hollande.

Paroles de voyageurs

Il semble que la première mention du thé en Occident soit due au grand marchand arabe Sulayman, qui en donna en 851 cette brève description :

> Herbe qui a plus de feuilles que le trèfle, un peu plus de parfum aussi, mais est fort amère. On fait bouillir l'eau que l'on verse dessus.

Marco Polo (1254-1324), qui visita la Chine de la dynastie mongole Yuan, parla très peu du thé. On peut s'étonner qu'il n'ait pas été frappé par cette étrange boisson et par l'abondance des maisons de thé, mais cela ne surprendra pas ceux qui, de plus en plus nombreux semble-t-il, doutent de l'authenticité de son *Devisement du monde*.

En 1529, un autre Vénitien, Giambattista Ramusio, mentionne, dans le deuxième tome de ses *Navigazzione e Viaggi,* un Persan du nom de Hadji Mohammad. Ce Persan connaît une plante nommée *chai* que les Chinois du Sichuan ont pour habitude d'infuser. Il est vrai que la route de la soie passe par la Perse et que des caravaniers ont pu emporter un peu de thé dans leurs bagages, essentiellement pour leur consommation personnelle.

A côté de ces témoignages de voyageurs, ceux des missionnaires ne sont pas moins précieux. Ainsi, Louis Almeida, en 1565, cite une herbe *suavem gustu, nomine chia* (« au goût suave, nommée *chia* »). Le père Maffei, en 1588, écrit que « la boisson des Japonais est un suc extrait d'une herbe appelée

Réchaud à thé ou phare de l'hospitalité ?

chia » et détaille en quelques lignes ses vertus médicinales ainsi que l'extrême soin apporté à sa préparation.

Dans son *Histoire de l'expédition chrétienne au royaume de Chine* (1590), publiée à titre posthume, le missionnaire italien Matteo Ricci livre quelques commentaires sur le thé. Il signale notamment que, pour réaliser ce « breuvage à l'amertume tempérée », les Japonais battent une poudre de thé *(matcha),* alors que les Chinois l'infusent. La méthode est décrite par le père Alexandre de Rhodes, dont le séjour en Chine dure de 1618 à 1653 :

> Ils font bouillir de l'eau dans un vase bien net. Quand elle bout bien, ils la retirent du feu et y mettent de cette feuille selon la proportion de l'eau ; c'est-à-dire le poids d'une demi-dragme de thé, sur un bon verre d'eau. Ils couvrent bien le vase et quand la feuille va au fond de l'eau, c'est pour lors qu'il est temps de la boire ; parce que c'est lorsque le thé lui a communiqué sa vertu, et l'a rendue rougeâtre. Ils la boivent la plus chaude qu'ils peuvent, si elle est refroidie elle ne sera pas utile. La même feuille qui est demeurée au fond du vase peut servir une seconde fois, mais alors on la laisse bouillir avec l'eau.

A propos des Japonais, qui battent leur thé, celui-ci précise encore :

> Les Japonais accommodent autrement le thé ; car ils le mettent en poussière, puis le jettent en l'eau bouillante avec laquelle ils avalent tout. Je ne sais pas si cette manière de le prendre est plus salutaire que la première. Je me suis toujours servi et bien trouvé de celle qui est commune parmi les Chinois : les uns et les autres mêlent un peu de sucre avec le thé, pour en corriger l'amertume qui pourtant ne me semble pas désagréable.

Thé battu et art floral : la langue inaudible du végétal.

Jean Botero, Gasper da Cruz et bien d'autres missionnaires apporteront encore leur témoignage, mais il faudra attendre le début du XVIIe siècle pour que les contacts entre le thé et le monde occidental s'établissent réellement, une fois pour toutes.

Les premières caisses de thé débarquées en Europe

C'est, semble-t-il, en 1606 qu'un navire hollandais de la Dutch East Company, fondée quatre ans plus tôt, aurait embarqué quelques caisses de thé en échange de sauge – à raison d'une caisse de sauge pour trois caisses de thé. Ce navire venait de Java, où les Hollandais avait établi un relais-dépôt pour les produits venant d'Orient et où le thé avait dû être apporté par des bateaux chinois. On pensait alors que la sauge pouvait conquérir la Chine… mais ce fut le thé qui conquit l'Europe.

LES VISÉES DE L'ANGLETERRE

Le thé, pour l'Angleterre, fut bien plus qu'une boisson : un enjeu économique et politique dans une stratégie d'impérialisme. Ayant asservi la Chine au moyen de l'opium, ayant transféré dans sa colonie indienne une partie de la puissance nouvelle qu'elle retirait du thé, l'Angleterre put s'enorgueillir d'être devenue, au XIXe siècle, l'empire « sur lequel jamais le soleil ne se couche ».

L'Angleterre entre thé et café

Contrairement à bien des idées reçues, les Anglais ne furent pas les premiers Européens à découvrir le thé. Ce n'est qu'en 1653, dit-on, près d'un demi-siècle après l'arrivée d'une « poignée » de feuilles en Hollande, qu'un amiral anglais capturant un navire hollandais y aurait trouvé un peu de thé... le premier thé jamais parvenu en Angleterre.

Le premier écrit anglais faisant mention du thé est une publicité de Thomas Garraway... pour une maison de café. On pouvait lire alors, dans le *Mercurius Politicus* du 23-28 septembre 1658 :

> Une boisson chinoise excellente, recommandée par tous les médecins, que les Chinois appellent *tcha* et d'autres pays *tay alias tea*, en vente au Café de la Sultane à Sweeting Rents, à proximité du Royal Exchange, Londres.

En effet, les maisons de café, ou, plus simplement, « cafés », fleurissaient en Angleterre. Il est vrai qu'avec leurs vertus excitantes les nouvelles fèves venues du Moyen-Orient remportaient un grand succès. C'est ainsi que la compagnie d'assurance Lloyds doit son nom à un café *Lloyd,* où l'on inscrivait sur de grands tableaux les arrivées et départs des bateaux.

Le Tout-Londres se retrouvait dans de tels établissements... Le Tout-Londres ou presque, puisque les femmes n'y étaient pas les bienvenues. En 1717, Thomas Twining ouvrit une maison strictement réservée au thé : on pouvait acheter, déguster, et les femmes étaient admises...

Du thé pour la famille royale d'Angleterre

A la même époque, le couple royal contribua lui aussi à la propagation du thé en Angleterre. Catherine de Bragance, fiancée portugaise du roi Charles II (1630-1685), qui lui apporta Bombay dans sa dot, buvait du thé à toute heure de la journée. Quant à Charles II, après la décapitation de son père Charles Ier par Cromwell, il se réfugia en Hollande, où l'habitude de boire le thé était déjà bien ancrée.

La reine Anne Stuart (1665-1714) prit également part à la reconnaissance du thé comme boisson nationale dès lors qu'elle en consomma au petit déjeuner... en lieu et place de la traditionnelle *ale*. C'est elle qui répandit l'usage des grandes théières en argent, au détriment des petites théières chinoises en céramique.

L'East India Company : mainmise sur le thé

Tout commença avec la fameuse East India Company (Compagnie des Indes orientales), véritable arme économique et politique aux mains de l'Empire britannique. Comme le soulignait en 1843 un auteur français :

> Il est permis de croire que, sans les énormes bénéfices que lui procurait le monopole du thé, jamais la Compagnie ne se fût trouvée en état de concourir si efficacement aux vues ambitieuses de la mère patrie.

La reine Élisabeth la fonda en 1599, sans doute pour commencer le XVIIe siècle dans la paix et l'amour du prochain... Cette compagnie, qui bénéficiait de pouvoirs habituellement réservés à l'État – frapper la monnaie, maintenir des forts et des bataillons, conquérir des territoires, former des alliances, déclarer la guerre ou punir les contrebandiers et autres bandits – arracha le commerce du thé aux Hollandais.

En 1638, à la suite de divers problèmes causés par des missionnaires portugais, le Japon ferma ses ports à l'Occident pendant plus de deux siècles. Il en interdisait même l'accès aux Hollandais, qui y avaient pourtant établi un comptoir, Ferandao, dès 1609. Restait donc, seule en course pour fournir du thé, la Chine.

En 1662, pourtant, les Chinois chassèrent les Hollandais de Formose (Taiwan), que ces derniers occupaient depuis 1620.

Certes, les rapports commerciaux entre la Hollande et la Chine allaient être renoués en 1683, mais la compagnie anglaise, pendant tout ce temps, ne restait pas inactive. Les Anglais avaient commencé à importer du thé en 1657 et, en 1669, la Compagnie effectua son premier déchargement à Londres.

Dès lors, c'est le monopole du commerce du thé qui allait être visé. La Compagnie devait gagner celui des transactions avec la Chine en 1715 et le garder jusqu'à l'Earl Grey Act de 1834. D'un montant de 181 545 livres entre 1652 et 1700, ses importations de thé grimpèrent à quelque 40 millions de livres entre 1700 et 1750 ! C'est un Parliamentary Bill d'avril 1834 qui, sous la pression de la concurrence, allait mettre fin à ce monopole : la première vente libre de thé à Londres aurait lieu le 8 octobre 1834.

Première implantation en Chine

En 1684, la Compagnie réussit à implanter un poste commerçant anglais en Chine, à Canton. Rapidement, le thé représenta 90 % des exportations de la Chine vers l'Angleterre, avant la soie et la céramique. Mais cette joie marchande n'était pas partagée. Les Chinois, peu enclins à voir débarquer ces hordes commerçantes, décrétèrent que seul le port de Canton pourrait accueillir les navires étrangers. Toutes les transactions devaient se faire sous haute surveillance et par l'intermédiaire d'un fonctionnaire chinois, qui prélevait une commission. Lorsque la Chine, riche en textiles, fit remarquer qu'elle n'avait pas besoin des tissus que les Anglais lui envoyaient pour faire de l'argent à l'exportation, ce fut plus que le libéralisme missionnaire des Anglais ne put tolérer. « La Cour ne tient pas pour précieux les objets venus de loin et toutes les choses curieuses et ingénieuses de ton royaume ne peuvent non plus être considérées comme ayant une rare valeur », aurait répondu, en 1816, l'empereur de Chine à l'ambassadeur du roi d'Angleterre, qui voulait échanger laine et pacotilles contre des thés fins.

La stratégie de l'opium

La réponse fut trouvée : l'opium. Bien sûr, l'opium était consommé localement dans le Sichuan, où le pavot poussait depuis longtemps, mais son mélange avec du tabac à fumer, dès le XVIIe siècle, le rendit plus facile à consommer. Les Anglais planifièrent alors un empoisonnement méthodique et global du marché chinois. La « boue étrangère », comme on surnommait l'opium, pourrit progressivement l'économie, puis la société chinoises. Comme la matière première venait des champs de pavot indiens, cela permettait d'augmenter les revenus de cette colonie britannique. Les importateurs de thé recevaient ainsi de l'argent de l'opium, qu'ils utilisaient aussitôt pour acheter du thé, sans sortir un seul lingot d'or de la mère patrie.

Mais la Chine ne resta pas sans réaction : en 1800, elle interdit l'importation de l'opium et décréta la mort pour les contrevenants. Qu'à cela ne tienne, l'opium n'était plus débarqué à Canton, mais dans une petite île de la baie. Le trafic était florissant et, cette fois, sans taxes d'importation. En juin 1839, Lin Zexu, envoyé extraordinaire de l'empereur, saisit 20 000 caisses de substance illégale et les brûla sur une plage près de Canton.

Les deux guerres de l'opium

> On ne peut guère se fier à la sincérité des Chinois. Cela peut sembler peu charitable, mais c'est la vérité. (Robert Fortune)

Face à cette offense, l'Angleterre déclencha une suite d'opérations militaires, appelées « première guerre de l'opium » (1840-1842). La Chine, vaincue par le traité de Nankin, dut limiter à 5 % ses tarifs douaniers, céder l'île de Hongkong et ouvrir cinq ports : Canton, Shanghai, Ningbo, Amoy et Fuzhou. De plus, les résidents étrangers cessaient de relever des juridictions chinoises. Témoin de son temps, un observateur français, se définissant lui-même comme ayant « un but sérieux et généralement utile », écrivait en 1843 :

> Grâce, en effet, au dénouement de la lutte des Anglais avec les Chinois, le céleste empire est un marché désormais acquis à l'Europe et à l'Amérique. Le triomphe des armes britanniques est peut-être un bienfait dans l'avenir pour la patrie de Confutzée [Confucius], arrachée de son immobilité séculaire, et qui, au frottement continuel de notre civilisation, se dépouillera insensiblement de ses préjugés et de sa défiance pour adopter nos arts et nos découvertes. C'est une destinée providentielle de la Grande-Bretagne que, tout en poursuivant avec une ténacité, une énergie indomptables, ses plans égoïstes de domination commerciale, elle sert presque toujours à son insu la cause du progrès et de l'humanité !

La Chine manifestant une mauvaise volonté évidente, une « seconde guerre de l'opium » (1856-1860) fut déclenchée, à laquelle la France participa au côté de l'Angleterre. Des villes furent pillées, notamment Pékin en 1860. Le traité de Tianjin offrait onze nouveaux ports, autorisant les missionnaires à résider dans la Chine intérieure. Les délégations étrangères étaient admises à Pékin, et les droits de douane étaient désormais perçus par une administration spéciale dirigée par des étrangers. Un ministère des Affaires étrangères fut créé, le terme « barbares » (pour désigner les Occidentaux) dut disparaître des documents diplomatiques et les navires de guerre eurent le droit de naviguer sur les eaux intérieures – au nom de ce que l'on appela la « politique canonnière ».

Bien entendu, le commerce de l'opium redevint légal. De 50 000 caisses importées d'Inde en 1850, on passa à 180 000 en 1880. Deux millions de Chinois étaient intoxiqués en 1850, 120 millions en 1878 ! Le nombre d'opiomanes augmenta spectaculairement, jusqu'à toucher des proches de la Couronne. Il était temps d'interdire enfin le commerce de l'opium, mais la dépendance demeura durant des décennies.

Taxes et contrebande

Dès 1660, le thé vendu dans les cafés et les tavernes fut frappé d'une taxe de 8 pence par gallon (4,5 l), avec un système de contrôle journalier très strict. Cet impôt subsista jusqu'en 1689 et fut supprimé par un acte de Guillaume III et Marie Stuart. L'acte était rédigé ainsi :

Ayant établi qu'il [le mode d'impôt grevant le thé vendu dans les cafés] était onéreux aux débitants comme aux consommateurs ; qu'il nécessitait l'entretien d'un nombreux personnel d'employés, il était aboli et remplacé par un droit additionnel de 5 schillings de plus par gallon.

Comme le faisait remarquer un écrivain du milieu du XIXe siècle :

> Depuis cette époque, la taxe du thé a été un revenu héréditaire de la Couronne. Il en est aujourd'hui le plus productif.

Il est vrai qu'en 1689 une livre du thé le moins cher coûtait à un ouvrier environ une semaine de son salaire. Les taxes d'État sur les importations de thé devinrent rapidement excessives et firent les beaux jours de la contrebande. Cette dernière eut également pour effet de rendre le thé plus accessible aux non-aristocrates.

De la moitié aux deux tiers de l'importation de thé était illégale. Selon les autorités, les contrebandiers étaient parfois sous-traités par l'East India Company. Tout lieu pouvait servir de cache, y compris, avec quelques complicités, les églises. Bien entendu, ce thé, vendu surtout de nuit, n'était pas exempt de défaut... mais le thé « légal » n'y échappait pas non plus. Afin d'augmenter les profits, on n'hésitait pas à le panacher de feuilles de saule, de frêne, de sureau ou de feuilles de thé déjà utilisées et resséchées.

A partir de 1725, date de la première loi contre l'adultération, et pendant 150 ans, les règlements successifs veillant à la pureté du thé ne rencontrèrent que bien peu de succès. Y compris le décret de 1766, promettant aux contrevenants des peines de prison. C'est d'ailleurs pour éviter les falsifications que John Horniman proposa pour la première fois, en 1826, du thé empaqueté et non plus vendu en vrac.

La consommation anglaise de thé passa officiellement – donc sans tenir compte de la contrebande – de 30 tonnes en 1701 à 6 800 tonnes en 1791, cette explosion s'expliquant en partie par la baisse des taxes survenue en 1784.

L'EXTRÊME OCCIDENT : L'AMÉRIQUE

L'Amérique elle aussi a écrit une page inoubliable de la légende du thé. Ce fut l'ère des clippers, et de ces extraordinaires régates du thé par lesquelles elle tenta d'arracher le monopole du thé des mains des Britanniques.

La guerre des taxes

En 1647, le commerçant hollandais Peter Stuyvesant débarqua dans la colonie de New Amsterdam. Assurant despotiquement sa prospérité, il offrit ainsi au thé un lieu de rayonnement en Amérique du Nord. Lorsque, sous l'autorité britannique, New Amsterdam devint New York, en 1664, on devait y consommer une grande quantité de thé.

Près d'un siècle plus tard, en 1773, la British East India Company disposait d'un stock de 17 millions de livres de thé qui menaçait de périmer. Le Parlement britannique lui accorda, malgré de nombreux scandales économiques, de nouvelles facilités financières, des prêts, ainsi que le monopole dans les colonies. Les vendeurs, désormais, devaient être désignés par la Compagnie. Beaucoup de vendeurs américains, n'ayant pas obtenu cette « grâce », se virent exclus du système officiel, ce qu'ils n'apprécièrent que très modérément. De plus, pour remplir les caisses vidées lors de la guerre de Sept Ans contre la France (1756-1763), Londres ajouta, en 1767, une nouvelle taxe sur le thé, alors troisième produit importé par l'Amérique après le textile et les produits manufacturés : le Townsend Act.

En 1773, le Tea Act édictait de nouvelles mesures douanières sur le thé. Les Américains n'avaient le droit d'acheter leur thé qu'aux Anglais et ne pouvaient échapper aux taxes. Taxe sur taxe, les Américains en eurent assez de contribuer au revenu britannique et décidèrent que cette dernière goutte faisait déborder… la tasse de thé.

La « Boston tea-party »

Le 16 décembre 1773, succédant à d'importants mouvements de femmes américaines en révolte contre les taxes, un commando de plusieurs dizaines d'hommes armés, déguisés en Indiens, se forma dans la ville de Boston. Ils jetèrent à la mer les 342 caisses de thé que trois navires de la compagnie anglaise (le *Dartsmouth,* l'*Eleanor* et le *Beever*) tentaient de débarquer malgré l'opposition des citoyens. « Ce soir, le port de Boston est une théière », criaient les faux Indiens.

D'autres attribuent ce mouvement à la loge maçonnique de Saint-André, dirigée par Joseph Warren, un ami intime de Franklin, et fort influente dans cette ville de Boston, intellectuelle, cultivée et prospère. E. H. Goss écrivit à ce sujet, dans *La Vie du colonel Paul Revere* (1891) :

> Le jeudi 16 décembre 1773, la loge de Saint-André se réunit à la Taverne du Dragon-Vert, mais elle ne put pas tenir séance, son ordre du jour le constatant. Pendant qu'elle était occupée à ne pas y tenir séance [...] un groupe d'Indiens rouges et bariolés que l'on n'avait pas vu entrer dans la taverne en sortit tumultueusement et se hâta vers les quais.

E. H. Goss poursuit, après que les 342 caisses de thé eurent infusé dans la mer :

> On les vit [les Indiens] entrer à la taverne. Ce devaient être des Indiens magiques, car jamais on ne les vit sortir, en sorte que jamais la police anglaise ne put les appréhender ni les punir. On vit seulement sortir de la taverne les membres de la loge de Saint-André, qui s'étaient réunis pour ne pas tenir séance, comme l'indique leur procès-verbal.

Quoi qu'il en soit, les pertes furent estimées, à l'époque, à 10 000 livres sterling. D'autres incidents patriotiques suivirent et la guerre d'Indépendance fut déclenchée.

Pendant quelques années, une réaction « anti-thé » subsista, avant de lentement disparaître. L'élan américain envers le thé en fut ralenti, ce qui ne fut pas le cas chez les Canadiens, dont la Compagnie anglaise des Indes s'accapara sans discontinuité la fourniture en thé.

Les clippers

Au-delà de la « Boston tea-party », le thé offrit aux Américains une autre occasion d'affronter les Anglais... cette fois pacifiquement.

Produit éminemment fragile, le thé appréciait peu les six mois de transport nécessaires de la Chine à l'Occident. Le besoin de lignes plus rapides se précisait.

En 1833, le Parlement anglais abrogea le Navigation Act, qui, en n'autorisant que les bateaux anglais ou chinois – ces derniers trop petits – à transporter du thé vers l'Angleterre, visait particulièrement les Hollandais et les Français. Le traité de Nankin (1842) ouvrant de nouveaux ports, le transport maritime du thé ne demandait qu'à se développer. Les Américains y virent une occasion unique de pénétrer le marché britannique.

Ce fut l'ère des clippers, des bateaux fins et élégants portant une importante voilure. Ils étaient inspirés des bateaux qui, dès 1820, transportaient de la côte ouest à la côte est, en passant par le cap Horn, les candidats à la ruée vers l'or. Cette voie, en effet, était plus sûre et plus rapide que la traversée du pays en chariot.

Le premier clipper, le *Rainbow*, dessiné par John Willis Griffiths, fut lancé le 22 février 1845. Malgré quelques dommages et des vents mauvais, il fit la traversée New York-Canton aller-retour en moins de 100 jours, soit 16 jours de moins que ses concurrents. En un seul voyage, le coût de sa construction était amorti !

En décembre 1850, l'*Oriental* fut le premier navire américain à apporter du thé à Londres. Le voyage dura 97 jours à partir de Hongkong. Deux ans auparavant, ce bateau avait été remarqué pour avoir relié New York à Hongkong en 81 jours. Des négociants anglais avaient alors proposé un taux d'affrètement deux fois supérieur à celui des Indiamen, des bateaux courts et ventrus ainsi construits afin d'échapper à la *tonnage law,* qui taxait les navires à raison de leur longueur et de leur largeur.

Du temps du monopole de la Compagnie, les lourds et lents Indiamen n'avaient pas de concurrents. Désormais, ils ne pouvaient plus rivaliser.

Avec cette escale anglaise, l'*Oriental* gagna un tiers de son prix de construction. Les Anglais décidèrent alors, tous calculs faits, qu'il valait mieux payer plus de taxes à la *tonnage law,* mais être les premiers sur le marché. Ils construisirent donc de nouveaux bateaux, ce qui n'empêcha pas les clippers américains de dominer les mers jusqu'en 1856, date de la seconde guerre de l'opium.

Les clippers faisaient la traversée en 90 à 100 jours pour les rapides, 130 pour les autres. La première récolte chinoise ayant lieu à la fin du mois d'avril et le temps que les caisses de thé arrivent dans les ports, les clippers quittaient la Chine fin mai-début juin, pour arriver à Londres début septembre-fin octobre. Les premiers bateaux à quai remportaient le marché. Ils permirent aux Occidentaux de découvrirent le goût du thé frais et donnèrent naissance à un nouveau *must* mondain et commercial : posséder du thé primeur de la nouvelle récolte… (C'est le même phénomène que l'on retrouve aujourd'hui avec les caisses de Darjeeling importées par avion, dès les prémices de la première récolte.) Des courses furent même organisées sur des distances de 15 000 milles (soit 28 000 kilomètres), dont la plus célèbre devait opposer une quinzaine de navires !

La course du thé

Le départ de la course fut donné le 28 mai 1866, sur la rivière Min, en aval de Fuzhou. Dès les premiers instants, une compétition acharnée s'engagea entre les cinq favoris : l'*Ariel,* le *Fiery Cross,* le *Serica,* le *Taeping* et le *Taising*. Le *Fiery Cross* sortit, descendit la rivière le premier avec une avance d'un jour sur l'*Ariel,* qui s'était fait doubler parce qu'il possédait un mauvais remorqueur. Mais le *Fiery* dut batailler durant toute la traversée pour garder son avantage. Il le perdit à l'entrée de la Manche, où l'*Ariel,* enfin, rattrapa son retard. Le *Teaping,* qui n'était pas loin, tenta de dépasser l'*Ariel* pendant toute la remontée de la Manche. Sans cesse l'*Ariel* lui coupait la route pour le ralentir. Il en fut de même lors de la prise du pilote à Dungeness, sur la côte anglaise, où le *Teaping* menaçait réellement de prendre la tête. Enfin, le *Teaping* doubla l'*Ariel* sur la Tamise, où celui-ci avait encore un mauvais remorqueur. Le capitaine Keay, à bord de l'*Ariel,* pensait cependant demeurer le vainqueur, car le *Teaping* devait accoster plus en amont.

C'était une erreur. Bloqué par la marée basse, l'*Ariel* dut attendre 1 heure et 23 minutes pour atteindre son dock, où il mouilla avec 20 minutes de retard sur le *Teaping,* qui avait bénéficié de l'eau profonde de l'amont. Le *Serica* arriva 1 heure plus tard, le *Fiery Cross* 24 heures après, suivi, avec un retard d'encore 24 heures, par le *Taising*.

Sur le *Teaping,* tout le monde ne fut pourtant pas victorieux : les armateurs anglais avaient fait en sorte que la moitié de la prime du vainqueur fût reversée au deuxième arrivé, et l'équipage fut mal récompensé.

Pas un clipper américain ne figurait dans la course, car beaucoup avaient été détruits ou revendus à des étrangers durant la guerre de Sécession (1861-1865). De plus, les clippers des Américains étaient construits en bois tendre, vieillissant mal, dont l'entretien n'était pas rentable. Les bateaux anglais, eux, étaient de construction composite, mêlant fer et bois.

L'ère des clippers touchait cependant à sa fin. Il y eut bien une dernière course en 1871, mais l'apparition des bateaux à vapeur et l'ouverture du canal de Suez, deux ans plus tôt, furent fatales aux courses de thé. Les steamers, par le canal, faisaient la traversée en 40 jours ! C'est au *Sea Witch* que revint le titre de clipper le plus rapide de la route du thé : le 25 mars 1849, il relia Canton à Sandy Hook, près de New York, après 74 jours et 14 heures de navigation !

Il nous reste, pour mémoire, le nom de quelques clippers fameux, comme le *Lalhloo,* le *Norman Court,* le *Thermopylae* et le *Cutty Sark.* Ce dernier, construit en 1869 à Dumbarton-on-the-Clyde, pour le prix de 16 150 livres, fit huit voyages de thé jusqu'en 1877, avant de servir au transport de la laine d'Australie. On peut toujours l'admirer au port de Greenwich, à Londres, où il est devenu l'emblème d'une marque de whisky.

L'AUTRE VOYAGE

Loin, très loin de la sphère d'influence de la toute-puissante Compagnie anglaise des Indes, le thé voyageait avec les caravanes. La Russie fit ainsi exception, parmi les pays européens, en recevant son thé par voie terrestre. Écoutons cette autre histoire, celle d'un monde parallèle où le chemin du thé se comptait non à la mesure des courants marins, mais au rythme simple et calme des pas.

Les caravanes de thé

Il semble que le premier contact de la Russie avec le thé prît la forme d'un cadeau offert au tsar Alexis, en 1618, par un ambassadeur chinois. On dit aussi que le grand mogol Schah Ali, en 1639, voulut offrir plusieurs caisses de thé au tsar Michel Romanov par l'intermédiaire de son ambassadeur Starkov, mais que ce dernier refusa, alléguant que son souverain n'en faisait pas usage.

En 1689, le traité de Nerchinsk définit les frontières entre la Russie et la Chine et lança réellement l'organisation de caravanes marchandes. Longues de 200 à 300 chameaux, les caravanes partaient de Moscou et arrivaient près de six mois plus tard à Kietha, où se trouvait alors la frontière chinoise. Kietha (ou Kiakhta) était une petite ville de 5 000 habitants où, au mois de décembre, se tenait une grande foire commerciale entre la Russie et la Chine. On y échangeait les chargements de fourrure contre du thé. Chaque chameau rapportait 4 caisses de thé, soit à peu près 280 kilos. Les caravanes mettaient donc un an pour effectuer l'aller-retour de Moscou à Moscou, et le

thé arrivait sur le marché russe environ un an et demi après avoir quitté les plantations.

Des transports de marchandises étaient également organisés entre Kietha et Nijni Novgorod, qui reçut en 1817 la foire anciennement tenue à Markariev. Plus de 150 000 marchands d'Europe et d'Asie s'y rendaient chaque année, de fin juin à fin juillet. Le transport entre Kietha et Nijni Novgorod durait deux ans par voie terrestre, trois ans par les canaux et les rivières, qui gelaient la plupart du temps. La Russie exportait du thé pour la Suède, le Danemark et le nord de l'Allemagne.

A cette époque, le thé était hors de prix, ce qui en réservait l'usage à l'aristocratie. Cela n'empêcha pas la consommation annuelle de thé en Russie de passer de 600 chameaux en 1700 à plus de 6 000 en 1800. La tsarine Catherine (1729-1796) établit même une caravane privée régulière. Lorsque les ports chinois, notamment Canton, furent enfin ouverts aux navires russes, les caravanes cessèrent peu à peu. C'est le Transsibérien qui, à la charnière des XIXe et XXe siècles, leur porta un coup fatal, en ramenant désormais à quelques jours le temps de transport du thé.

SORTIR LES THÉIERS DE CHINE

De la Suède à l'Angleterre, de la Hollande à la France, plusieurs pays européens tentèrent, à partir du XVIIIe siècle, de s'approprier les graines tant convoitées et le secret de leur culture. Ce qui donna lieu à des épisodes tantôt cocasses, tantôt effrayants...

Pour des théiers suédois

Nombreux sont ceux qui, au XVIIIe siècle, avec le botaniste suédois Linné, désiraient « fermer le portail à travers lequel tout l'argent quittait l'Europe en faisant pousser du thé sur le continent ». Parmi eux, beaucoup se demandaient pourquoi l'on devait chercher du thé si loin et à si grands frais, alors que, pensaient-ils, il en poussait naturellement de ce côté du monde. C'est ainsi que Simon Pauli, professeur de botanique à Copenhague, présenta dans son *Traité de l'abus du tabac et du thé* le piment royal de Linné, persuadé, après de longues dissertations, qu'il s'agissait d'un théier.

Linné lui-même fit maints efforts pour faire venir des théiers en Suède. A son intention, Per Osbek tenta d'en transporter un sur un vaisseau suédois de l'East India Company, mais le plant, installé à la poupe, fut emporté en mer par un coup de vent. Un autre plant tomba dans le port lorsque les canons tirèrent la salve de départ. Quant aux deux plants livrés sains et saufs par Lagerstrom au jardin botanique d'Uppsala, on leur offrit tous les soins possibles jusqu'au jour où l'on s'aperçut qu'il s'agissait de *Camellia*... ordinaires.

Certes, on vit bien un autre véritable plant de thé arriver à Göteborg, mais il fut dévoré par les rats dans la nuit qui suivit le débarquement. Peu de temps après, un bateau suédois apporta quelques graines en pot, qui levèrent pendant le mouillage à Göteborg. Le capitaine Eckberg en envoya la moitié à Uppsala, mais elles périrent dans le transport. Le 3 octobre 1763, enfin, il apporta l'autre moitié en personne. Ce furent certainement les premiers théiers en Europe. Linné les étudia, mais, persuadé que thé vert et thé noir étaient deux espèces différentes, il n'aboutit pas à de grandes conclusions.

Pour des théiers hollandais

C'est en 1728 que les Hollandais importèrent les premières graines du Japon à destination de leurs colonies. Sans succès. En 1827, ils parvinrent à faire pousser des graines de théiers chinois et japonais dans les jardins botaniques de Java... mais personne ne sut comment s'en occuper. Jacobson, un commerçant, fut alors chargé de rapporter illicitement d'autres graines et, surtout, de débaucher de la main-d'œuvre expérimentée. Sa mission dura six ans, bien que l'empereur de Chine, ayant découvert ses agissements, eût proposé une forte récompense à qui le capturerait.

Pour des théiers français

De Paris, le docteur Guillemin, aide botanique au Muséum d'histoire naturelle, fut chargé par le ministre du Commerce et de l'Agriculture, en 1838, d'aller étudier le thé... au Brésil ! Il vit de très belles plantations près de São Paulo et, à la suite de savantes observations, incita le gouvernement français à créer des plantations de thé... dans le Finistère. Dans ce but, il se procura 3 000 plants et 2 000 graines qu'il rangea soigneusement dans 18 caisses. Malgré ses soins intensifs durant la traversée, les deux tiers périrent en mer et le reste fut achevé par les crachins bretons.

C'est en fait grâce à un présent du célèbre pépiniériste anglais Gordon, dit-on, que le premier théier fut planté en France, sur la colline de Chaillot, à Paris. D'autres suivirent, notamment au jardin des Plantes et à l'orangerie du Luxembourg.

Pour des théiers anglais

Dans son rapport de 1788, où il étudiait les possibilités de faire pousser du thé au sud de l'Himalaya avec des graines venues de Chine, le botaniste Joseph Banks cite en exemple le jardin botanique de Calcutta, où quelques théiers chinois s'étaient acclimatés. Mais il ne put lever les hésitations de la Compagnie, et c'est seulement en 1793 que lord Macartney, ambassadeur en Chine, expédia au jardin botanique de Calcutta quelques graines de thé reçues en cadeau.

Trente ans plus tard, le major Robert Bruce envoya un nouveau rapport à la Compagnie, mentionnant l'existence de possibles théiers indigènes dans la jungle indienne du nord de l'Assam et dans la région de Sadiya. Un Comité du thé fut fondé en 1834 par Lord Bentick, en vue de « suggérer des moyens et méthodes pour l'introduction et la culture des théiers dans les zones favorables en Inde et dans d'autres possessions britanniques ». En clair, il s'agissait de percer le mystère chinois du thé et d'étudier plus sérieusement l'hypothèse de plantations en Inde, si nécessaire à partir de graines et de savoir-faire volés à l'empire du Milieu. C. J. Gordon fut ainsi chargé de quérir des graines et de la main-d'œuvre, mais les 80 000 graines qu'il rapporta de Chine donnèrent un résultat insignifiant. Entre-temps, Robert Bruce mourut, mais son frère Charles Alexandre, commandant la canonnière *Diana,* réussit à organiser des plantations expérimentales dans la jungle.

Finalement, la première compagnie de thé aux Indes, l'Assam Tea Company, fut créée en 1839. En 1848, on envoya le botaniste anglais Robert Fortune, déguisé en Chinois, en mission d'espionnage au cœur de la Chine.

> Mon voyage dans le grand Nord [de la Chine] avait pour objectif de trouver et rapporter des graines et des plants d'arbustes à thé destinés aux plantations de la Hon East India Company dans les régions du nord-ouest de l'Inde. Il était essentiel que ceux-ci proviennent de ces régions de Chine où sont produits les meilleurs thés.

Après de nombreuses péripéties, Robert Fortune revint avec 85 ouvriers chinois et 20 000 plants. L'Inde devint un pays producteur de thé, suivie, dans la seconde moitié du XIXe siècle, de Ceylan.

Dès 1887, les importations en provenance des colonies anglaises devinrent plus importantes que celles venant de Chine, et l'Angleterre cessa de dépendre de cet empire du Milieu décidément si peu coopératif avec le libéralisme anglais.

LA VOIE DU THÉ : PRATIQUES ET CÉRÉMONIES

CHINE : LES DEUX FACES D'UNE MÊME RÉALITÉ

Des deux pratiques qui ont cours en Chine, certains veulent voir une cérémonie dans le seul *gongfu*. Selon eux, la pratique avec le *chung*, beaucoup plus répandue, accessible à l'homme de la rue en tout temps et en tout lieu, ne saurait prétendre à ce statut. En vérité, l'écart entre ces deux usages ne saurait être aussi tranché, car seul l'engagement du participant peut élever une simple pratique au rang de rite ou à celui de cérémonie.

Le « gongfu »

A part en Chine, le *gongfu* se pratique en Corée, pays qui fit longtemps office de médiateur dans les affaires de thé entre la Chine et le Japon. D'inspiration taoïste, le *gongfu* ne fait pas véritablement l'objet d'une codification, mais obéit à des principes et à une discipline qui passent le plus souvent inaperçus aux yeux des néophytes. L'esprit, ici, précède le geste, le guide et lui succède, ce qui explique l'existence de nombreuses variantes.

On ne saurait faire en quelques lignes le tour d'une cérémonie dont la maîtrise ne s'acquiert qu'au prix d'une longue pratique. On peut seulement en évoquer les différentes étapes, dans l'espoir qu'elles attireront l'attention des amateurs sur une pratique d'une grande spiritualité.

Pour réaliser un thé *gongfu,* on utilise, outre une théière et des tasses de très petite taille, un « bateau à thé » (bol recevant la théière pour être chauffée), un plat à thé (pour accueillir les eaux déjà utilisées) et un réchaud à charbon de bois. Les braises sont attisées au moyen d'un éventail cassé, symbole de l'« acceptation de l'insuffisant ».

Les feuilles de thé, souvent du Oolong, sont déposées dans la théière et infusées à plusieurs reprises, généralement trois fois, selon des temps qui varient du plus vif au plus posé. Les liqueurs sont tour à tour mordantes, onctueuses et discrètes.

Une évocation du gongfu*...*
Selon le principe « inviter et non exhiber ».

Avec un « chung »

Plus facile d'accès et plus courante est la pratique avec le *chung,* une tasse sans anse munie d'un couvercle et d'une soucoupe profonde. On y place le thé (vert, généralement) directement, puis l'eau chaude. On laisse infuser sans le couvercle, lequel, reposé et légèrement soulevé, retiendra les feuilles lorsqu'on portera le *chung* à ses lèvres. Les mêmes feuilles serviront à plusieurs infusions.

Il existe d'innombrables variantes de cette pratique : on peut, par exemple, rincer les feuilles avec une eau chaude que l'on rejette aussitôt, ce qui, tout en préchauffant le *chung,* a pour effet de développer les saveurs du thé et d'atténuer son amertume. On peut également ne remplir le *chung* qu'à moitié, laisser l'eau refroidir quelques minutes, puis, alors seulement,

Un modeste chung *en toute intériorité.*

ajouter les feuilles et attendre encore quelques secondes avant de verser le reste de l'eau.

On peut aussi remuer la liqueur avec le couvercle, ou refermer le *chung* pendant l'infusion. Certains boivent la liqueur dans la soucoupe, ce qui lui permet de refroidir plus vite, tandis que d'autres utilisent des chopes à couvercle ou de longs verres semblables à des bocaux.

AU JAPON, UNE CÉRÉMONIE TRÈS CODIFIÉE

La cérémonie japonaise, pour être comprise, demande expressément à être vécue. Elle obéit en effet au principe « Une fois, une rencontre » *(ichigo ichie)*, selon lequel tout événement, tout rendez-vous occupe une place unique dans une existence. Comme le dit Soshitsu Sen, descendant de Sen No Rikyu et actuel directeur de l'école de thé Ura Senke :

> Il ne suffit pas de voir quelqu'un préparer un bol de thé et d'écouter une explication pour rendre la pratique vraiment compréhensible.

Voici donc évoquées les principales étapes du *chanoyu,* dont l'essentiel reste toutefois à découvrir.

Le « chanoyu »

Au jour et une heure fixés longtemps à l'avance, les invités arrivent, portant des vêtements de couleurs discrètes. L'hôte les accueille au seuil du portail, légèrement entrouvert en signe d'hospitalité. Ils franchissent le portail, porte symbolique, et traversent un jardin aspergé de gouttes d'eau en suivant un « chemin de rosée » *(roji),* qui éloigne de la vie mondaine et mène à la maison de thé *(chashitsu)*. Ce chemin est composé de pierres plates dont ni le nombre ni la disposition ne sont laissés au hasard. Selon les enseignements, les pierres doivent dépasser du sol de 6 centimètres, 3 ou 4,5. Sen No Rikyu, au XVIe siècle, blâma son fils Doan pour une pierre un peu trop haute.

La maison de thé

La maison de thé est une cabane en matériaux ordinaires : bois brut, toit de chaume ou d'écorce s'harmonisant délicatement avec le paysage. Cette « cabane d'ermite », dont le schéma fut posé par Takeno Jo-o dans la première moitié du XVIe siècle, est aussi dépouillée qu'une cellule monacale : le sol, de 9,9 m^2, est organisé en tatamis, et la lumière est tamisée. Les invités, pour y accéder, passent devant une lanterne en pierre placée à faible hauteur qui éclaire leurs pas pendant les cérémonies du soir. Sen No Rikyu, successeur de Takeno Jo-o, aurait brisé un morceau de sa lanterne, la jugeant trop élaborée.

Une fois parvenus à la cabane, les invités, tour à tour, se rincent les mains et la bouche avec une « louche » en bambou posée sur une pierre creusée contenant de l'eau, en veillant à rincer le manche après usage. Puis ils retirent leurs chaussures sur la pierre posée devant le seuil et pénètrent dans la cabane.

La porte de la cabane de thé

Les dimensions de la porte ne sont pas strictement réglées, mais la plupart mesurent 66 cm de hauteur sur 60 de largeur, si bien que l'on ne peut les franchir qu'en rampant (*nijiriguchi* signifie « entrée en rampant »), dans une attitude d'humilité. Cette exiguïté trouve son origine dans la fascination qu'aurait éprouvée Sen No Rikyu lors d'un voyage en mer entre Osaka et Hirakata : l'entrée du bateau à bord duquel il embarqua était si étroite qu'un samouraï ne pouvait la franchir avec son armure et son sabre.

Un balai est accroché près de l'entrée. Balayer est en effet un acte spirituel autant que matériel, qui demande humilité, conscience et responsabilité. C'est pourquoi l'un des premiers devoirs d'un maître de thé est de savoir balayer.

Le « chaji » et le « chakai »

Les invités prennent place, agenouillés côte à côte. Ils admirent la calligraphie *(kakemono)* placée dans l'alcôve *(tokonoma)*, découvrant ainsi le « thème » de la cérémonie. Le feu, la cendre préparée et la bouilloire en train de chauffer témoignent du soin profond que l'hôte accorde à ses invités. Pendant que celui-ci s'occupe du brasier selon une codification rigoureuse – le nombre, la taille et la disposition des charbons de bois obéissant à des règles précises –, un léger repas *(kaiseki)* de saison peut être servi (le *kaiseki* était la pierre chauffée que les moines à jeun posaient sur leur ventre durant les méditations). Les invités sortent quelques instants dans le jardin, tandis que la calligraphie est remplacée par un arrangement floral *(chabana)*.

Une fois achevés les derniers préparatifs, l'hôte frappe un gong afin de rappeler ses invités. En leur présence, la boîte à thé *(natsume)* et la cuillère en bambou *(chasaku)* sont symboliquement nettoyées, selon des gestes également précis, avec un linge de soie. A l'aide d'une louche en bambou *(hishaku)*, l'hôte verse un peu de l'eau de la bouilloire en fonte *(kama)* dans le

Chasaku, hishaku, chasen
conjuguent tous les trois, à leur façon, le verbe être.

bol à thé *(chawan)*. Il y rince le fouet en bambou *(chasen)* et, après avoir vidé l'eau, essuie le bol avec une serviette en lin humide. A l'aide de la cuillère en bambou, il extrait d'une petite boîte la quantité voulue de thé en poudre *(matcha)* et la place dans le bol. Puis il verse de l'eau de la bouilloire avec la louche en bambou, bat la liqueur avec le fouet, verse à nouveau de l'eau et bat une seconde fois afin d'obtenir une « mousse de jade ».

L'invité d'honneur va chercher le bol et le rapporte à sa place, où, après l'avoir tourné (car on distingue une face avant et une face arrière), il boit trois gorgées de ce thé fort. Ensuite, à tour de rôle, les invités boivent dans le même bol. Lorsque le bol vide revient à l'invité d'honneur, celui-ci, avant de le rendre à l'hôte, en examine attentivement la forme et le dessin.

Les invités peuvent demander à examiner la boîte à thé, son étui de soie et la cuillère. Une fois qu'il a rangé les autres ustensiles, l'hôte revient dans la salle de thé répondre aux questions rituelles des invités : où la boîte a-t-elle été fabriquée ? Qui a sculpté la cuillère ? Porte-t-elle un nom ? Puis il reprend ses ustensiles, quitte la salle et salue ses invités, en s'inclinant, depuis la porte.

Trois ustensiles de cérémonie

La cuillère en bambou *(chasaku)* est, de préférence, taillée par l'hôte lui-même, qui lui donne le nom de l'état d'esprit qui était le sien pendant ce travail. Un *chasaku* sans joint de bambou est dit de type « formel », avec le joint à l'arrière de type « normal », avec le joint au milieu de type « informel ». Il existe aussi des *chasaku* en ivoire, en pin, en prunier.

Le fouet en bambou *(chasen)* ne sert en principe qu'une fois. Ceux à tête fine *(kazuho)* sont préférés pour les thés à poudre fine, ceux à tête forte *(araho)* pour les poudres épaisses.
Les bols à thé *(chawan)* sont de style différent selon l'usage auquel ils sont destinés. Les bols profonds à col serré sont réservés au thé épais d'hiver *(koicha)*, les bols peu profonds à col épanoui au thé léger d'été *(usucha)*. L'immigration de potiers coréens a grandement contribué à la recherche de bols à thé idéaux. Les bols les plus appréciés sont ceux aux formes irrégulières et à la glaçure inégale. Ainsi du *fûryû*, dont le nom, « le vent qui coule », exprime le rejet de ce qui est parfait et invite celui qui le tient à laisser l'esprit couler au travers de sa vie, comme le vent dans la montagne ou le ruisseau qui s'écoule librement.

Quelques instants plus tard, le voici qui revient, muni des ustensiles nécessaires à la confection d'un thé léger. Sur un rythme plus rapide, un thé est offert à chacun dans autant de bols qu'il y a d'invités, accompagné de petits gâteaux faits de pâte de riz gluant et de sucres colorés. Pendant que l'hôte bat le thé, les invités peuvent échanger quelques paroles discrètes. Ils examinent la nouvelle boîte à thé et la cuillère, s'enquérant de leur style, de la laque dont elles sont faites, de l'artisan qui les a réalisées. Enfin, l'hôte s'incline pour prendre congé et reste près de la porte, méditant sur la réunion présente jusqu'au départ des invités. Une fois seul, il retirera tous les ustensiles, les lavera, enlèvera l'arrangement floral et nettoiera la pièce.

Cette cérémonie, le *chaji,* dure près de 4 heures et réunit de trois à cinq personnes. Il en existe une version plus simple, le *chakai,* qui ne dure que 1 heure, comprend un thé léger et des sucreries et peut rassembler un grand nombre de participants. Du fait de sa brièveté, il est désormais très fréquent. La cérémonie, symbolisation de la vie, se déroule dans le recueillement et un silence riche de cent petits bruits qui sont autant de chansons. Même les rares échanges verbaux sont codifiés.

Ces cérémonies sont toutes uniques et adaptées à la saison. De cette codification très stricte naît une liberté d'incarnation. Quiconque a l'expérience du théâtre le comprend naturellement : un comédien, sans changer un mot du texte, donne à son rôle un vécu personnel et unique.

Il existe par ailleurs, issus de traditions et de rituels chinois, une multitude de rites religieux et de coutumes autour du thé : les offrandes de thé au mort, le thé lors du mariage, etc.

LA CULTURE DU SAMOVAR EN RUSSIE ET AILLEURS

C'est autour du samovar que la Russie et, dans une moindre mesure, l'Iran, la Turquie et certains pays du Maghreb déclinent leur art de l'hospitalité. L'instrument lui-même, qui amplifie le bruit de l'eau mise à chauffer, occupe une grande place dans la vie quotidienne.

Nul souffle ne se fige : un samovar… iranien et électrique.

De l'origine du mot et de la chose

Les samovars, chauffés à outrance, versaient incessamment leur eau bouillante sur l'infusion concentrée. (Théophile Gautier)

Le mot « samovar » vient du russe *varit* (« bouillir ») et *samo* (« par soi-même »). Parmi une multitude d'hypothèses sur l'origine de l'instrument, il est fait mention de la présence à Macao, dans la première moitié du XVIIe siècle, de théières en étain posées sur des brûleurs en cuivre alimentés au charbon de bois. Il est possible que le samovar dérive de ce système, d'autant que les Mongols utilisent des procédés très similaires pour faire cuire le bouillon de viande.

La vie autour du samovar

Le samovar « classique », comme on l'utilise en Russie, est une grande bouilloire comportant un foyer à braise (électrique, pour les modernes) qui maintient l'eau constamment chaude. Au-dessus est placée une théière contenant un thé très fort, le *tscheinik*. Ainsi, à tout moment, on peut allonger ce concentré d'un peu d'eau chaude tirée au robinet du samovar.

Le chant du samovar renseigne sur la température de l'eau. En effet, l'espace aménagé entre la surface de l'eau et le couvercle fait résonner le souffle de l'eau, que l'on entend chanter, bruire et enfin gronder. On boit le thé dans des tasses ou dans des verres, généralement avec un morceau de sucre que l'on fait fondre dans la bouche.

Le samovar, symbole de l'hospitalité russe et d'un certain art de vivre, prit son essor sous la tsarine Élisabeth (1709-1762). Mais la Russie n'en a pas le monopole, et l'on en trouve en Iran, en Turquie ou dans les pays du Maghreb. Si ces autres pays lui apportent quelques variantes, la pratique est partout identique : un concentré de thé maintenu au chaud et régulièrement allongé d'eau chaude.

LE « TEA BREAK » DES ANGLAIS

Aux antipodes de l'esprit de conquête qui l'anima lors de la guerre du thé, l'Angleterre, pour qui le temps s'arrête au moment du *tea break,* s'y livre à d'humbles rituels qui n'en bouleversent pas moins les priorités sociales.

L'« afternoon tea »

En chamboulant les rythmes du travail, la révolution industrielle a également modifié le découpage de la journée anglaise traditionnelle. L'heure du dîner, devenue plus tardive, a rendu nécessaire l'instauration d'une pause accompagnée de thé et d'aliments.

C'est dans les années 1840 qu'Anna, septième duchesse de Bedford, commença à pratiquer l'*afternoon tea*. A 5 heures *(five o'clock),* elle prenait du thé et des gâteaux avec quelques invités, comme on le faisait auparavant dans les salons français.

Le « five o'clock »

Le succès du *five o'clock* repose sur un compromis entre le *low tea* et le *high tea,* instaurés dès le XVIIIe siècle en Angleterre. Le *low tea,* d'origine aristocratique, précédait le dîner, qui était à 9 heures ; vers 6 heures du soir, on servait des gâteaux, des confiseries et des canapés, suivis de thé. Quant au *high tea,* ou *meat tea,* d'origine bourgeoise, il constituait le repas du soir ; la viande froide, le pain, les condiments, le fromage et tous les restes des grands déjeuners de la classe moyenne y étaient servis avec du thé.

Lorsque la bourgeoisie prit les rênes du pouvoir des mains de la noblesse, elle développa dans les *five o'clock* la possibilité de réunions mondaines où se nouaient et se dénouaient alliances et réseaux de relations.

Un temps posé

Bientôt, cette « institution » anglaise s'étendit à toutes les classes. Mais il est remarquable qu'au-delà de l'aspect social, et sans rapport aucun avec l'« enchantement gustatif » qu'il procure – la qualité du thé bu en Angleterre étant inversement proportionnelle à sa quantité –, les Anglais manifestent un profond attachement envers leur *five o'clock*. Ils y font preuve d'attentions bienveillantes et d'une hospitalité sincère, et c'est toute une réalisation symbolique du partage qu'ils mettent spontanément en œuvre au travers de ce rite. Dans cet instant quasi sacré où le rapport à l'action et les priorités se trouvent bouleversés, ils reconnaissent humblement que le monde peut bien tourner sans eux. D'une certaine façon, ce n'est là rien d'autre qu'une discrète cérémonie.

BOIRE DANS LE DÉSERT

La fête du désert : du feu, du minéral et un mystère végétal.

Quant aux peuples du désert, grands amateurs de thé vert à la menthe, c'est toute leur spiritualité qui s'exprime au travers du partage du thé, symbole silencieux de leur hospitalité.

Une véritable cérémonie du thé

A la suite de la guerre de Crimée, les Anglais, privés d'accès au marché slave, décidèrent de vendre leur stock de thé vert aux pays du Maghreb, qui n'en consommaient pas. Certains d'entre eux refusèrent, comme les Berbères, qui se méfièrent et virent dans cette offre une volonté de l'Angleterre de les plonger dans la dépendance. Non sans raison si l'on se souvient de l'opium vendu aux Chinois ou du whisky « offert » aux Indiens d'Amérique.

Mais, le génie du désert soufflant, ces hommes empreints de culture musulmane transformèrent promptement et naturellement ce fait économique en un exercice d'une spiritualité fine, vivante et généreuse. Ainsi naquit une véritable cérémonie du thé, en toute méconnaissance des attentions philosophiques dont bénéficiait le thé en d'autres contrées. Le thé offert, y compris à « celui qui est venu mal intentionné », devenait l'expression d'une libre sagesse qu'aucune violence ne peut faire fléchir.

Le thé vert à la menthe

Le thé vert se prépare le plus souvent avec du Gunpowder (thé vert de Chine), du sucre de canne en pain et de la menthe. La menthe la plus appréciée est la menthe Nana du Maroc *(Mentha viridis)*, différente de notre menthe poivrée, mais elle peut être remplacée par de l'absinthe en hiver, de la sauge, de la verveine, de la marjolaine, du basilic ou de l'ambre. Cette pratique n'obéit pas à une recette précise ni à un mode de préparation figé : elle est un « don d'Allah » qui s'incarne dans la réalité de chacun.

On sert le thé en levant et en abaissant la théière, ce qui oxygène la liqueur et produit une mousse délicate et parfumée. Il arrive, lorsqu'on reçoit des invités, que l'on verse simultanément deux théières. L'usage est de boire trois verres de thé. Le thé ne cessant d'infuser et la liqueur n'étant que très sommairement mélangée, ces trois verres symbolisent la douceur de la vie, le sucré de l'amour, puis l'amertume de la mort – ou la douceur de la mort, le sucré de l'amour et l'amertume de la vie, selon ce que chacun veut y trouver. Aucun verre, en effet, ne saurait avoir le même goût qu'un autre.

Le thé vert est offert par une personne d'autorité (ce qui ne signifie pas « autoritaire ») – chef, père, doyen – qui, par son engagement et ses responsabilités, met à disposition de son hôte les fruits de son action.

LES COMPAGNONS DE THÉ

Un acte de présence et de révélation : la cérémonie raja *d'un compagnon de thé.*

La voie du thé est également fréquentée par des hommes qui, après avoir été « apprentis », sont devenus « compagnons de thé ». Il ne s'agit pas à proprement parler d'une école, mais d'un enseignement et d'une pratique, d'une sagesse et d'une révolte, dont faire le thé et déguster le thé sont les deux actes primordiaux.

L'accès à l'expérience

La fleur n'est étrangère ni à sa couleur ni à son parfum.

Dans l'enseignement des compagnons de thé, faire le thé est un acte essentiel, si bien qu'une grande partie des leçons n'a de contenu ni verbal ni écrit, mais gestuel ; cette cérémonie s'appelle la *raja* (prononcer « radjo »).

Tout aussi essentielle est la dégustation, car faire et boire le thé ne sont qu'un ; pour le compagnon de thé, l'écoute de la flaveur, l'attention portée à l'approche perceptive, la conduite intérieure et extérieure d'une dégustation témoignent d'une vision du monde et d'un engagement. Cette dégustation – la dégustation d'*aici* (prononcer « aïci ») – est d'ici et maintenant, mais « ici est partout et maintenant est toujours ». L'ici et le maintenant n'appartiennent à personne, ni à aucune époque : ils tiennent juste d'une prise de conscience.

La *raja* et la dégustation d'*aici* sont deux éléments entrelacés d'une même entité. Ils sont, pour le compagnon de thé, le rouge et le bleu qui mènent à l'expérience du violet. Car c'est bien d'un accès à l'expérience qu'il s'agit. Non une expérience passive, mais une expérimentation personnelle du vécu, le sentiment profond que l'identité n'est pas ce qui est immobile, mais ce qui, au contraire, en mouvement permanent se construit continuellement. Telle la voie du thé, qui s'ouvre, chaque fois un peu plus, sous les pas des hommes.

INITIATION A LA PRATIQUE D'UN BON THÉ

LA PRATIQUE DU THÉ

Pourquoi parler de pratique, et non de préparation du thé ? C'est que le thé est bien autre chose qu'une boisson. Il est, pour celui qui le prépare et le déguste, une incarnation de sa relation avec l'instant, avec ce qui l'environne, avec lui-même. Aussi la pratique est-elle moins celle du thé que celle du geste, un geste ample, ouvert et généreux.

Le goût d'un geste

> Dans la civilisation moderne, plus que jamais, nous devons regarder en nous-même. Le regard objectif est aisé, le regard subjectif ne l'est pas.

Qui souhaite boire un bon thé doit d'abord comprendre que le goût n'est pas seul en cause. Il faut, par un premier geste, se rendre réceptif à l'environnement, à l'ambiance et à soi-même. Une fois appelé, le goût arrive, tel un voyageur. Il nous arrive porteur de nos désirs et de nos non-désirs, de notre joie et notre tristesse, avant de s'en aller vers l'inconnu – cet inconnu qui, pour les compagnons de thé, n'est autre qu'une part de nous-même, une part en mouvement que nous ne connaissons pas. Il est bon d'avoir conscience que la pièce rouge ou blanche, le verre en plastique ou en cristal, le sourire de l'invité ou son indifférence, le ciel étoilé ou la musique intérieure peuvent intervenir dans ce qui nous apparaît du goût du thé. Loin de la voie du thé, l'objectivité est un idéal froid, clinique, désespéré et violent. De même qu'il n'est pas de gestes moins nobles que d'autres : seuls importent notre présence et notre engagement dans le geste.

La théière

> Manipuler maladroitement les ustensiles et passer de l'un à l'autre, en attirant l'attention, ce n'est pas préparer le thé. (Lu Yu)

Si, en Occident, la théière est un pilier de la pratique, il est d'autres pratiques où elle n'apparaît pas. Dans le *chanoyu*, les Japonais battent la poudre de thé vert dans un bol. Les

Chinois utilisent un *chunghien* (sorte de grande tasse munie d'un couvercle) ou un *chien* (large bol peu profond et très ouvert), qui font office de tasse et de théière. Quant aux « humains pressés », ils jettent des sachets de thé dans une quelconque eau chaude...

Pour ceux qui utilisent une théière, il en existe de deux sortes : les théières à mémoire et les théières sans mémoire.

Deux théières chinoises et une japonaise (à droite) : trois théières à mémoire, car non vernissées intérieurement.

Les théières à mémoire

Les théières à mémoire sont celles en terre cuite non vernissée intérieurement. Un dépôt s'y forme peu à peu, qui garde la mémoire de tous les thés réalisés. Il ne faut surtout pas le gratter, car, avec le temps et beaucoup de soin, il apporte un supplément d'âme à tous les thés. Des mandarins chinois ont offert toute leur fortune pour acquérir une théière ayant appartenu à un grand homme de thé, dont la trace était toujours présente dans le dépôt.

Une théière à mémoire peut être construite en « ligne harmonique » ou en « composition harmonique ».

Dans le premier cas, la théière recevra toujours le même genre de thé, dont le dépôt viendra soutenir la liqueur et l'épanouir. Par « genre » de thé, on désigne par exemple, du plus large au plus précis, les thés noirs, les thés noirs de Chine, les thés noirs de Chine de la province d'Anhui, les thés noirs de Chine de la province d'Anhui à l'exclusion des non-Keemun...

Une théière à composition harmonique est une théière où l'on marie patiemment les accords de différents thés, soit parallèlement, soit par strates. La mémoire, ici, enrichit la liqueur et la teinte des notes qui ont été extraites. C'est un travail long et difficile, à déconseiller aux apprentis.

Un amateur qui souhaite s'en tenir aux théières en terre cuite devrait en avoir au moins sept : une pour les thés verts, une pour les thés noirs non fumés, une pour les thés fumés, une pour les thés Oolong (semi-fermentés), une pour les thés blancs, une pour les Pu Erh, une pour les thés aromatisés. En outre, les amoureux de certains thés particuliers, comme un Uva Fannings, par exemple, n'hésiteront pas à leur consacrer une théière exclusive.

Où ranger sa théière ?
Très sensibles, les théières à mémoire intériorisent ce qui les entoure. C'est pourquoi, pour qu'elles puissent vous proposer des liqueurs qui vous ressemblent, il importe de les ranger dans un endroit qui vous soit propre. Pourquoi les protéger de la fumée si vous fumez ? Pourquoi les mettre à côté des épices si vous n'êtes pas un fervent amateur d'épices ? La cuisine est certainement l'un des pires endroits où entreposer thés et théières : trop de vapeur, trop de chaleur, trop d'odeurs...

Comment aborder une théière en terre cuite ?
Pour roder une théière en terre cuite, il faut l'ébouillanter plusieurs fois afin de lui retirer son goût de neuf, puis la plonger dans une marmite ou dans une grande casserole où vous ferez bouillir une grande quantité de feuilles de thé pendant plusieurs heures. Veillez à ce que l'eau ne s'évapore pas totalement, car la théière risquerait d'éclater.

Les théières sans mémoire

Les théières sans mémoire sont en porcelaine, en terre cuite vernissée intérieurement, en fonte, en métal, en verre, etc. Il est préférable d'éviter les théières en métal, qui donnent à l'eau des notes acides et métalliques. Les théières en fonte, inspirées des bouilloires japonaises portatives, doivent être émaillées ou vernissées à l'intérieur ; elles gardent l'eau chaude plus longtemps, ce qui implique des temps d'infusion plus courts.

Nord-africaine, anglaise et japonaise : trois théières sans mémoire.

Les théières sans mémoire donnent des thés très différents des précédents : leur liqueur est plus fraîche, quoique parfois dépouillée de sa « part d'ombre ».

Les soins à apporter à la théière
Une théière ne se lave pas : elle se rince à l'eau bouillante et se laisse sécher.
Retirez-lui son couvercle lorsque vous ne vous en servez pas, ainsi elle ne risquera pas de moisir.
Si c'était le cas, ébouillantez-la plusieurs fois avant d'y refaire un thé. Vous pouvez également y mettre une pincée de thé afin de la préserver de toute humidité.
Enfin, n'y préparez aucune autre infusion (tilleul, camomille, etc.), car le thé risquerait de s'imprégner de ces mélanges d'odeurs.

Le choix de l'eau

Des a-priori culturels voudraient faire passer l'eau pour une substance informe, incolore, inodore, sans goût, sans saveur et sans mémoire. L'eau serait l'élément neutre par excellence, la référence de l'absence, en quelque sorte. Curieuse idée, si l'on songe que la planète et notre corps sont aux trois quarts faits d'eau, qu'il n'y a pas de vie sans eau et que nul ne résiste plus de quelques jours à en être privé.

L'eau est au contraire riche de multiples saveurs. Pour la préparation du thé, son choix est primordial, car c'est elle qui équilibre la liqueur. Bien des maîtres ont fait de la recherche de l'eau la plus pure une quête spirituelle. Des cartes des sources ont été établies, dont une par Lu Yu, mais elle a disparu. Lors de la dynastie Song (960-1279), des critères de qualité ont été établis, que voici par ordre décroissant : l'eau d'une source de montagne qui bouillonne sur des rochers sans mousse ni végétation, les autres eaux des sources de montagne, l'eau tirée d'une rivière au cours rapide, l'eau des puits, les autres eaux.

Certains préféraient les eaux de pluie, de neige ou de rosée. D'autres recommandaient l'eau de la source proche de la plantation.

Et puis, il y a les eaux « affectives », qui viennent de sources aimées ou de rencontres. Ce peut être l'eau du puits où Lu Yu aimait à regarder la lune :

Des dizaines de mètres de pierres de puits
Couvertes d'une mousse épaisse !
Un thé infusé dans une telle eau
Attirera bien peu d'invités.
Et pourtant en regardant la lune se refléter
Dans ses profondeurs nocturnes
J'en vins à réviser
Ma piètre opinion.

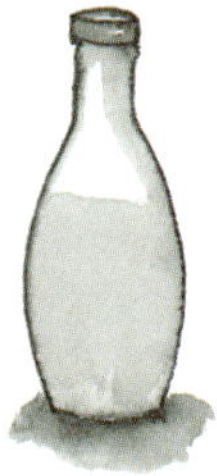

Ou l'eau de ce poème où le même Lu Yu proclame, après la mort de son père adoptif, qu'il ne veut de coupes ni en or ni en jade : non, la seule chose qu'il désire, c'est boire un thé fait à l'eau de la rivière qui coule à Chinling... là où demeurait son père. Ah ! les eaux affectives...

L'eau aujourd'hui

L'eau du thé ne doit être ni trop calcaire, ni trop dure, ni trop douce. Elle ne doit contenir ni oxyde de calcium, ni magnésium, ni plomb, ni chlore, et n'être ni ferrugineuse ni saline. Mais, de nos jours, l'eau distribuée par les canalisations n'est pas toujours d'assez bonne qualité, et il faut souvent lui préférer une eau peu chargée ou de source délicate. Certaines eaux, par ailleurs, conviennent mieux

à certains thés. Les eaux modérément douces siéront mieux aux thés aromatiques (tels que Darjeeling ou certains Ceylan), bien qu'elles puissent avoir tendance à les amaigrir. Les eaux modérément dures porteront mieux les thés à corps (tels un Assam ou des thés d'Afrique), mais risquent également de les étouffer, de les alourdir et d'assombrir leur vivacité.
Il ne faut pas hésiter à renouveler l'eau. Elle doit être « vive ». Cela signifie qu'elle ne doit pas être puisée ou stockée depuis plus longtemps que la dernière rosée, car l'aube apporte une nouvelle eau, non chargée des brumes de la nuit.

Amener l'eau à une juste température

Les amateurs de thé, dit-on, au bruit de l'eau qui bout, et qui pour eux évoque le vent dans les pins, connaissent un ravissement voisin peut-être de la sensation que j'éprouve. (Junichiro Tanizaki, *Éloge de l'ombre*)

Un maître définissait ainsi les trois états de métamorphose de l'eau jusqu'à l'ébullition : dans le premier, les bulles ressemblent à des yeux de poisson ; dans le deuxième, elles ressemblent à des perles de cristal qui glissent dans une fontaine ; dans le troisième, des vagues furieuses jaillissent ! L'état qu'il préconisait était le deuxième : l'eau doit « sourire », c'est-à-dire être juste frémissante. Un autre maître disait : « Jusqu'à l'instant net où, au-delà du calme de la mer, le murmure de la tempête vient à nous. » Une eau bouillie, en effet, perd de l'oxygène et affadit les liqueurs, qui deviennent alors ternes et cassées.

Quelle température pour quel thé ?
A chaque thé sa température. Meilleure est la qualité d'un thé vert ou blanc, par exemple, moins il supporte une eau à haute température. Voici des indications schématiques à partir desquelles vous pourrez trouver votre point d'harmonie.

- Thés noirs : 95 °C.
- Thés verts : de 60 à 95 °C.
- Thés verts à arômes délicats : de 60 à 75 °C.
- Thés verts plus forts, plus « insistants » : de 75 à 95 °C.
- Gyokuro : entre 50 et 60 °C.
- Matcha : autour de 50 °C.
- Sencha : de 70 à 95 °C.
- Genmaicha : de 90 à 95 °C.
- Thés blancs : de 70 à 85 °C
- Thés blancs exceptionnels : de 50 à 70 °C.

Les noms de la température de l'eau

- Une eau autour de 50 °C est dite « éclairée ».
- Une eau de 55 à 65 °C est dite « embrassée ».
- Une eau de 65 à 75 °C est dite « attisée ».
- Une eau de 75 à 85 °C est dite « allante ».
- Une eau de 85 à 95 °C est dite « enthousiaste ».
- Une eau entre 95 °C et le point qui précède l'ébullition est dite « souriante ».

Œuvrer au thé

Comment œuvrer au thé ?

Commencez par préparer la théière et les tasses à recevoir la liqueur. Pour cela, versez-y de l'eau bouillante, l'« eau d'annonce », qui leur épargnera un choc thermique et les aidera à tenir la liqueur chaude plus longtemps.

Après quelques instants, retirez l'eau d'annonce de la théière et remplacez-la par la juste quantité de thé (voir « Quel dosage pour quel thé ? », page 120). Laissez les feuilles quelques minutes, le temps qu'elles commencent à s'ouvrir et à libérer leurs parfums.

Versez de l'eau « souriante », c'est-à-dire légèrement sous le seuil d'ébullition (voir « Les noms de la température de l'eau », ci-dessus).

Faites courir le temps nécessaire selon le thé (voir « Quel temps d'infusion pour quel thé ? », page 121).

Lorsque vous êtes parvenu au temps idéal, arrêtez l'infusion en retirant les feuilles du contact de l'eau.

Ne remuez pas le thé (surtout avec une cuillère en métal), cela le figerait.

Videz les tasses de leur eau d'annonce et servez. Si quelques gouttes s'écoulent au sol ou sur la table, dites-vous que c'est la « part du sol ».

Un thé trop chaud ou trop froid ne s'exprime pas pleinement. Aussi, dégustez-le tiède-chaud, lorsque son bouquet s'épanouit. En attendant, humez son parfum délicat et éphémère.

Préparez le thé au moment où vous voulez le boire. Le conserver trop longtemps au chaud – dans une bouteille isotherme ou sur un réchaud – lui fait perdre ses notes aiguës et moelleuses : la liqueur s'estompe et s'affadit.

D'abord vient l'eau d'annonce,

puis le thé dosé est déposé dans la théière vidée,

après quelques instants l'eau « souriante » est versée,

on laisse courir le temps nécessaire…

avant de retirer les feuilles de la théière,

enfin on vide l'eau d'annonce de la tasse et l'on sert…

Voilà, « presque » tout commence ici.

Ce qu'il faut éviter

Ne mettez pas d'ustensiles en métal au contact de la liqueur, car cela risquerait de lui donner un goût métallique. Les passoires en fer, la cuillère pour remuer le thé, les boules à thé et les cuillères-pinces en métal sont donc à proscrire, d'autant que les deux dernières, emprisonnant le thé, ne lui laissent pas assez de place pour s'épanouir.

Lorsqu'une pratique autorise l'emploi du métal, c'est que la construction de la liqueur le réclame. C'est le cas pour le thé vert à la menthe, dont l'amertume est atténuée par les notes acides du métal.

Éviter ce qui est en métal et/ou comprime le thé : pince, cuillère, passoire, boule… Parmi les ustensiles, préférer un filtre en terre cuite (s'il ne comprime pas) ou en coton (non chloré).

Comment conserver le thé
Le thé est fragile et doit être protégé de l'air, de l'humidité, de la chaleur, de la lumière et des odeurs étrangères. C'est pourquoi il faut éviter de le laisser dans la cuisine.
Comme contenant, une boîte en métal fait très bien l'affaire, d'autant que son métal ne vient jamais en contact direct avec la liqueur. En l'entreposant dans le réfrigérateur, vous obtiendrez une meilleure conservation, ce qui est important, car, à quelques rares exceptions près, le thé vieillit mal. Placés dans les conditions optimales, les thés noirs se conservent un peu moins de 2 ans, les thés verts quelques mois, les thés parfumés 1 an et les thés aromatisés aux agrumes 6 mois.

La construction d'une liqueur

La construction désigne l'organisation du rapport entre la matière et l'émotion. Il s'agit, plus concrètement, du rapport entre le dosage du thé, la quantité d'eau, la température et le temps d'infusion.

Le « cercle de Bronda » permet de se faire une idée plus précise de ce rapport. Soit un cercle que l'on divise en quatre parts, représentant respectivement le temps d'infusion, la température de l'eau, la quantité d'eau et la quantité de thé : il est clair qu'augmenter ou réduire l'une des parts influe automatiquement sur l'importance des autres et sur l'équilibre de l'ensemble. La liqueur, de même, est le résultat de l'influence mutuelle de ces quatre éléments.

LES COULEURS DE LA PRATIQUE

Choisir le bon thé et choisir le bon moment, essayer ce dosage et ce temps d'infusion, expérimenter tel mode d'infusion, tel mode d'ouverture ou de clôture de la théière, préférer cette tasse à cette autre, restreindre ou élargir le nombre des convives, et tout cela pour un unique instant : innombrables et somptueuses sont les couleurs de la pratique.

Thés d'ouvrage, de structure et d'affilage

On distingue, dans la pratique, les thés d'ouvrage, de structure et d'affilage. Ces classifications, qui ne sont pas à prendre au pied de la lettre, peuvent aider à mieux appréhender tel ou tel type de thé et à cerner les attentes que l'on exprime à son endroit.

• L'intérêt des thés d'ouvrage réside dans la part d'élaboration, issue d'une culture ou d'une tradition, qui préside usuellement à leur fabrication ou à leur mode de préparation. C'est le cas du thé vert en poudre Matcha, des thés sculptés ou en brique, des thés verts au jasmin ou à la menthe, de thés préparés selon telle coutume ou telle autre.

• La richesse des thés de structure s'exprime dans l'agencement et l'équilibre de leurs saveurs. Ces thés, souvent généreux, tiennent bien leurs promesses, même lorsqu'ils sont de qualité moyenne. En qualité supérieure, ils ont une structure plus large (plus moelleuse ou plus prononcée), souvent enrichie de notes aromatiques (chocolatée, maltée, épicée...). C'est le cas des Assam ou des Yunnan.

• Les thés d'affilage sont recherchés pour leur présence aromatique, leur pouvoir d'évocation, la richesse de leur évolution en bouche et en nez. En qualité moyenne, ils sont souvent plats, fades ou déséquilibrés. Plus leur qualité est élevée, plus leur palette aromatique s'étend et se complexifie. C'est le cas des Darjeeling.

Bien entendu, aucun thé ne se range tout entier dans une seule de ces catégories. Ce schéma, à vrai dire, en dit aussi long sur nous-même et sur nos exigences que sur le thé.

Le dosage du thé

La meilleure méthode pour doser le thé est le pesage au moyen d'une petite balance, bien supérieur au dosage à la cuillère. En effet, une cuillère contient plus de thé à feuilles broyées que de thé à feuilles entières. Or, plus le thé est brisé ou broyé, plus vite et plus intensément il infuse, car sa surface de contact avec l'eau est plus grande : c'est le « syndrome de la glace pilée ». C'est pourquoi il faut compter un temps d'infusion généreux pour un thé à grandes feuilles et l'écourter pour un thé à feuilles broyées.

Quel dosage pour quel thé ?

Quand les gens se disposent à recevoir un enseignement, ils sont obsédés par les détails et perdent courage quand la maîtrise leur semble impossible.

Le principe « Une cuillère par tasse, plus une pour la théière » est séduisant, mais trop flou. La meilleure solution reste le pesage « en part ouverte », ce qui signifie que l'on inclut la part du thé, la part de la théière (pour le culottage des théières à mémoire) et la part du respect d'une liqueur équilibrée. Si le thé ne sert qu'une fois, le dosage générique de 2 grammes pour 10 centilitres permet d'obtenir une liqueur généreuse et expressive. Il suffit, ensuite, de jouer sur le temps jusqu'à trouver sa propre harmonie.

A titre indicatif, la contenance usuelle d'une tasse est de 10 centilitres environ, celle d'une grande tasse de 15 centilitres et celle d'un *mug* de 25 centilitres.

Le temps d'infusion

De parfum en parfum
Un nuage d'ivresse m'a surpris
Endormi contre un arbre, du soleil qui penchait
Je m'éveille au fond de la nuit
Mes amis sont partis
Qu'une bougie rouge allume encore
Le charme des fleurs ultimes

Désireux de rendre hommage à ce somptueux poème de Li Chang-Yin (813-858) *Ivre sous les fleurs,* un maître s'était inspiré de chacun de ses sept vers pour nommer chacun des sept temps d'infusion.

Le nom des sept temps d'infusion

- De 1 seconde à 1 minute :
pratiquer un thé cheminant de parfum en parfum.
- De 1 à 2 minutes :
pratiquer un thé à la surprise d'un nuage d'ivresse.
- De 2 à 3 minutes :
pratiquer un thé de l'arbre au soleil.
- De 3 à 4 minutes :
pratiquer un thé en éveil nocturne.
- De 4 à 5 minutes :
pratiquer un thé au départ des amis.
- De 5 à 7 minutes :
pratiquer un thé à la lumière d'une bougie rouge.
- Au-delà de 7 minutes :
pratiquer un thé au charme des fleurs ultimes.

Lorsque ses disciples l'interrogeaient sur le temps d'infusion idéal pour tel ou tel thé, ce maître leur suggérait, par exemple, de le faire « à la lumière d'une bougie rouge », voulant, par cette imprécision, leur laisser une marge de découverte personnelle. Il lui arrivait parfois d'ajouter « ascendant » ou « descendant », ces termes représentant, respectivement, la première et la seconde moitié du temps. Ainsi, un « éveil nocturne ascendant » est un temps compris entre 3 minutes et 3 mn 30.

Quel temps d'infusion pour quel thé ?

Bien que chaque thé possède un temps d'infusion idéal qui lui permet d'atteindre son point d'équilibre, il est intéressant, à titre indicatif, de se référer à ce barème.

- Thés blancs : de 7 à 20 minutes.
- Thés verts : de 1 à 5 minutes
(les thés verts chinois s'infusent généralement plus longtemps que les thés verts japonais).
- Thés Oolong : autour de 7 minutes.
- Thés Pu-Erh : de 5 à 7 minutes.
- Thés noirs à feuilles entières : de 3 à 5 minutes.
- Thés noirs à feuilles brisées : de 3 à 4 minutes.
- Thés noirs à feuilles broyées : de 2 à 3 minutes.
- Thés aromatisés : de 3 à 5 minutes.

Il est bien des manières de mesurer un temps de pose : en temps compté (c'est-à-dire chronométré), en temps perdu (estimé), en temps de flots (compté en battements de cœur), et en temps soufflé (compté en inspirations et expirations). Le temps compté est le plus utilisé, mais nombre de maîtres ou de compagnons de thé lui préfèrent les autres, qui ont le mérite, en tenant compte de leur état au moment où ils pratiquent (calme, nervosité, fatigue, repos...), de les aider à créer une liqueur plus proche d'eux.

Il est important, lorsqu'on infuse le thé, de ne pas se fier à la couleur de la liqueur. En effet, à taille de feuilles égale, la couleur dépend beaucoup plus de la quantité de thé que du temps d'infusion. Avec 2 grammes de thé, la couleur change peu entre 3 et 5 minutes. En revanche, la différence est importante entre 2 grammes et 2,5 g.

Un thé juste :
un intime chef-d'œuvre d'équilibre.

Les actes du thé

> Le thé est une preuve d'art et a besoin de la main d'un maître pour manifester ses plus nobles qualités. Il y a du bon et du mauvais thé, comme il y a de bonne et de mauvaise peinture – plus souvent de mauvaise – et il n'est pas plus de recette pour faire du thé parfait qu'il n'existe de règles pour produire un Titien. (Okakura Kakuzo)

Les arts du thé sont si riches qu'il est bon de se faire une idée de l'ensemble des actes susceptibles d'enrichir une pratique ou d'aider à préparer un thé plus personnel.

• ***Théières d'amont et d'aval :*** la théière d'amont sert à préparer l'infusion. Une fois le temps de pose accompli, on verse le contenu dans une théière d'aval, ce qui fige la liqueur mais permet de retirer les feuilles du contact de l'eau. Par ailleurs, on enrichit la liqueur si on utilise en amont une théière sans mémoire et une théière à mémoire en aval.

Elle arrive éclatante et poussée avant d'être cadrée et annotée par la théière à mémoire.

Inversement, théières à mémoire en amont et sans mémoire en aval « glacent » votre liqueur d'un sommeil immobile. La liqueur en devient le rêve troublant et incertain.

• ***Théière à trait :*** théière vidée dès le premier service (par exemple, une théière à deux tasses pour deux invités). Cela permet d'éviter les filtres intérieurs, qui risquent de comprimer le thé. Le thé, non remué, n'est pas figé.

• ***Théière à garde :*** théière dont la contenance n'est pas épuisée après le premier service.

• ***Infusion dormante :*** se dit des feuilles mouillées qui demeurent dans la théière vidée, mais resserviront pour une autre infusion.

• ***Infusion lâchée :*** se dit des feuilles mouillées qui restent sans cesse au contact de l'eau. Attention à ne pas faire un thé trop infusé.

• ***Infusion libre :*** se dit des feuilles qui ne sont pas retenues par un filtre lors de l'infusion. Idéal pour obtenir une belle extraction.

• ***Infusion accordée :*** se dit des feuilles retirées de la théière après infusion. On parle également d'« infusion accordée » pour les théières d'aval.

• ***Faire deux ou trois appels*** : utiliser deux ou trois fois les mêmes feuilles. La première tasse a plus de structure, la seconde plus d'arôme, mais parfois moins d'équilibre. Le taux d'extraction des thés de bonne qualité étant plus élevé, ceux-ci, à l'exception des Oolong, s'appauvrissent considérablement après le premier appel. Par ailleurs, la technique qui consiste à laver un thé à l'eau chaude adoucit sans les appauvrir les caractéristiques de la liqueur, par exemple l'amertume d'un thé vert.

• ***Théière en béance :*** théière non couverte lors de l'infusion. Cette méthode est recommandée pour les thés verts fins, qui risqueraient d'être étouffés par une théière en clos.

• ***Théière en clos :*** théière couverte lors de l'infusion.

• ***Théière en résonance :*** théière dont on laisse moins d'une moitié vide pendant l'infusion.

• ***Théière en haute résonance :*** théière dont on laisse vide la moitié ou plus pendant l'infusion. Les théières en résonance et haute résonance produisent des liqueurs qui refroidissent plus vite, mais dont les parfums, commençant à s'exhaler dès l'infusion, parviennent dans la tasse à une certaine maturité, surtout si la théière est en clos.

Le seuil de présentation
Le seuil de présentation est le seuil en dessous duquel la liqueur cesse d'être expressive. La plupart du temps, ce seuil s'atteint brutalement, sans prévenir.

Pour résumer...

Pour résumer cet ensemble fort complexe, voici quelques règles pouvant constituer un bon corpus de base pour qui est à la recherche d'un thé en harmonie avec lui-même.
Un temps d'infusion court pour les feuilles broyées, intermédiaire pour les feuilles brisées, long pour les feuilles entières, étendu pour les grandes feuilles.
• Une eau souvent moins chaude pour un thé vert que pour un thé noir.
• Une eau d'autant moins chaude que la qualité du thé vert est meilleure.
• D'autant plus de thé (en feuilles sèches) ou d'autant moins d'eau que les appels sont plus nombreux.

Il est toutefois possible de nuancer ces règles en jouant avec le temps, la substance et la chaleur.
• La relation au temps consiste à intervenir sur le temps d'infusion : on peut utiliser des temps d'infusion croissants pour « soutenir » les appels et maintenir l'intérêt gustatif jusqu'à la troisième tasse ; augmenter le temps d'infusion pour « pousser » une liqueur de façon à renforcer sa structure ; le diminuer pour « impatienter » une liqueur en l'interrompant avant son point d'équilibre.
• La relation à la substance consiste à jouer sur le grammage ou la quantité d'eau : on peut diminuer le grammage ou augmenter la quantité d'eau pour « essouffler » une liqueur que l'on rendra ainsi légère, puis faible, diluée et enfin noyée ; augmenter le grammage et diminuer le temps d'infusion pour « intensifier » une liqueur, qui gagnera en vigueur et en mordant ; augmenter le grammage et maintenir ou augmenter le temps d'infusion pour « concentrer » une liqueur, jusqu'à ce que sa structure prenne franchement le pas sur ses notes aromatiques.

• La relation à la chaleur consiste à jouer sur la température de l'eau : on peut baisser la température de l'eau destinée à l'infusion pour « rafraîchir » une liqueur, atténuant sa structure au risque de l'amaigrir ; augmenter la température de l'eau pour « brûler » une liqueur, ce qui la rend – pour un thé vert, par exemple – souvent trop amère pour être bue.

Reste à trouver la juste approche du grade, qui va permettre de décliner les flaveurs à l'infini.

• Plus la feuille est grande, plus la liqueur sera parfumée, moins elle sera charnue et plus elle permettra de faire d'appels.

• Plus les feuilles sont petites, brisées ou broyées, plus la liqueur sera structurelle, amère et astringente et moins elle sera propice aux appels multiples.

Le choix des tasses

> Dégustez toujours le thé comme s'il était la vie elle-même, sans en laisser dissiper l'arôme. N'en buvez jamais plus de trois tasses : le thé est l'essence même de la modération. (Lu Yu)

• ***Tasses, bols, chung ou autre :*** le choix du récipient où boire la liqueur est encore un des gestes essentiels à la pratique.

• ***L'expérience du blanc :*** dans un premier temps, optez pour des tasses à intérieur blanc afin de vous initier à la riche palette des couleurs du thé.

• ***L'expérience de la lumière :*** variez les ouvertures à la lumière (col long, court, large, étroit, récipient profond ou non...) et soyez attentif aux changements d'éclat et de luminosité qui s'ensuivront.

Quatre liqueurs identiques présentées avec quatre ouvertures à la lumière différentes.

• ***L'expérience de la matière :*** n'hésitez pas à choisir des tasses sans anse ou à ne pas vous servir de l'anse. Touchez, palpez, prenez la tasse dans vos mains, caressez-la des doigts : cela aussi fait partie du goût du thé.
• ***L'expérience des quantités :*** variez la contenance des tasses, une maximale, une usuelle, une essentielle.
– *Contenance maximale :* selon les Tibétains, remplir à ras bord chasse les mauvais esprits, mais fait perdre la mesure, c'est-à-dire la juste harmonie entre quantité et qualité. Les parfums se perdent dans l'air et figent vos mouvements, car vous craignez de renverser du thé.
– *Contenance usuelle :* cette contenance, inférieure à la contenance maximale, est la première expression de la mesure. Les parfums longent les parois du récipient et acquièrent un élan relativement ordonné vers votre nez.
– *Contenance essentielle :* l'essence, juste l'essence – de même que, sous la main d'un artiste, deux traits noirs sur une toile blanche suffisent à révéler la silhouette d'un homme, d'une montagne ou d'un vide...

Enfin, il est préférable de boire le thé par petites « bouchées » et de nombreuses fois... et non « comme un bœuf assoiffé », selon l'expression des Chinois.

A combien boire le thé ?
• Boire le thé seul se dit « boire avec recueillement ».
• Boire le thé à deux se dit « boire en communion ».
• Boire le thé à trois se dit « boire de façon charmante ».
• Au-delà, on parle de « boire de façon commune », excepté si, cas peu fréquent, les invités communient dans le fait d'être ensemble, auquel cas on parle de « boire en ouverture ».

Le choix du thé dans le moment

Bien des recommandations publiées sous diverses formes conseillent de boire tel thé le matin et tel autre le soir. La vérité est qu'elles reposent bien souvent sur un parti pris arbitraire : thés corsés le matin, parfumés et aromatisés l'après-midi, faibles en théine le soir.

Le thé, à vrai dire, ne se boit pas en fonction de l'heure : il se boit en fonction du moment ou, plus précisément, de l'instant – mais également en fonction des périodes de la vie. Certains thés attirent lorsqu'on est jeune, d'autres plus tard. Les centres d'intérêt se déplacent, les exigences aussi.

Le choix du thé doit être fonction de l'état d'esprit et de l'intention de celui qui le goûte, ainsi que de la circonstance et de la couleur du moment. De tout cela il sera l'expression, à moins qu'il n'apporte une acuité supplémentaire ou, au contraire, un apaisement.

Quand boire le thé ?

En 1107, l'empereur chinois Hui Tsung conseillait, dans son manuel sur le thé Guan Cha Lun, de boire le thé « aux heures perdues, quand la poésie vous lasse, que les pensées sont confuses, quand on écoute un chant, quand la musique s'arrête, quand on vit en ermite, quand on jouit d'occupations lettrées, en conversation tard dans la nuit, quand on étudie par un jour de beau soleil, dans la chambre nuptiale, pour retenir des invités de choix, pour recevoir des lettrés ou de belles femmes, quand on rend visite à des amis après un long voyage, par un temps magnifique, quand les cieux s'obscurcissent, quand on contemple les bateaux glisser sur l'eau, parmi les arbres et les bambous, quand les fleurs éclosent et que les oiseaux chantent, près d'un étang à lotus par une chaude journée, en brûlant de l'encens, quand enivrés les invités sont partis, quand les plus jeunes ne sont pas là, en visitant des temples retirés, en admirant des sources et des rochers »...

DES PRATIQUES AUTRES

Il n'y a pas une, mais mille façons de pratiquer le thé. L'essentiel, en la matière, est d'expérimenter par soi-même, de ne pas se fermer à l'inconnu, d'accepter de faire des erreurs. Celui qui essaie n'est jamais ridicule : seuls le sont ceux qui se moquent.

Le thé en sachet

Il n'y a pas de solution de facilité. (Lu Yu)

En 1908, un importateur new-yorkais du nom de Thomas Sullivan expédia quelques échantillons de thé dans des sachets en soie. Certains de ses clients, par méprise, auraient fait infuser le thé ainsi. Telle serait l'origine du sachet, ou *tea-bag*.

Cette histoire gratifie le *tea-bag* d'une origine bien sophistiquée. En réalité, le sachet est apparu dans les années 20 et n'a pris son essor qu'à partir de la Seconde Guerre mondiale. De nos jours, il représenterait plus de 75 % de la consommation totale de thé dans de nombreux pays d'Europe.

Une autre légende, beaucoup plus tenace celle-là, voudrait que les thés de qualité soient à feuilles entières, tandis que les thés à feuilles broyées seraient nécessairement de qualité médiocre. Cela est totalement faux : la taille des feuilles aura, certes, une influence sur la construction de la liqueur, mais nullement sur sa qualité.

Il est certain, en revanche, que le sachet dissimule l'apparence du thé, ce qui peut inciter des fabricants peu scrupuleux à y loger des feuilles de mauvaise qualité.

En bas,
une eau pure,
en haut,
une eau après infusion d'un sachet vide.
Au milieu,
parmi un sachet mousseline, un sachet en papier recyclé et en papier blanchi, du thé médiocre et fibreux.

Comment juger de la qualité d'un thé en sachet
Le plus simple, pour évaluer la qualité d'un thé en sachet, est d'en ouvrir un. Commencez par regarder si le thé est truffé de fibres, ce qui est signe de qualité médiocre. Puis mettez le sachet vide à infuser dans de l'eau chaude et voyez si, en l'absence de toute feuille de thé, il lui donne du goût et de la couleur. En effet, certains papiers, d'ailleurs chers à l'achat, sont assez neutres, alors que d'autres – parmi lesquels les papiers recyclés – donnent un goût prononcé de papier. Quant au sachet mousseline, joliment baptisé « tradition », il communique souvent un goût cotonneux à la liqueur. Le fil qui relie l'étiquette au sachet peut lui-même être en coton ou blanchi au chlore, ce qui se retrouvera dans le thé. Quant à l'agrafe en aluminium, elle donnera à l'eau des notes acides et métalliques. Le thé, par ailleurs, doit avoir assez de place pour s'épanouir, surtout s'il est à feuilles entières. Pour cela, une fois infusé, déchirez le sachet et voyez si l'infusion comprimée en « déborde ». Certains fabricants tentent de remédier à ce problème en proposant des « doubles chambres », ce qui permet également d'augmenter la surface d'échange entre les feuilles et l'eau.

Par ailleurs, le thé en sachet est plus exposé à l'air, surtout lorsque la boîte reste ouverte longtemps. C'est pourquoi il est préférable de choisir des sachets enveloppés individuellement. Rien ne ressemblant plus à un sachet qu'un autre, les *tea-packers* ont engagé une bataille sur leur forme : ronds (pour rappeler le fond de la tasse), rectangulaires, en bourse, pyramidaux, avec ficelle, sans ficelle, etc.

La pratique des consommateurs est elle-même sujette à caution. Nombre d'entre eux jettent leur sachet indifféremment dans une tasse ou dans un *mug* – dont la contenance est pourtant fort différente –, au risque d'obtenir une liqueur diluée, voire noyée. Quant au temps d'infusion, des études récentes montrent qu'il est en moyenne de 45 secondes, alors que la plupart des modes d'emploi préconisent un temps compris entre 2 et 4 minutes ! En fait, les buveurs pressés jettent leur sachet dans l'eau, où, quelle que soit la quantité de liquide, ils lui font « le coup de l'ascenseur » (monter et descendre) et celui « de la chaussure » (écraser le sachet avec le dos de la cuillère) jusqu'à ce que la couleur vienne.

D'un pays à l'autre : le grammage des sachets
Le grammage des sachets de thé obéit à des moyennes nationales : 1 gramme aux Pays-Bas (ou 4 grammes le sachet pour quatre tasses, ce qui revient au même), 1,75 g en Allemagne, 2 grammes en France et 3,125 g en Angleterre. Il faut en tenir compte pour la quantité d'eau !

On voit que le sachet n'est en lui-même ni une bonne ni une mauvaise chose : seule importe la façon de l'utiliser. Il est vrai que sa simplicité apparente est souvent au détriment du geste initial, ce geste primordial qui prépare au goût et le couronne. Il faut donc, là encore, essayer et expérimenter, en n'hésitant pas à s'affranchir des comportements standard. Convenons que la chose ne va pas de soi...

Lait, sucre et citron

> On m'apportait une tasse de thé, de thé dans le sens strict du mot, sans sucre et sans lait. (Robert Fortune)

Le lait : « first » ou « second » ?

Les Anglais ont certainement pris leur habitude du thé au lait dans leurs premiers échanges avec la Chine, sous la dynastie mandchoue. En effet, alors que les Chinois ne sont pas grands amateurs de produits laitiers, les Mandchous sont l'une des seules ethnies à consommer beaucoup de lait. De plus, le lait anglais, très onctueux, est d'une qualité remarquable. Leur amour du thé au lait est tel qu'il a conduit les Anglais à polémiquer sur le moment propice à l'ajout du lait : *first* ou *second* ? Est-ce le lait qui doit précéder le thé ou l'inverse ? Pour certains, les tasses en porcelaine sont trop fines pour supporter le thé en premier. Pour d'autres, le lait se mélange mieux si on le met après... ou avant... Enfin, certains vantent la beauté du nuage de lait ajouté en dernier. Il convient, comme en toute chose, d'essayer par soi-même.

Le sucre

Ne jamais sucrer le thé. On pourrait aussi bien y ajouter du poivre ou du sel ! Le thé est naturellement amer, comme la bière ; si on le sucre, ce n'est plus lui qu'on déguste, mais le sucre qu'on y a mis ; on obtiendrait d'ailleurs un breuvage similaire en faisant fondre du sucre dans de l'eau très chaude.

Comme le déclare avec tant d'éloquence George Orwell, peu enclin au SCOCL (« Sans conscience, on charge lourdement » ou « Sucre, citron, orange, crème et lait »), le sucre se justifie difficilement dans un thé pur. Il n'est véritablement intéressant qu'avec les thés aromatisés, dont il fait ressortir le parfum. Une fois encore, il faut essayer, et ne se décider qu'en connaissance de cause.

Le citron des Français

L'habitude toute française d'ajouter du citron vient sans doute du temps où la plupart des thés disponibles sur le marché français venaient d'Angleterre. En effet, les thés de l'époque correspondaient au goût anglais : trop corsés et pas assez parfumés pour un palais français. Or le citron, outre qu'il change considérablement la couleur de la liqueur, détruit le goût du thé... ce qui le rendait donc plus buvable aux Français ! De nos jours, le thé que l'on trouve en France est importé en fonction du goût français, et le citron n'a plus de véritable intérêt. D'autant que le goût d'agrume s'obtient aussi bien avec une rondelle d'orange, plus respectueuse de la construction de la liqueur.

Des préparations d'ici et là

En Afghanistan, les thés verts ou noirs se boivent avec beaucoup de sucre en poudre, en signe de richesse.

En Russie, le thé extrêmement concentré allongé de l'eau très chaude du samovar est servi dans des verres munis d'une anse en métal ; on le déguste sans lait, avec un morceau de sucre non raffiné ou une confiture de fruits dans la bouche ; il arrive qu'on le boive dans les sous-tasses pour le faire refroidir et mieux en apprécier le parfum.

En Égypte, on consomme un thé très sucré et sans lait ; on le sert posé sur un plateau, avec du sucre, une cuillère, des feuilles de menthe et un verre d'eau.

Au Maroc et en Tunisie, on ajoute au thé vert très sucré des tiges et des feuilles de menthe entières et, quelquefois, des pignons de pin légèrement grillés.

En Inde, lorsque le thé n'est pas préparé à l'anglaise, on mélange à égale proportion de l'eau et du lait ; dès que le tout arrive à ébullition, on ajoute du thé et du sucre qu'on laisse chauffer à peu près 2 minutes. Dans certaines régions du Nord, on met du thé vert dans de l'eau froide et on porte à ébullition pendant 1 minute en ajoutant du sucre, des amandes et de la cardamome. Dans le Cachemire, le thé est bouilli avec de la potasse rouge, de l'anis et du sel. Lorsque le thé est offert dans des tasses en terre cuite, on les casse en les jetant au sol après usage afin qu'elles ne soient pas « souillées » par des castes « inférieures ».

Dans de nombreux pays consommateurs de thés vert et noir, on boit le premier pour se « rafraîchir » et le second pour se « réchauffer ».

L'Europe aussi a ses coutumes. En Angleterre, on tient la théière au chaud dans une enveloppe de tissu, le *cosy*. Les Allemands de la Frise de l'Est boivent un thé corsé avec un morceau de sucre candi au fond de la tasse auquel ils ajoutent tout à fait à la fin une cuillerée de crème ; les petits dessins qui se forment à la surface ne doivent surtout pas être remués ! Sans oublier tous ceux, grippés ou non, qui se délectent de thé additionné de rhum, et les visionnaires qui lisent l'avenir dans les feuilles au fond de la tasse...

ART ET VÉCU DE LA DÉGUSTATION

« TASTER » LE THÉ

Sans dégustation, il n'est point de thé. De la plantation à la tasse, elle se pratique à maintes reprises : c'est elle qui permet de distinguer entre des centaines de qualités, elle qui garantit l'excellence du produit offert au consommateur. La dégustation est un art : elle implique don, savoir, savoir-faire et savoir-être.

Lorsqu'il s'agit de « taster » le thé

> Grignoter le thé pour le goûter et le renifler, ce n'est pas user de discernement. (Lu Yu)

Les dégustateurs (*tea tasters,* en anglais) sont des figures essentielles du monde du thé. Le thé, en effet, requiert d'être goûté à plusieurs reprises, depuis sa production jusqu'à sa commercialisation.

Dans la plantation, on goûte pour contrôler les dernières productions. Des commissaires-priseurs proposent une évaluation, puis envoient des échantillons aux acheteurs potentiels pour que ceux-ci puissent juger de la qualité du produit avant les enchères, puisque tel est principalement le mode de vente du thé, Chine excepté.

Le thé est ensuite goûté par toutes sortes d'importateurs, de courtiers et d'acheteurs. Un acheteur qui souhaite importer du thé compare plusieurs échantillons du même lot à différents moments de la transaction : lors de la proposition de contrat,

Une caisse de Darjeeling ayant transité par Hambourg.

avant l'embarquement et à l'arrivée du bateau. Si un contrat a été signé pour un standard de thé, les échantillons seront l'échantillon type, l'échantillon de production et l'échantillon de livraison. Cela permet de s'assurer que le lot vendu et acheminé est bien celui proposé et qu'aucun éventuel incident survenu entre la signature du contrat et la commercialisation n'a pu dénaturer ses caractéristiques organoleptiques.

Les *tea packers* (littéralement, « emballeurs de thé »), qui, sous leur marque ou à la demande d'autres marques, conditionnent le thé dans des boîtes ou des sachets, assurent une nouvelle dégustation à l'arrivée des matières premières, puis à la fin de la chaîne d'empaquetage, afin de vérifier la qualité du produit fini.

La dégustation intervient également dans la création et le maintien de qualité des *blends* et des thés aromatisés.

Malheureusement, tous les thés ne font pas l'objet des mêmes attentions. Beaucoup d'entre eux sont achetés à la marge par des acheteurs-revendeurs, qui soit ne savent pas goûter soit ne comprennent pas l'intérêt d'une dégustation. Ils se disent que le thé a dû être goûté en amont et qu'il y aura sûrement des tests consommateurs en aval... Leur intervention consiste à acheter le thé à un certain prix et à le revendre après y avoir ajouté leur marge. Rien de plus.

Qui est le « tea taster » ?

Le dégustateur se doit d'avoir de multiples compétences, et ni l'amateurisme ni l'opportunisme ne sont ici de mise. Certes, il faut un don pour pouvoir goûter le thé et le « vivre » : une sensibilité gustative et olfactive très affinée ; mais aussi une organisation mentale et affective favorable au langage des saveurs. S'il est vrai qu'un grand violoniste doit avoir un bagage technique et un savoir-faire important, il est également vrai que ce bagage est insuffisant : il lui faut aussi vivre la musique, penser la musique, la respirer et la rêver... Il en est de même pour un homme de saveurs.

Pourtant, le don lui-même ne suffit pas. Il n'intervient qu'à deux moments : au début, en autorisant le dégustateur à pénétrer plus vite au cœur des choses, et à un moment clé du parcours, lorsque le *tea taster* rencontre un « mur » technique. C'est son don qui va lui permettre de franchir ce mur, de ne pas s'y heurter comme au mur de son incompétence. Tout le reste est un long et difficile travail.

Lors d'un tasting, *Jean Montseren*
à l'écoute des premières mesures et impressions.

Éveil et affirmation sur les parfums et l'éclat d'une infusion.

C'est pourquoi le dégustateur veille à tenir son corps et son esprit disciplinés et souples, répétant inlassablement et quotidiennement ses gammes et ses bases, tel un musicien qui travaille tous les jours pour quelques minutes de représentation par mois. Il s'arme aussi de nombreuses compétences (historiques, botaniques, organoleptiques, chimiques, commerciales...) afin de mieux goûter les liqueurs qui lui sont proposées.

A la rencontre de la liqueur, il s'agit d'être prêt : « parlam pr'amor tastar »*...*

La journée d'un dégustateur

La dégustation obéit à un rituel qui n'a rien de gratuit. Les gestes mille fois répétés de milliers de dégustateurs ont amené à codifier une série de règles qui, individuellement et ensemble, concourent à un unique but : rencontrer le thé dans les meilleures conditions possibles.

Le *tea taster*, revêtu d'un tablier blanc, dans une salle blanche et lumineuse, face à une baie vitrée orientée au nord (afin que le soleil dans sa course ne modifie pas l'éclat du thé), a déposé tout son matériel sur une table blanche. Pesée avec précision, une quantité déterminée de thé est placée dans une tasse cylindrique (de 6,5 cm de hauteur et 6,6 cm de diamètre) en porcelaine blanche, munie de quelques dents et d'un couvercle (de 7,2 cm de diamètre supérieur et 6,1 cm de diamètre inférieur). Chaque dégustateur a ses préférences en matière de grammage, mais celui-ci se situe généralement entre 2,48 g (poids d'une pièce de 25 paises, division de la roupie indienne) et 3 grammes (poids de 10 centimes français, d'une ancienne pièce de 6 pence ou d'un 4 anna d'argent), en passant par 2,88 g (poids de 2 pfennigs allemands) et 2,80 g (6 pence anglais). On assiste parfois – rarement, il est vrai – à des dégustations à 2 grammes (1 pfennig allemand), 2,01 g (5 centimes français), 2,2 g (1 penny anglais)... et 5,92 g (1 franc français) !

Lire la liqueur à livre ouvert
Lors des dégustations, le temps d'infusion et le grammage sont identiques pour tous les thés, souvent même un peu excessifs. En effet, la liqueur professionnelle est d'une construction particulière. L'objectif, ici, n'est pas de rechercher des points d'équilibre ou d'harmonie, mais d'obtenir une extraction maximale afin de lire la liqueur comme à livre ouvert.

Le *tea taster* verse l'eau souriante (proche du niveau d'ébullition) sur le thé et laisse infuser, couvercle fermé. Après 5 ou 6 minutes, selon les dégustateurs, il retourne la tasse cylindrique dans une tasse ronde (de 5,5 cm de hauteur et 9,5 cm maximum de diamètre) en porcelaine blanche, sans anse, dont la base est arrondie afin d'éviter toute ombre dans la liqueur. Le couvercle de la première tasse étant maintenu, la liqueur coule dans la tasse ronde sans les feuilles, qui sont retenues par les dents. Une fois la seconde tasse remplie de toute la liqueur – y compris les dernières gouttes, riches en informations –, le

Les outils d'un artisan : le matériel de dégustation.

dégustateur agite la première, retournée fond en haut, afin que l'infusion (c'est-à-dire les feuilles mouillées) tombe dans le couvercle. Il retire alors le couvercle et le pose retourné sur la tasse, de façon à voir l'infusion. D'un doigt, il presse cette infusion afin que l'eau s'en échappe et ne vienne pas influencer son éclat.

Le *tea taster* a désormais face à lui, du plus éloigné au plus proche, le thé (les feuilles sèches), l'infusion (les feuilles mouillées), la liqueur (la boisson). Il va alors se livrer à l'examen des saveurs, de l'arôme, de l'astringence, de la couleur, de l'éclat, de la structure, de la texture et de la consistance. Du thé, il évaluera son aspect, son homogénéité, son style, sa couleur, sa structure, etc. Puis il se penche sur l'infusion : son éclat, sa tenue, ses couleurs, etc. Enfin, il écoute la liqueur : ses notes successives, sa consistance, sa texture, son épaisseur, sa force, ses parfums, sa vitalité, son éclat, sa luminosité, sa couleur, etc. Il doit prendre en considération le type de théier planté, le lieu de la récolte – nature du sol et altitude –, les conditions climatiques, le type de manufacture – type de traitement utilisé pour obtenir la forme définitive – et la politique du producteur (notamment le rapport qualité/prix).

Thé pur ou thé au lait ?
Le thé est goûté pur. Lorsqu'un thé est censé s'accompagner de lait, le dégustateur en ajoute à la liqueur pour voir comment il « prend » : si la couleur tire vers le vert (ce qui est un signe souvent négatif), le doré (positif), le marron rouge (parfois positif) ou le terne (négatif). Seuls les tea tasters anglais ou de l'école anglaise dégustent le thé avec du lait. Ils utilisent des services de taille supérieure (passant de la tasse au bol et augmentant le dosage du thé en conséquence), car les *blends*, couramment consommés en Angleterre, s'y mélangent « statistiquement » mieux.

Le dégustateur saisit une petite quantité de liqueur – car une goutte de la mer a le même goût que toute la mer – pour la soumettre dans sa bouche à un passage rapide et bruyant. Les mouvements de la langue, la sécrétion salivaire, la température (optimale de 30 à 40 °C) favorisent la dégustation. Pour commencer, il retient la liqueur au bord de la langue afin d'obtenir une impression générale. Puis il l'étale sur la langue pour la goûter en pleine bouche. Après quoi il la ramène, par roulements, vers les lèvres, où, inspirant de l'air, il l'oxygène. Il la fait rouler à nouveau jusqu'à l'arrière-bouche avant de la recracher dans son crachoir à roulettes. Lorsqu'il m'est arrivé de goûter de 800 à 1 000 tasses dans une journée, je n'ose imaginer ce qui se serait passé sans ce crachoir, fidèle compagnon qui me protège de bien des insomnies...

ENTENDRE

La dégustation tient de la perception de la musique. Il s'agit de laisser chanter en soi tout ce qui compose la « musique » du thé, odeurs, saveurs, textures et couleurs, mises en relation dans un rapport complexe avec le temps et mêlées à la réalité du dégustateur.

Les notes du thé

> Ceux qui mangent vite et sans attention ne discernent pas les impressions du second degré ; elles sont l'apanage exclusif du petit nombre d'élus. (Brillat-Savarin)

On peut dire que le goût du thé se compose de diverses notes dont la mise en relation, associée aux couleurs et aux textures, constitue quelque chose de l'ordre d'une mélodie. On distingue ainsi globalement quatre types de notes.

• ***Les notes de tête*** : ce sont celles qui viennent lorsqu'on porte la tasse à la bouche. Leur perception est olfactive, par voie directe et immédiate. Elles donnent une impression fugace.

• ***Les notes intermédiaires*** : ce sont les premières perceptions rétronasales, qui arrivent une fois la liqueur en bouche. Ces notes sont puissantes, expressives mais fugaces.

• ***Les notes de cœur*** : ces notes, dites aussi notes de corps, surviennent lorsque la liqueur tourne dans la bouche, est en « pleine bouche ». Elles sont l'élément structurant de la liqueur, la base de son architecture. Puissantes, solides et souvent denses, elles durent longtemps et sont caractéristiques de la liqueur ou de l'idée que l'on s'en fait.

• ***Les notes de queue*** : ce sont celles qui, une fois la liqueur avalée ou recrachée, viennent presque en contrepoids des notes de cœur. Elles sont souvent relativement moins « violentes », mais marquantes, tenaces et longues en bouche.

Les deux types de longueur en bouche

On distingue la longueur en bouche structurelle et la longueur en bouche aromatique. La longueur structurelle (ou « empreinte du thé ») est la persistance d'une sensation acide, amère, astringente, etc., alors que la longueur aromatique (ou « souffle du thé ») ne concerne que les sensations aromatiques perçues par rétro-olfaction. Ainsi, des thés pourront être longs, courts, épanouis, persistants...

Ce tableau schématique peut nous aider à comprendre une liqueur et sa dynamique. L'axe vertical est un axe d'intensité et l'axe horizontal un axe temporel lors de la fermentation. Lorsque le thé noir est stoppé dans sa fermentation, il se situe quelque part sur l'axe horizontal. Ainsi, le thé A sera riche en parfum, avec beaucoup de nervosité, mais peu de corps et de couleurs, et le thé B sera chargé en couleur, mais lourd, car avec du corps, mais très peu de vivacité.

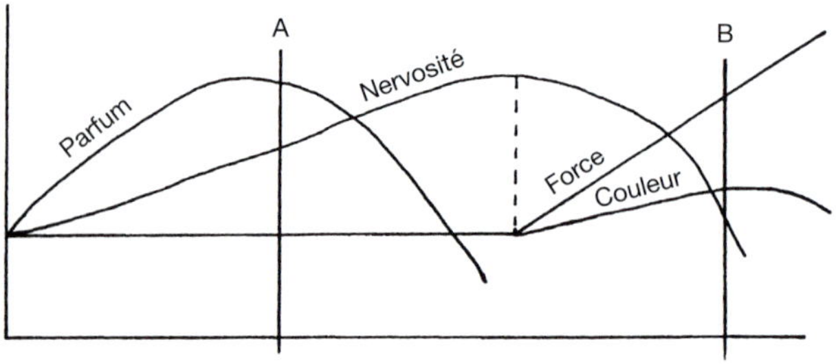

Qu'est-ce que le goût ?

Ceux [...] à qui la nature a refusé l'aptitude aux jouissances du goût ont le visage, le nez et les yeux longs ; quelle que soit leur taille, ils ont dans leur tournure quelque chose d'allongé. Ils ont les cheveux noirs et plats et manquent surtout d'embonpoint ; ce sont eux qui ont inventé les pantalons. (Brillat-Savarin)

Le goût, au sens strict, tient à 10 000 papilles gustatives, découvertes au XIXe siècle par les Allemands Meissner et Wagner et contenant chacune 50 cellules spécialisées. Ce qui, d'un point vue quantitatif, place les humains entre les perroquets (400) et les lapins (17 000) et loin derrière les vaches (25 000), qui doivent trouver à l'herbe des saveurs insoupçonnées ! Ces cellules ne vivent qu'une dizaine de jours, mais se renouvellent très bien jusqu'à 45 ans.

Les Occidentaux détectent quatre saveurs, organisées schématiquement – et culturellement – en deux oppositions : sucré/salé, amer/acide. Non seulement les saveurs n'offrent pas les mêmes seuils de sensibilité – 1/200 pour le sucré, 1/400 pour le salé, 1/130 000 pour l'acide et 1/2 000 000 pour l'amer –, mais on estime que, d'un individu à l'autre, la différence de sensibilité est de 1 à 500. De plus, le goût demande toujours plus d'intensité pour produire les mêmes niveaux de sensation.

Au sens large, le goût est bien plus qu'une affaire de papilles. Il fait également intervenir le sens de l'odorat, lequel consiste en un ensemble de saveurs et d'olfactions 1 000 fois plus sensible que le goût stricto sensu. Les 100 millions de cellules sensibles de notre odorat nous permettent de détecter plus de 10 000 odeurs différentes, ce qui, a contrario, explique qu'il faille 25 000 fois plus de molécules de pêche pour goûter le fruit que pour le sentir ! Voilà pourquoi, enrhumé, tout nous semble fade, alors qu'en fait seul notre nez est bouché. A cela s'ajoutent, entre autres, la sensation thermique, la sensation tactile (la souplesse, la texture, le grain, la jutosité) et l'ouïe (le bruit de la croustillance, etc.).

Saveurs, arômes et flaveurs
On appelle « saveurs » les quatre éléments premiers : le salé, le sucré, l'acide et l'amer. Les « arômes » sont les odeurs perçues par rétro-olfaction. Quant aux « flaveurs », il s'agit de l'ensemble des sensations olfacto-gustatives provoquées par la consommation d'un aliment.

Pour autant, l'olfaction n'est pas l'élément majeur de la dégustation. Le goût stricto sensu est la base de la montagne et l'olfaction le sommet. L'un des deux manque et ce n'est plus une montagne.

Comment sentir ?

Sentir ne peut se distinguer de l'élan de la respiration. Il y a trois façons de sentir, chacune liée à un épisode de la sensation.

• ***L'olfaction en voie directe :*** c'est elle qui nous permet de percevoir les odeurs. Usuellement, nous respirons de 17 000 à 23 000 fois par jour, ce qui nous amène à remuer 12 mètres cubes d'air ! Une respiration dure généralement 5 secondes : 2 pour inhaler et 3 pour expirer. Lors d'une respiration « normale », seul 10 % de l'air inspiré vient au contact des deux zones sensibles de l'odorat, qui font 1,5 cm^2 chacune. C'est alors que, d'un seul coup, nous percevons le merveilleux parfum poivré d'une glycine. Aussitôt, nous sommes mis en alerte et modifions notre inspiration, qui devient vive et courte. Nous flairons, nous humons, nos narines se resserrent, et nous augmentons ainsi très nettement la quantité de l'air senti.

• ***La rétro-olfaction :*** c'est elle qui nous permet de sentir les arômes. Il s'agit de « humer à l'envers », en expirant lentement et profondément par le nez. Après avoir compté lentement jusqu'à 3 – le temps que les odeurs mettent à monter –, le bouquet de la liqueur s'ouvre ou s'intensifie. Ce changement se localise au niveau de la bouche, mais c'est une illusion. Il s'agit en fait d'odeurs contenues dans la cavité buccale, d'autant plus différentes des précédentes qu'elles s'accompagnent d'un changement de température en bouche, de réactions chimiques dues à la salive, de fixations de substances, d'une modification de la surface d'échanges.

• ***Les « coups de nez » :*** ils permettent d'apprécier l'évolution temporelle des parfums et de sortir des notes lourdes prises dans la masse de l'infusion ou sous le disque de la liqueur. L'attention se porte sur l'infusion, sur l'infusion secouée, sur la première tasse sans infusion, sur la liqueur, sur la liqueur après dégustation lorsque le disque a été cassé, etc.

Le seuil différentiel et la loi de Fechner

La sensation augmente, par paliers, avec l'intensité. Selon la loi de Weber, ces seuils différentiels, où nous percevons les changements d'intensité, sont constants en valeur relative. Autrement dit, si nous ne percevions que 1 et 10, nous ne pourrions distinguer que 10 et 100, 100 et 1 000, 1 000 et 10 000.

Le philosophe allemand Gustav Fechner, qui fut l'un des fondateurs de la psychophysique, eut une révélation dans la nuit du 23 au 24 octobre 1850. Il découvrit que le rapport de la sensation et de l'intensité de l'excitation se développe de la façon suivante : une sensation de 1 correspondrait à une intensité de 1, une sensation de 2 à une intensité de 10, une sensation de 3 à une intensité de 100, etc. D'où il conclut que la perception est logarithmique, ce que l'on exprime désormais par la formule $S = K \log I$.

Les trois bouquets

Le thé exprime sa flaveur en différents bouquets.

• ***Le bouquet primaire, ou spirit of tea :*** il s'agit des caractéristiques dues aux qualités intrinsèques de la feuille avant manufacture, selon la saison ou le terroir.

• ***Le bouquet secondaire, ou « tenue du thé » :*** il désigne les caractéristiques développées par la manufacture, comme le mordant, la vigueur, l'amertume, etc.

• ***Le bouquet tertiaire, ou « vécu du thé » :*** il désigne les caractéristiques développées en postfermentation ou postmanufacture, comme la maturité et le moelleux, venant se substituer à ces notes d'herbe coupée caractéristiques de certains thés primeurs et que l'on appelle le *grassy effect*.

Les familles aromatiques

Il est d'usage de distinguer des familles – que l'on appelle « séries » – dans la palette des arômes. Si ces regroupements ont quelque chose d'un peu catégorique, ils présentent l'avantage de proposer des points communs entre la dégustation de produits aussi différents que, par exemple, vins et thés.

Les séries aromatiques

- Série végétale : herbe, sous-bois, foin, champignon...
- Série boisée et balsamique : bois sec, planche, eucalyptus, sapin, cèdre, chêne, balsa...
- Série florale : violette, tilleul, rose, rose fanée, narcisse, jasmin, iris...
- Série fruitée (divisée en agrumes, fruits à noyau, fruits frais, fruits secs, fruits cuits).
- Série de plantes aromatiques et épices : réglisse, anis, menthe, muscade, poivre, girofle...
- Série animale : laine, fourrure, cuir, lait, musc...
- Série empyreumatique : cacao, fumé, brûlé, tabac, grillé, carné...
- Série minérale : craie, silex, hydrocarbures...
- Série confiserie : miel, chocolat, caramel...
- Série arômes divers et odeurs anormales : putride, rance, œuf couvé...

Les équilibres de la liqueur

La composition d'une liqueur repose sur la mise en relation de notes sonnantes ou dissonantes, d'accords subtils ou provocants entre le tactile, l'olfactif, le gustatif, le visuel et l'auditif, d'harmonies complexes entre l'attendu, le perçu, l'exprimé et leurs contraires.

Prenons l'exemple des tannins. Autant la théine est une substance amère, mais dont l'amertume ne constitue pas l'axe vertébral d'une liqueur, autant les tannins se développent en astringence. Ces derniers, en « asséchant » nos muqueuses, nous fournissent une impression d'ordre tactile : la sensation que les tissus de la bouche se resserrent, la possibilité de localiser assez précisément ces effets, cette « langue rugueuse » dont on parle volontiers. Une liqueur peu astringente sera tendre, légère, gouleyante. Une liqueur aux tannins plus présents se « charpentera », aura une architecture visible et soutenue. Au-delà, l'astringence sera mal supportée.

Variations sur une liqueur
La température de dégustation de la liqueur est elle aussi à même de modifier la perception. Peu ou prou, une liqueur chaude verra son « sucré », son « salé » et ses arômes soutenus, et son « acide », son « amer », son astringence et son aspect tactile affaiblis.
Pour une liqueur froide, c'est l'inverse. C'est pourquoi il est préférable de boire sa liqueur tiède-chaud.

Ici, nous avons la « trame » du thé, dont les degrés sont établis en comparaison avec les tissus (soie, lin, coton, jute, taffetas, velours...). Mais ces sensations tiennent compte d'autres influences. Il existe un équilibre au sein de chaque « axe » et entre les différents axes. Ainsi, prenons l'axe d'acidité et de moelleux. L'axe d'acidité peut se décliner en plat, mou, tendre, frais, vif, nerveux, acerbe, pinçant et agressif, et l'axe de moelleux en immature, nouveau, mûr, velouté, suave, onctueux et lourd. Mais ces axes, ici simplifiés, ne sont pas en eux-mêmes discontinus : parfois ils se dédoublent, ou tiennent compte d'autres axes. C'est ainsi qu'une liqueur onctueuse paraîtra un peu lourde sans un peu d'acidité (fraîcheur ou vigueur), et qu'une liqueur sera nerveuse si un peu de moelleux ne vient pas la rafraîchir. Si l'on structure cette dernière liqueur sur une charpente tannique, on aura de la vigueur... peut-être un peu « tirante ». Arrêtons-là pour l'instant, et prenons plutôt conscience qu'une bonne tasse de thé est un chef-d'œuvre né de plusieurs équilibres.

Trois liqueurs du même jardin mais de diverses constructions.

De haut en bas : feuilles entières, feuilles brisées, feuilles broyées.

SE SITUER

On l'aura compris : la dégustation ne consiste pas à découper la liqueur en une multitude de microsensations. Si chacune d'elles fait l'objet d'un si grand soin, c'est pour mieux contribuer à la composition finale, celle où se définissent les équilibres de la liqueur, dans quoi la posture du dégustateur a aussi sa place.

De la perception à l'émotion

Recevoir des messages gustatifs ou olfactifs est une chose, encore faut-il savoir les transformer. Dès 1879, dans un article publié à Londres et repris deux ans plus tard dans la *Tea Cyclopædia* de Calcutta, un certain A. W. Blyth annonçait comme imminent le jour où des analyses scientifiques remplaceraient le jugement des *tasters*. Effectivement, nous disposons aujourd'hui d'appareils capables de déceler des quantités d'éléments aromatiques bien en deçà des seuils de perception humains. Elles n'ont pas pour autant fait disparaître les dégustateurs, car l'enjeu n'est pas de déceler, mais de rapporter ce que l'on ressent à une histoire passée, présente et future. Goûter une liqueur ne consiste pas à dire que l'on perçoit « tant de milligrammes de ceci et tant de milligrammes de cela », mais à transformer cette perception en une émotion éminemment subjective. Pour ce faire, de nombreux éléments entrent en jeu.

Face à la liqueur

Pour goûter, il faut se dévêtir.
Pour qui désire déguster, il est trois attitudes possibles face à la liqueur.

• ***La technique de répétition :*** elle consiste à goûter sans cesse la même chose jusqu'à ce que, devenue habitude, elle ne se remarque plus. Dès lors, le moindre changement sera détecté… ce qui ne signifie d'ailleurs pas qu'il puisse être qualifié. Lorsqu'un tableau reste accroché au même endroit pendant dix ans, tout le monde remarque son absence le jour où il disparaît, mais rares sont ceux qui peuvent dire ce qu'il y avait à cet endroit. C'est une réaction négative au changement et l'expérience, ici, se confond avec la routine.

• ***La technique de critérisation :*** elle consiste à constituer des critères à la lumière desquels on examine la liqueur. L'effet est pervers, car, à découper la liqueur en critères, on perd de vue son mouvement et son énergie globale. Sans compter que l'on risque de ne pas ressentir ce qui pourrait sortir des critères ainsi définis.
• ***Le vide rythmé :*** cette attitude, la meilleure, consiste à se poser face à la liqueur et à attendre qu'elle s'approche. En se rendant disponible à ce qui l'entoure, le dégustateur – professionnel, mais aussi, pourquoi pas, amateur – permet le passage de la sensation en lui, sans accaparement ni rétention. Il prend conscience d'un rythme, d'un flux et d'un reflux, de vagues et de messages. En accordant son rythme à celui de la liqueur, il la laisse venir à lui, libre et pleine. C'est un exercice qui repose sur la confiance, l'humilité, la conscience et l'attention ; il permet la révélation, le surgissement de la vérité de l'ombre à la lumière.

Les temps d'une dégustation

La dégustation est faite de différents temps. Ces temps – ou « périodes » – ont une valeur temporelle, mais également spatiale – du plus éloigné au plus proche, jusqu'au cœur de notre intimité.
• **La période éloignée :** c'est une période suggestive où l'ouïe (le bruit de l'eau qui chauffe, du thé que l'on verse...), la vue et l'odorat, par leur pouvoir d'évocation, nous invitent à entrer dans un état de réception.
• **La période rapprochée :** le thé est dans la tasse. La couleur, l'éclat, la texture, la consistance se révèlent à nous.
• **La période buccale :** elle comprend une étape prébuccale (la tasse est portée aux lèvres), une étape buccale (la liqueur est dans la bouche) et une étape postbuccale (la liqueur est déglutie).
• **La période éthérique :** c'est ce qui reste de la liqueur, de ce moment, de son goût dans notre vie...

La valeur du moment

L'instant lui-même crée une interaction entre ce que nous sommes et ce qu'incarne l'élément goûté à ce moment précis. L'expérience, d'ailleurs, ne vaut pas qu'avec le thé. Si l'on mange un fruit, la première bouchée, la deuxième et la dernière ont toutes un « goût » différent. De même, un fruit cueilli dans un jardin aura au petit matin des notes de tête vives et fugaces ; en matinée, ses notes s'épanouiront et s'équilibreront ; durant l'après-midi, surtout ensoleillé, seules ses notes de cœur rondes s'exprimeront ; et c'est le soir, avec le retour de l'humidité, que sa flaveur nous apparaîtra la plus riche et la plus fine.

Le goût de la vie

On raconte que Confucius, Lao-tseu et Bouddha étaient réunis autour d'une jarre contenant du vinaigre, lequel représentait la vie. Chacun y trempa son doigt et goûta. A Lao-tseu cela parut doux, aigre à Confucius et amer à Bouddha. Vint un quatrième homme, visiteur imprévu qui fut toutefois convié à cette dégustation. Il goûta et, à lui, la vie parut salée. De ce quatrième homme, on dit qu'il aurait déclaré un autre jour à ses compagnons : « Vous êtes le sel de la terre. »
Lequel de ces quatre « dégustateurs » avait raison ?

PARLER

Une fois la liqueur dégustée, la tâche du dégustateur est loin d'être achevée. Il lui faut encore décrire ce qu'il a constaté et ressenti, car sentir sans transmettre n'est rien. Pour ce faire, les *tea tasters* recourent à un vocabulaire très étendu, que chacun enrichit de son expérience propre.

La langue du thé

Étant donné que la plupart d'entre nous ont une pensée verbale, l'étendue et la qualité de notre vocabulaire sont essentielles. Ainsi, quelques langues européennes autres que le français réunissent sous un même vocable les notions de « aigre », « amer » et « âpre ». Comment faire comprendre à ceux qui parlent ces langues la distinction, essentielle pour des francophones, entre « aigre » et « amer » ? Cela revient à expliquer la différence entre rouge et vert à un aveugle de naissance... Il en est de même de cette cinquième saveur chinoise dont les Occidentaux cherchent souvent à se faire traduire le nom. Il vaut mieux s'abstenir, car aucune traduction ne saurait avoir une quelconque vérité. On n'est, en règle générale, capable de ressentir que ce que l'on peut nommer par un mot, une image, un souvenir.

Aussi le thé a-t-il sa langue. Si elle se compose de mots anglais, ce n'est pas que l'art de la dégustation soit dépendant du vocabulaire gustatif d'outre-Manche ; il est né, au contraire, de la rencontre d'héritages asiatique et européen vieux de plusieurs centaines d'années. C'est pour des raisons de commodité que cette langue est l'outil commun à tous les professionnels qui œuvrent autour du thé, à commencer par les dégustateurs. Cela n'empêche pas chaque *tea taster* de teinter « sa » langue de thé de ses propres références.

Il serait fastidieux de donner ici des listes de ce vocabulaire, même incomplètes, à des amateurs dont fort peu auront l'occasion de rencontrer l'un ou l'autre de ces termes. Certains apprécieront toutefois de se faire une idée du niveau de précision qui peut être atteint lors d'une dégustation, car il est révélateur des centaines d'attentions dont le thé fait l'objet. En voici deux exemples entre mille.

Pour exprimer des degrés ascendants dans une dessiccation trop forte, on dispose au minimum des termes *dry* (« sec »), *bakey* (« cuit »), *overdone* (« trop cuit »), *toasty* (« grillé »), *high-fired* (« hautement desséché ») ou *burnt* (« brûlé »).

On dira aussi qu'un thé est *cheesy* (« fromageux ») lorsqu'il s'est imprégné de l'odeur d'une colle de mauvaise qualité utilisée sur les panneaux des caisses ; *jammy* (« confitureux ») lorsque sa flaveur tient de la fraise ; *papery* (« papeteux ») s'il présente un goût de papier ; *peachy* (« pêcheux ») si sa flaveur évoque la pêche – ce qui est le cas de certains Darjeeling ; *tinny* (« boîteux ») lorsqu'il a pris le goût de la boîte ; *tired* (« fatigué ») lorsqu'il est trop vieux, etc.

Chaque jour, d'un bout de la planète à l'autre, ce sont des milliers de mots qui s'échangent ainsi à propos du thé. Et pourtant, en dépit de ce vocabulaire et de cette abondance de termes, on est loin d'avoir tout dit du thé.

LE MONDE DES THÉS

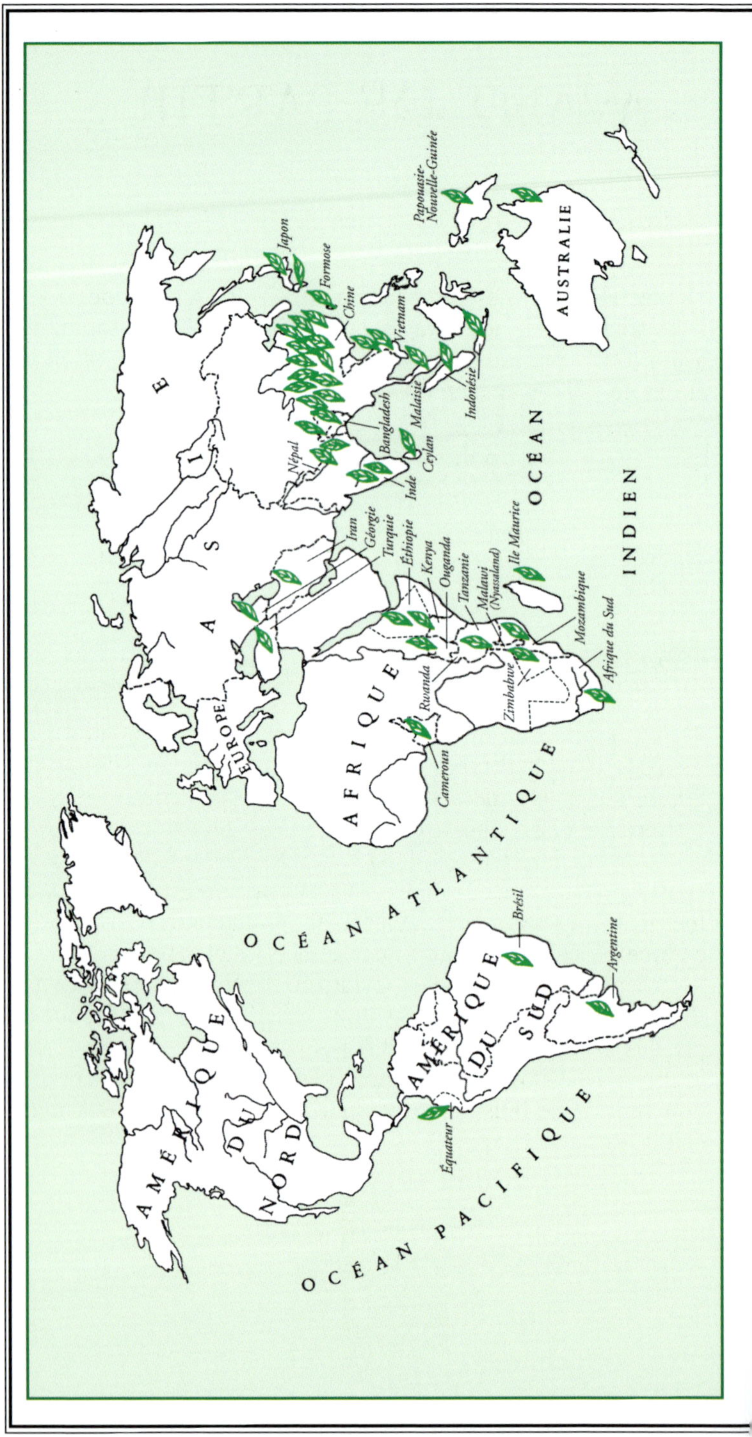
AMÉRIQUE DU NORD
AMÉRIQUE DU SUD
OCÉAN PACIFIQUE
OCÉAN ATLANTIQUE
OCÉAN INDIEN
EUROPE
AFRIQUE
ASIE
AUSTRALIE
Équateur
Brésil
Argentine
Cameroun
Rwanda
Zimbabwe
Afrique du Sud
Mozambique
Malawi (Nyassaland)
Ile Maurice
Tanzanie
Ouganda
Kenya
Éthiopie
Turquie
Géorgie
Iran
Népal
Inde
Ceylan
Bangladesh
Malaisie
Indonésie
Vietnam
Chine
Formose
Japon
Papouasie-Nouvelle-Guinée

AVANT DE PARTIR…

Le sage parcourt la Terre sans quitter sa chambre.

Avec tous ces thés venus des quatre coins du monde, il y a vraiment de quoi voyager en restant chez soi… Toutefois, avant d'entreprendre ce voyage, voici un aperçu des évolutions et des équilibres au sein du « monde des thés ».

La production de thé dans le monde de 1950 à 1991					
	1950	1960	1970	1980	1991
Production (en millions de tonnes)	619,44	797,75	1 112,5	1 847,8	2 609,9
Progression (en %)	–	28,8	39,45	66,1	41,24

Si la production mondiale de thé vert est relativement stable (de 23 à 24 % de l'ensemble), ce n'est pas le cas des thés noirs. Depuis quelques années, les thés noirs produits selon la méthode « orthodoxe » ont tendance à céder le pas devant les CTC (respectivement 36,36 % et 39,85 % en 1992, contre 32,36 % et 44,25 % en 1995). Ce mouvement devrait s'amplifier, dans la mesure où des pays traditionnellement producteurs d'Orthodoxe, comme le Sri Lanka, se tournent de plus en plus vers le CTC.

Les pourcentages à l'exportation confirment cette dynamique du CTC au détriment de l'Orthodoxe (40,98 % pour le premier en 1995, contre 51,38 % pour le second) et révèlent que le thé vert s'exporte relativement peu (7,64 % en 1995). Le thé noir représente plus des trois quarts des thés produits et plus de 90 % des thés exportés.

Les premiers pays producteurs et exportateurs de thé en 1996					
	Surface théière nationale/ surface mondiale (en %)	Production (en tonnes)	Production nationale/ production mondiale (en %)	Exportation nationale/ Exportation mondiale (en %)	Exportation nationale/ production nationale (en %)
ASIE					
Chine	47,9	593 386	23,2	15,8	28,6
Taïwan	0,9	23 322	0,9	0,3	14,9
Vietnam	3,1	40 000	1,6	*	*
Japon	2,3	88 709	3,5	0,05	0,6
Indonésie	5,6	121 000	4,7	9,5	83,9
Inde	18,8	780 034	30,5	15,1	20,7
Bangladesh	2,1	53 406	2,1	2,4	49
Sri Lanka	8,1	258 969	10,1	21,8	90,2
MOYEN-ORIENT					
Iran	1,5	50 000	2	*	*
Turquie	3,3	114 540	4,5	*	*
AFRIQUE					
Kenya	4,9	257 162	10	22,8	95
Malawi	0,8	38 313	1,5	3,4	95,7
AMÉRIQUE					
Argentine	1,7	43 000	1,7	3,9	96,1
*Chiffres non communiqués.					

On voit, d'après ces chiffres, que 70 % du thé produit dans le monde vient de quatre pays – Chine, Inde, Sri Lanka et Kenya –, lesquels assurent plus des trois quarts des exportations mondiales. La Chine, qui possède près de la moitié des hectares de théiers de la planète, fournit moins d'un quart de la production mondiale ; son rendement est en effet très faible et sa consommation nationale forte. L'Inde, avec sa forte consommation nationale, n'exporte quant à elle que 20 % de sa production, ce qui la place derrière le Kenya et le Sri Lanka. Beaucoup de « jeunes » pays théiers, notamment africains, exportent en effet plus de 90 % de leur production, car la consommation de thé à l'échelon national n'est pas réellement enracinée dans leurs mœurs. C'est le cas du Kenya, du Malawi, de l'Argentine, de la Tanzanie et du... Sri Lanka. Grâce à sa faible consommation nationale, le Kenya vient en tête des exportations mondiales, mais la concurrence est âpre avec le Sri Lanka, et la situation pourrait s'inverser dans un avenir proche.

Enfin, c'est une erreur de croire que, lors d'un voyage dans un pays producteur, on puisse trouver des qualités supérieures à celles disponibles dans les pays importateurs. Il est au contraire fréquent, comme pour nos propres produits, que le meilleur parte à l'export.

Comment lire les commentaires de dégustation ?
Le thé, produit agricole, est tributaire de nombreux aléas qui empêchent de dire avec certitude que tel ou tel jardin sera à la hauteur l'année suivante. De plus, il fait l'objet de plusieurs récoltes par an, chacune d'elles étant manufacturée par lots ; il faudrait donc, dans l'idéal, parler de tel jardin, de telle récolte et de tel lot. Sans compter que l'état physique et affectif du dégustateur a son importance, de même que le lieu et l'environnement de la dégustation. C'est pourquoi l'on déguste par « sessions », portant le caractère de tout ce qui a pu faire l'ici et maintenant. Les thés décrits dans les pages qui suivent correspondent à une unique session de dégustation, portant la référence 637-Carc-98.

- **Aspect du thé :** décrit le visuel et la structure du thé (feuilles sèches). Cependant, les professionnels y insistent : « *The tea is not to look at but to drink* » (« Le thé n'est pas fait pour qu'on le regarde, mais pour qu'on le boive »). Il arrive que des thés d'apparence modeste recèlent des trésors gustatifs et inversement.
- **Aspect de la liqueur :** décrit l'aspect visuel de la liqueur (éclat, couleur, etc.).
- **Infusion :** décrit l'aspect visuel et le parfum des feuilles mouillées (l'infusion).
- **Liqueur en nez :** décrit les arômes de nez et de bouche, de l'olfaction directe à la rétro-olfaction.
- **Liqueur en bouche :** décrit le corps du thé.
- **Liqueur en finale :** décrit les notes de queue, la longueur en bouche aromatique et structurelle. Mais le bon ou le mauvais souvenir restera de votre seul ressort.
- **Remarque :** des commentaires plus personnels à
- **Présence :** chaque thé ayant une présence particulière, voici le moyen de saisir en quelques instants la façon qu'il a de vous interpeller.
- **Moment privilégié :** un moment privilégié... parmi d'autres. Mais celui-ci, peut-être celui de votre premier essai, vous permettra de converser avec des thés parfois difficiles d'approche.

- **Conseil de pratique :** c'est bien d'un conseil qu'il s'agit, afin de vous aider à trouver, par votre propre expérience, votre équilibre dans une liqueur qui vous ressemble.
- **Accessibilité :** vous découvrirez par vous-même les thés qui sauront vous accompagner dans votre vie. Mais cette rubrique peut vous aider à savoir quel thé approcher, au stade où vous en êtes de votre pratique. Bien entendu, chacun n'a pas les mêmes dispositions à la découverte, mais, de ce qu'il est donné d'observer, voici ce que l'on peut dire des thés faciles ou difficiles d'accès.

Avis au lecteur

Étant ici dans un rapport d'authenticité, les liqueurs ont été photographiées lors d'une dégustation. Cela explique les quelques feuilles qui, s'étant échappées lors de la préparation, sont parfois présentes au fond des tasses. Des maîtres racontent, à leur sujet, qu'elles sont l'état du monde à un moment donné...

ASIE

CHINE

Superficie : 1 103 000 ha (1996)
Production : 593 386 t (1996)
Exportation : 169 670 t (1996)

La Chine resta longtemps le principal pays producteur de thé dans le monde. Comme elle le fit pour la soie, elle chercha par tous les moyens à protéger le secret de la culture du thé et de son procédé. A certaines époques, des décrets impériaux menaçaient de mort les informateurs. Pour brouiller les pistes et troubler les esprits, on allait jusqu'à répandre de fausses informations, comme cette légende d'un théier pour les thés noirs et d'un second pour les thés verts... Toutefois, cette tradition semble se perpétuer puisqu'il est très difficile, de nos jours encore, d'obtenir des informations fiables et précises sur les modes de culture et les procédés de transformation utilisés.

Largement distancée par l'Inde en matière de production, la Chine fait aujourd'hui figure d'exception dans le commerce international du thé. En effet, elle est la seule à ne pas vendre sa production aux enchères, mais par un système de standards. Les standards, portant chacun un numéro, sont des mélanges de thés censés garantir une qualité et des caractéristiques organoleptiques identiques d'année en année.

La plupart des noms de thés chinois désignent des procédés (thé fumé pour le Lapsang Souchong, thé roulé en boule pour le Gunpowder, thé semi-fermenté pour les Oolong, etc.), des provinces, des types de théiers et, pour une infime partie de la production, des appellations de jardins.

Cultivé dans 13 provinces sous la dynastie Tang, le thé l'est aujourd'hui dans 19 provinces, 60 % de la production venant du Zhejiang, du Hunan, du Sichuan et d'Anhui. La culture du théier est une industrie de village. Elle est l'apanage de paysans qui pratiquent souvent d'autres types de culture. Les plantations sont généralement de très petite taille. La cueillette est prise en charge dans les *factories,* ou *hong,* présentes dans la plupart des villages. L'apport des plants, la mécanisation de la manufacture et l'amélioration des méthodes de production relèvent d'un système de coopératives d'État ; ce sont elles également qui réalisent les mélanges à partir des thés préparés par les agriculteurs, puis qui en organisent la vente. Le thé est ensuite présenté sur le marché local ou envoyé à l'export.

Thé vert, thés congou et thés brisés
En Chine, le thé vert représente plus de 65 % de la production nationale et 90 % de la production de thé vert mondiale.
Les thés noirs se répartissent essentiellement en *congo teas* (ou congou) et *broken teas* (thés brisés).
Les congou sont roulés puis entortillés entre le flétrissage et la fermentation, alors que les *broken* sont seulement roulés et coupés.
• Congou : feuilles fraîches → flétrissage → roulage et entortillage → fermentation → séchage.
• Broken : feuilles fraîches → flétrissage → roulage et découpage → fermentation → séchage.
Les thés noirs chinois sont relativement moins tanniques que ceux d'Inde, de Ceylan ou d'Afrique.

Le calendrier des récoltes
La Chine, qui revendique plus de 900 régions productrices et 260 espèces de théiers sur les 380 existantes, obéit à un calendrier de récoltes extrêmement varié. S'il n'est pas rare que les régions du Centre et du Nord effectuent trois à quatre récoltes par an, certaines régions du Sud en connaissent jusqu'à huit ! Voici un aperçu très schématique des principales récoltes.
• La récolte de printemps *(first crop)* a lieu de fin mars à mai. Riche en jeunes feuilles tendres et fines, cette récolte est quantitativement et qualitativement la plus importante. Elle se divise en plusieurs périodes : avant le festival de la claire lumière (5 avril), on récolte le thé « d'avant la lumière » ; entre le festival de la claire lumière (5 avril) et le « grain de pluie » (20 avril), c'est l'époque du thé « d'avant les pluies » ; après le « grain de pluie » (20 avril) et durant le mois de mai, c'est le temps du thé « d'après les pluies ».
• La deuxième récolte *(second crop)* est effectuée de début juin à juillet. Les feuilles ont atteint leur maturité. C'est l'époque des thés « à branches jaunes ».
• La troisième récolte *(third crop)* prend place entre la « rosée blanche » (8 octobre) et « la descente du givre » (23 octobre). C'est le temps des thés « de la rosée ».
• Une récolte peut avoir lieu en saison hivernale, juste après la chute des neiges : les thés ainsi récoltés se nomment « balles de nuage ».

Quelques thés noirs

UN YUNNAN

Origine : le Yunnan, région montagneuse au climat chaud et humide, est un des foyers naturels du thé. Sur les 380 variétés recensées, près de 260 l'ont été ici, et d'anciens registres y mentionnent une production de thé depuis plus de 1 700 ans. Le thé noir du Yunnan, non fumé, est parfois appelé Dianhong, Dian étant l'autre nom du Yunnan et *hong* signifiant « rouge » (les Chinois parlent de « thé rouge » quand les Occidentaux parlent de « thé noir »). Il est cultivé à partir du Yunnan Dayeh, un théier à larges feuilles, lourdes et juteuses, et à bourgeons précoces. Il existe en Yunnan Congou et en Yunnan Broken.

Aspect du thé : feuilles entières, brunes, torsadées, avec des bourgeons dorés.

Aspect de la liqueur : d'un rouge dense et profond, lumineux, légèrement orangé.

Infusion : cuivre à résonance orange avec des accents verts, chaude et généreuse, profonde et mate au nez.

Liqueur en nez : terrienne, avec un parfum de miel, un souffle chaud et des notes distillées de fleur.

Liqueur en bouche : nourrissante, charpentée, construite, ample, moelleuse et profonde, elle est quelquefois subtilement ombrageuse.

Liqueur en finale : une légère amertume et une note terreuse. Une longueur aromatique parfois empreinte d'une présence végétale. Un rapport qui vous fidélisera.

Remarque : bien que rare en feuilles broyées, le Yunnan est très intéressant sous cette forme, car il offre alors une tasse terreuse et dense, mais qui ne présente pas la moindre agressivité.

Présence : un thé ayant de l'autorité mais non autoritaire, sa force est dans l'« être » et non dans le « faire ». Le grondement sourd de la montagne ocre.

Moment privilégié : avant une longue marche intérieure et/ou physique.

Conseil de pratique : 2 g pour 10 cl, de 3 à 5 mn (en éveil nocturne/au départ des amis) dans une eau souriante (95 °C).

Accessibilité : ce thé à degrés est accessible dès les premiers contacts. Idéal pour ceux qui veulent s'initier au thé et découvrir un thé dont ils ne viendront jamais à bout, même bien plus tard.

UN KEEMUN

Origine : également appelé Qihong, le Keemun, qui est un thé non fumé, est cultivé dans le Qimen, une zone montagneuse au climat chaud et humide située au sud de la province d'Anhui.

L'histoire raconte que ce thé vit le jour au XIXe siècle grâce à un jeune fonctionnaire, Yu Ganchen, entraîné dans la disgrâce par son supérieur. Se souvenant du conseil de son père – « Une compétence est une meilleure garantie qu'un éphémère travail de fonctionnaire » –, Yu Ganchen se rendit dans le Fujian pour y étudier le procédé de fermentation des thés noirs. Revenu dans sa région, productrice de thés verts, il y installa trois *factories* de thés noirs. Sa première production, en 1875, donna des thés si exceptionnels que d'autres *factories* ne tardèrent pas à s'implanter aux alentours. Quarante ans plus tard, en 1915, le Keemun tenait la vedette à l'Exposition internationale du Pacifique, à San Francisco, célébrant l'achèvement du canal de Panama. En 1939, il représentait un tiers des exportations de thés noirs chinois.

Aspect du thé : petites feuilles entières, noires et brillantes, sans ou avec très peu de bourgeons.

Infusion : note de rose, marron lumineux, tirant vers le rouge.

Aspect de la liqueur : rouge orangé, substantielle, éclatante.

Liqueur en nez : subtile, réservée, avec des notes de rose ne s'abandonnant jamais complètement.

Liqueur en bouche : chocolatée, fine, avec peu de corps, solitaire.

Liqueur en finale : discrète amertume fleurie, fine persistance aromatique, léger assèchement de la bouche, sans arrogance.

Remarque : faible en théine.

Présence : un thé sans bruit, qui tient discrètement sa mélodie.

Moment privilégié : chez soi, lors d'une soirée à l'atmosphère fleurie.

Conseil de pratique : 2 g pour 10 cl, de 3 à 5 mn (en éveil nocturne/au départ des amis) dans une eau souriante (95 °C).

Accessibilité : son expressivité affirmée et une présence physique qui ne s'impose pas rendent le Keemun accessible à ceux qui recherchent un thé tout en finesse.

UN LAPSANG SOUCHONG

Origine : ce thé noir fumé est une variété (c'est le sens du mot chinois *souchong*) des thés noirs cultivés sur les flancs de la montagne Wuyi, au nord de la province du Fujian. Ses feuilles sont placées dans la fumée d'un feu d'épicéa ou de cyprès afin d'en absorber le parfum. Ce procédé, relativement récent, est destiné à l'exportation. C'est au point que, alors que la plupart des consommateurs occidentaux l'appellent, maladroitement, « thé de Chine », il s'agit, pour les Chinois, du thé « pour étrangers ». Il a connu une grande vogue entre les deux guerres mondiales, et sans doute plus tôt puisqu'on raconte qu'il était le thé préféré de... Sherlock Holmes.

Aspect du thé : feuilles noires entières, longues et torsadées.

Infusion : brune, avec des incidences rouges et vertes. Caractère réglissé, fumé.

Aspect de la liqueur : orange et jaune, claire, limpide, sans épaisseur.

Liqueur en nez : très parfumée, fumée, boisée, avec des élans d'eucalyptus ou de réglisse.

Liqueur en bouche : délicate, avec peu de corps et une finesse gouleyante.

Liqueur en finale : belle longueur aromatique, lentement dégradée. Lointaine amertume, apaisante. Un rythme fluide et racé.

Remarque : faible en théine. Contrairement aux idées reçues, ce thé n'est ni lourd ni fort, mais fin et subtil. A découvrir ou à redécouvrir.

Présence : le chaud souvenir d'un feu de bois à la campagne.

Moment privilégié : dehors, au milieu d'odeurs fraîches et boisées. A l'intérieur, dans la chaleur d'un moment.

Conseil de pratique : 2 g pour 10 cl, de 4 à 5 mn (au départ des amis) dans une eau souriante (95 °C).

Accessibilité : ce thé n'est ni « fort » ni « lourd », mais fin, affirmé et original. Pour approcher ce thé sans préjugés, il faut savoir prendre son temps, traverser des déserts ou ne pas se fier aux idées toutes faites.

UN PU ERH

Origine : le Pu Erh, thé postfermentaire à oxydation non enzymatique, est produit dans la préfecture de Xishuangbanna, au sud du Yunnan, à partir de théiers Yunnan Dayeh, qui seraient la variété la plus proche des théiers de l'ère préglaciaire. Originaire des montagnes, il était amené au travers des forêts vierges jusqu'à la ville de Pu Erh, dans le sud du Yunnan, où il était transformé et vendu. Le nom lui est resté, bien qu'il ne pousse pas de théiers aux environs de Pu Erh.

Le Pu Erh est un thé « noir-noir » (certains disent « sombre »). La tradition veut qu'il soit conservé longtemps, de façon à laisser s'exhaler son bouquet postfermentaire caractéristique. Certains préfèrent même les Pu Erh comportant une légère « moisissure ». Le Pu Erh peut être présenté en vrac, par exemple mélangé à des fleurs de chrysanthème *(Gupu Cha ou Gook Po Cha)*, ou compressé, en brique carrée *(Fangcha)*, en brique rectangulaire *(Zuncha ou Zhuang Cha)*, en balle *(Tuan Cha)*, en galette composée de sept couches *(Qi Zi Bing Cha)*, en nid d'oiseau *(Tuo Cha)*, etc.

Aspect du thé : feuilles marron torsadées.

Infusion : fraîche et aérée, brun foncé avec une légère émotion verte, elle évoque le bois humide.

Aspect de la liqueur : d'un rouge foncé profond, elle est habitée d'un esprit de pénombre sous un disque lumineux.

Liqueur en nez : terrienne, ancestrale, elle évoque la terre humide et les éléments premiers, non sans une touche de douceur.

Liqueur en bouche : onctueuse, gouleyante et sucrée, elle est quelque peu huileuse en surface.

Liqueur en finale : onctueuse et douce, avec une affirmation aromatique et structurelle calme et équilibrée, elle offre une belle persistance, complexe et subtile, à la trace intime.

Remarque : réputé pour ses bienfaits dans la médecine chinoise, le Pu Erh a un fort pouvoir évocateur : terre humide après l'orage, grange de l'enfance...

Présence : un champ semé, mais encore nu. Des parfums sobres et enivrants.

Moment privilégié : en randonnée, lorsqu'on prend les accents de la terre, ou du haut d'une tour au soleil couchant.

Conseil de pratique : 2 g pour 10 cl, de 4 à 7 mn (au départ des amis/à la lumière d'une bougie rouge) dans une eau souriante (95 °C). Si l'on fait plusieurs appels, la liqueur perd sa touche de « vieillesse ».

Accessibilité : déconcertant, déstabilisant, le Pu Erh évoque souvent des souvenirs d'enfance. Le choc de son premier contact dissuadera certains d'aller plus loin. D'autres, surpris, demanderont à recommencer... comme pour s'assurer que c'est bien vrai. S'ils persévèrent et se laissent apprivoiser, il y a fort à parier que le Pu Erh leur deviendra aussi indispensable que l'air, l'eau et la terre.

_ UN ZHUANG CHA _
(brique)

Origine : voir Pu Erh (plus haut). Le Pu Erh en brique, ou Zhuang Cha, était déjà bu à la frontière du Yunnan et du Tibet sous la dynastie Tang (618-907). Ce serait sous la dynastie Yuan (1271-1368) que les nouveaux conquérants du pouvoir impérial, des Mongols, en auraient apporté l'usage au reste de la Chine, et sous la dynastie mandchoue Qing (1644-1911) qu'il aurait été inscrit comme tribut impérial.

Aspect du thé : brique noire portant la marque de la manufacture.

Infusion : noire, avec des rappels rouges.

Aspect de la liqueur : jaune tirant vers l'orangé, claire, transparente, sans substance.

Liqueur en nez : peu développée.

Liqueur en bouche : mince.

Liqueur en finale : courte en bouche.

Remarque : grâce à sa forme dense et compressée, ce thé se garde relativement bien.

Présence : ces contrées au-delà des frontières...

Moment privilégié : lors du franchissement d'une limite.

Conseil de pratique : 2 g pour 10 cl, de 3 à 5 mn (en éveil nocturne/au départ des amis) dans une eau souriante (95 °C).

Accessibilité : ce sont souvent sa forme, peu usitée de nos jours, et l'envie de pratiquer un thé quelque peu différent qui sont à l'origine du premier contact avec le Zhuang Cha.

UN TUAN CHA
(balle)

Aspect du thé : feuilles noires entières, longues et torsadées.

Infusion : noire avec des profondeurs vertes, fumée, consumée.

Aspect de la liqueur : marron, trouble, dégradée et voilée.

Liqueur en nez : réglissée, avec une note consumée.

Liqueur en bouche : elle est chargée, mais va s'élargissant.

Liqueur en finale : une note de réglisse et de terre.

Remarque : le Tuan Cha est très délassant si l'on en place une boule... dans sa baignoire, réalisant enfin le rêve de se baigner dans une tasse de thé.

Présence : un accord possible.

Moment privilégié : lorsque les circonstances nous parviennent.

Conseil de pratique : 2 g pour 10 cl, de 3 à 5 mn (en éveil nocturne/au départ des amis) dans une eau souriante (95 °C).

Accessibilité : le principal attrait du Tuan Cha tient à sa forme en boule. C'est une approche qui tient plus de la curiosité intellectuelle que d'une recherche gustative.

UN TUO CHA
(nid d'oiseau)

Origine : voir Pu Erh (p. 164). Les Tuo Cha, dont les premières mentions remontent à la fin du XVIe siècle, peuvent également être réalisés avec du thé vert ; ils se nomment alors Yunnan Tuo Cha, *cha* pour « thé » et Tuo du nom de la rivière du Sichuan

A gauche, trois petits Tuo Cha et un Tuo Cha.
A droite, du Tuan Cha enveloppé dans une tresse de feuilles séchées.

auprès de laquelle se tenait un grand centre d'achat et de vente des thés compressés.

Aspect du thé : thé compressé en forme de nid d'oiseau.

Infusion : terreuse, avec un accent sec, non aéré, parfois marqué de notes de racines.

Aspect de la liqueur : rouge orangé, hantée d'une ombre diffuse.

Liqueur en nez : indistincte et peu épanouie, poussiéreuse et renfermée.

Liqueur en bouche : huileuse et pesante, monocorde.

Liqueur en finale : pauvre, sans complexité, elle va s'asséchant, laissant une persistance poussiéreuse.

Présence : une certaine indécision.

Moment privilégié : un moment apparemment comme un autre.

Conseil de pratique : 2 g pour 10 cl, de 3 à 5 mn (en éveil nocturne/au départ des amis) dans une eau souriante (95 °C).

Accessibilité : beaucoup approchent le Tuo Cha par désir de maigrir ou de se faire du bien. Ce thé est donc accessible à ceux qui savent se convaincre de ses bienfaits.

UN SICHUAN

Aspect du thé : fines feuilles brunes avec quelques bourgeons.

Aspect de la liqueur : orange à accointance verte.

Infusion : une note cacao, marron sombre, à résonance verte.

Liqueur en nez : peu de développement, éphémère.

Liqueur en bouche : coulante avec, dès le milieu, de légers moments de rugosité.

Liqueur en finale : avec sa pointe aromatique légère mais courte, sa structure ponctuelle non soutenue, elle s'éteint en finale.

Présence : la surface d'une fine planche de bois.

Moment privilégié : lorsqu'on revient en ce lieu.

Conseil de pratique : 2 g pour 10 cl, de 3 à 5 mn (en éveil nocturne/au départ des amis) dans une eau souriante (95 °C).

Accessibilité : le Sichuan est facilement accessible à ceux qui recherchent un thé tranquille.

■ **D'AUTRES THÉS NOIRS :** Fujian, Hainan, Guangdong, Guizhou, Hunan, Chingwoo (de la province Fujian), Jiuqu Hongmei ou Jiuqu Oolong, Panyong (de la province Hubei), Ningchow (de la province Hubei), Pingsuey (de la province Jiangxi)...

Quelques thés Oolong

UN TI KUAN YIN

Origine : Ti Kuan Yin, Ti Kwan Yin, T'ieh-Kuan-Yin, Tieguanyin, Tie Guan Yin, Guanyin : autant de noms désignant ce qui est certainement le Oolong chinois le plus connu. Il est toutefois plus fermenté que les Oolong méthode chinoise classique (environ 40 %).

D'après la légende, l'origine de ce thé revient à un certain Wei, planteur dans le comté des sables du Fujian. Il se rendait régulièrement dans un petit temple en ruine où se trouvait une statue en fer de la déesse de la Miséricorde, Kuan Yin. L'état de délabrement du temple le chagrinait d'autant plus que, modeste planteur, il ne pouvait en assurer la restauration. Aussi passait-il de nombreuses heures à le nettoyer de son mieux. Une nuit, Kuan Yin lui apparut et lui signala un endroit, derrière le temple, où un trésor était caché. En contrepartie, Wei devait en faire bénéficier le plus de monde possible. Celui-ci se rendit à l'emplacement indiqué et fut quelque peu surpris de n'y trouver qu'un petit théier. Il le recueillit toutefois et en prit le plus grand soin. Rapidement, l'arbre se multiplia et donna une liqueur au goût exceptionnel qui pouvait servir à de nombreuses infusions. Des marchands achetèrent à Wei sa production, qu'il nomma Ti Kuan Yin (« déesse en fer de la Miséricorde ») et qui lui valut un grand succès. Avec l'argent gagné, il sauva le petit temple. Et, n'oubliant pas sa promesse, il offrit de nombreuses semences à ses voisins.

Aspect du thé : larges feuilles entières d'un brun-vert sombre, torsadées et roulées en boules très peu serrées.

Infusion : feuilles ouvertes, épanouies, d'un vert sombre aux résonances cuivrées.

Aspect de la liqueur : d'un jaune lumineux, soutenu et légèrement orangé.

Liqueur en nez : sèche à l'attaque, concentrée, boisée (lichen).

Liqueur en bouche : délicate, sans beaucoup de corps, mais astringente et imprégnante.

Liqueur en finale : persistante, laissant se développer une amertume végétale.

Remarque : faible en théine.

Présence : d'un soutien bienveillant.

Moment privilégié : le thé d'un autre quotidien.

Conseil de pratique : 2 g pour 10 cl, de 5 à 7 mn (à la lumière d'une bougie rouge) dans une eau souriante (95 °C).

Accessibilité : le Ti Kuan Yin est idéal pour ceux qui désirent s'initier aux Oolong. Il se décline en de multiples qualités, dont même les moyennes présentent de l'intérêt.

UN FENGHUANG DANCONG

Origine : le Fenghuang Dancong, ou Fonghwang Tan-chung (un thé Oolong selon la méthode chinoise), est produit près de la montagne Fenghuang, au nord-est de la province de Guangdong. Les théiers dont il est issu sont des espèces de Fenghuang Shui Hsien (voir p. 171) sélectionnées pour l'élevage (*dan* signifiant « sélection » et *cong,* « arbre ou plant »). La légende raconte que, lors d'un voyage à travers la montagne Fenghuang (phénix), l'empereur Zhao Bing (1278-1279), de la dynastie Song, aurait demandé qu'on lui prépare un thé avec les feuilles des théiers sauvages locaux, des arbres poussant à près de 1 500 mètres d'altitude et dont les feuilles atteignent une dizaine de centimètres. Il apprécia tant cette liqueur qu'il ordonna que le village voisin en fasse la culture.

Aspect du thé : feuilles entières, longues, fines, torsadées, d'un brun-gris aux reflets dorés.

Infusion : fruitée, à dominante vert-gris, avec quelques incidences marron.

Aspect de la liqueur : d'un orange clair marié d'un peu de jaune, elle a peu de substance, comme une légère brume.

Liqueur en nez : poivrée, de fins mouvements entre amertume et acidité, entre agrume et fruit exotique, avec un caractère laiteux.

Liqueur en bouche : sucrée, douce, joyeuse.

Liqueur en finale : une amertume enrobée.

Remarque : faible en théine.

Présence : des dits et non-dits.

Moment privilégié : le soir, en discussion avec un ami.

Conseil de pratique : 2 g pour 10 cl, de 5 à 7 mn (à la lumière d'une bougie rouge) dans une eau souriante (95 °C). Ou en plusieurs appels : 2,5 g pour 10 cl, de 20 à 30 s (cheminant de parfum en parfum ascendant) dans une eau souriante (95 °C).

Accessibilité : sa complexité, sa richesse, ses parts d'ombre et de lumière font du Fenghuang Dancong un thé à plusieurs lectures… et de chaque lecture une approche.

UN SHUI HSIEN

Origine : c'est à la ville côtière de Quanzhou (située dans la province de Fujian, en face de Taïwan), d'où il était généralement exporté, que ce thé (un Oolong méthode chinoise, ici entre 11 et 15 %) doit son nom. Shui Hsien, qui signifie « esprit de l'eau », est en effet l'une des appellations de la fleur de narcisse, à laquelle la ville dut longtemps son renom. Selon la légende, c'est au tournant du XVIIIe siècle qu'un planteur du sud Fujian émigré dans la région de Dahu découvrit, sous le mur effondré d'un temple, un théier couché dont les pousses s'étaient enracinées dans le sol. Émerveillé qu'un théier puisse se reproduire de la sorte, il le transplanta dans son jardin. Depuis lors, ce type de théier aux épaisses feuilles vert sombre et cette méthode de propagation sont répandus dans les environs des montagnes Wuyi.

Aspect du thé : grandes feuilles entières brunes ou noir-gris, fines et torsadées.

Infusion : feuilles brunes et vertes.

Aspect de la liqueur : d'un jaune orangé un peu dense.

Liqueur en nez : épicée, avec un soutien ponctuel de girofle.

Liqueur en bouche : chaude, quelque peu rugueuse malgré son peu de corps.

Liqueur en finale : une évocation de noisette sur une base boisée (écorce) rigoureuse, une bonne longueur en bouche.

Remarque : faible en théine.

Présence : la journée durant…

Moment privilégié : en fin d'après-midi, dès que le retour de la fraîcheur s'annonce.

Conseil de pratique : 2 g pour 10 cl, de 5 à 7 mn (à la lumière d'une bougie rouge) dans une eau souriante (95 °C).

Accessibilité : la finesse des Oolong les rend peu éloquents au premier abord. Le Shui Hsien demande certainement, avant de s'ouvrir, que l'on prenne le temps de cheminer.

■ **D'AUTRES OOLONG :** Dahongpao, Fujian dark oolong, Sechung oolong, Wuyi Liuxiang (ou Wuyi Liu Hsiang)…

Quelques thés verts

UN PI LO CHUN

Origine : le Pi Lo Chun, également connu sous le nom de Biluochun ou Bi Luo Chun (« spirale de jade du printemps »), est produit sur deux montagnes du grand lac Taihu, dans la province de Jiangsu.

On dit que des cueilleurs, voulant cueillir plus de feuilles que ne pouvaient en contenir leurs paniers, en dissimulèrent dans leur tunique, espérant sans doute les revendre à leur compte. A la chaleur de leur corps et au contact de leur transpiration, les feuilles se mirent à dégager un parfum si puissant que l'on prit l'habitude d'appeler ce thé Xia Sha Ren Xiang, « thé à l'odeur étourdissante », « au parfum qui effraie » ou encore « à faire frémir d'effroi ». Un jour que l'empereur Kang Xi (1661-1722) était en visite près du lac Taihu, il but de ce thé et le trouva effectivement étourdissant. Il demanda toutefois qu'on en changeât le nom avant de l'inscrire sur la liste du tribut impérial. C'est ainsi que le Xia Sha Ren Xiang devint Pi Lo Chun, ou « spirale [en raison de ses feuilles torsadées] de jade [à cause de sa couleur verte] du printemps [car la meilleure qualité est celle récoltée au printemps] ».

En réalité, les théiers qui donnent le Pi Lo Chun alternent avec des rangées de pêchers, d'abricotiers et de pruniers, dont les fleurs imprègnent les jeunes feuilles de leurs parfums. Dans la meilleure qualité – celle du printemps –, on ne cueille que le bourgeon et une feuille, qui sont ensuite roulés à la main. Il en faut plusieurs dizaines de milliers pour parvenir à 1 kilo de thé.

Aspect du thé : feuilles entières, torsadées, vert-gris foncé, avec des bourgeons duveteux.

Infusion : vert foncé, chaude et « transpirante ».

Aspect de la liqueur : jaune doré.

Liqueur en nez : fleurie, tapissée de mousse, luxuriante, de l'œuvre et des valeurs de transpiration.

Liqueur en bouche : moelleuse, un peu sucrée, très ouverte.

Liqueur en finale : une discrète amertume et un souffle fruité.

Présence : vient, avec le printemps, un nouveau monde.

Moment privilégié : lors d'un déjeuner en forêt, au tout début du printemps.

Conseil de pratique : 2 g pour 10 cl, de 2 mn 30 à 3 mn 30 (de l'arbre au soleil couchant/en éveil nocturne ascendant) dans une eau embrassée ou attisée (60-70 °C). Ou en plusieurs appels : 2,5 g pour 10 cl, de 1 mn 30 à 2 mn (à la surprise d'un nuage d'ivresse descendant) dans une eau embrassée ou attisée (60-70 °C).

Accessibilité : à recommander dès que l'on a bénéficié d'une initation au thé vert. Ce thé vous emmènera plus loin.

UN LUNG CHING

Origine : le Lung Ching, ou Longjing, pousse dans les montagnes Tiyun, aux environs du lac Xihu, dans la province du Zhejiang. Son nom signifie « puits du dragon », et il existe presque autant de légendes sur l'origine de ce nom que de feuilles sur un théier : on raconte que des villageois auraient découvert un rocher en forme de dragon en creusant un puits, qu'un taoïste aurait prié un dragon caché dans une source pour qu'il fasse pleuvoir en période de sécheresse, qu'un dragon assoiffé aurait fait jaillir une source en creusant un puits où se désaltérer, etc. L'explication vient peut-être du fait que, dans la mythologie chinoise, le dragon est le roi des eaux.
Quoi qu'il en soit, un temple fut bien érigé au Xe siècle près d'un « puits du dragon » situé au pic du Lion. L'empereur Qian Long, de la dynastie Qing, but du thé de ce temple et lui conféra le titre impérial. Ce fameux thé du « pic du Lion », ou Shifeng Long Jing, est d'autant plus recherché que son unique récolte annuelle est extrêmement restreinte. Aussi les vrais Shifeng Long Jing sont-ils aussi rares que les faux sont nombreux, de même que la mention « Long Jing » appliquée à des thés du Zhejiang, mais sans localisation précise.

Aspect du thé : feuilles entières, longues et plates, d'un vert clair marqué de vert plus foncé, avec quelques bourgeons duveteux.

Infusion : fleurie, poivrée, vert clair et vert foncé, avec des feuilles épanouies.

Aspect de la liqueur : d'un jaune clair peu soutenu.

Liqueur en nez : végétale et pénétrante, elle présente parfois des notes sous-jacentes de fougères.

Liqueur en bouche : épanouie, doucement amère, avec une bonne texture, trouve vite ses marques en bouche.

Liqueur en finale : délicatement sucrée.

Présence : qui est là ?

Moment privilégié : ces légers moments, dans la vie quotidienne, de calme incertitude.

Conseil de pratique : 2 g pour 10 cl, de 2 à 3 mn (de l'arbre au soleil) dans une eau attisée (70 °C).

Accessibilité : le Lung Ching demande que l'on ait déjà pris une bonne mesure des thés verts.

UN GUNPOWDER

Origine : ce thé est produit près de Pingshui, dans la baie de Hangzhou, et dans les régions avoisinantes du Zhejiang. Ce serait un clerc anglais qui aurait donné le nom de *gunpowder* (poudre à canon) à ce type de thé aux feuilles roulées en boule. En Chine, son appellation est plus pacifiste : Zhucha (perle de thé) ou Gong Xi Cha (thé vert de l'offrande). Le Gunpowder fut parmi les premiers thés exportés vers le marché occidental, où il connut un grand succès sous des noms tels que Hyson ou Perle de Jade. En 1860, il représentait même les deux tiers des importations américaines de thé. A l'heure actuelle, les Chinois en consomment assez peu, mais il représente tout de même le plus gros tonnage de leur production de thé vert. Les Européens, en effet, le redécouvrent, cependant que les Maghrébins l'utilisent dans la préparation du thé à la menthe.

Aspect du thé : feuilles vert sombre roulées en boule, brillantes lorsqu'elles sont jeunes.

Infusion : feuilles épanouies, de vert sombre à vert foncé.

Aspect de la liqueur : jaune orangé foncé, de la profondeur.

Liqueur en nez : cendrée, végétale, franche, honnête et d'aplomb.

Liqueur en bouche : forte et pénétrante, elle emplit la bouche.

Liqueur en finale : amère, persistante et cendrée.

Remarque : idéal pour le thé vert à la menthe.

Présence : la chaleur et le sentier.

Moment privilégié : quand, après avoir tenu, nous affirmons notre engagement : nous y sommes…

Conseil de pratique : 2 g pour 10 cl, de 2 à 3 mn (de l'arbre au soleil couchant) dans une eau attisée, allante, enthousiaste ou souriante (70-95 °C).

Accessibilité : d'un accueil fabuleux, le Gunpowder est un soutien idéal pour le thé vert à la menthe. Bu seul, léger (en infusion très courte) ou corsé, c'est un thé qui, de par sa grande adaptabilité, ouvre les portes du monde des thés verts. Compagnon sobre et fidèle, il demande à qui le boit les mêmes qualités.

UN CHUN MEE

Origine : fréquent dans le Hunan, le Chun Mee tire son nom du mot *chun mei,* « sourcil de vieil homme », en référence à la forme de sa feuille manufacturée. Il existe depuis une cinquantaine d'années une nouvelle variété nommée Ming Mei (« célèbre prune »), car le Chun Mee a des notes rappelant la prune.

Aspect du thé : feuilles vert clair et gris roulées en forme de sourcil.

Infusion : mélisse, vert foncé.

Aspect de la liqueur : d'un jaune doré soutenu, avec de la substance. Contient quelquefois une vivacité orangée.

Liqueur en nez : fruitée, avec des notes douces et mesurées.

Liqueur en bouche : riche, moelleuse, présente.

Liqueur en finale : sa longueur structurelle incisive s'attarde parfois confusément. Les qualités moyennes et inférieures évoquent la cendre de cigarette.

Remarque : le Chun Mee est parfois utilisé pour le thé vert à la menthe.

Présence : les feuilles d'un arbre fruitier.

Moment privilégié : quand rien ne peut nous détourner d'aller au verger.

Conseil de pratique : 2 g pour 10 cl, de 2 mn 30 à 3 mn 30 (de l'arbre au soleil descendant/en éveil nocturne ascendant) dans une eau attisée (70 °C).

Accessibilité : le Chun Mee se décline en de nombreuses qualités. Les meilleur marché sont vraiment à déconseiller, car, en finale, on a l'impression de boire un « jus de cendrier ». Avec les qualités moyennes aux supérieures, en revanche, on s'achemine patiemment vers les parfums et les joies du verger.

UN HANGSHAN MAO FENG

Origine : ce thé vert pousse dans les montagnes du Huangshan, dans la province d'Anhui, à une altitude d'environ 800 mètres. Pour la qualité supérieure, on cueille le bourgeon et une feuille lors de la récolte de printemps.

Aspect du thé : feuilles vert doré longues et fines, quelque peu torsadées, avec des bourgeons.

Infusion : vert clair, douce, poivrée.

Aspect de la liqueur : jaune orangé pâle et clair.

Liqueur en nez : une délicate réminiscence fleurie qui évolue.

Liqueur en bouche : légèrement terreuse, avec une très discrète amertume.

Liqueur en finale : subtilement sucrée, inspirée.

Présence : l'accouchement de la terre. Une petite fleur vient au monde.

Moment privilégié : quand nous acceptons, serein et confiant, notre humble fragilité.

Conseil de pratique : 2 g pour 10 cl, de 2 mn 30 à 3 mn 30 (de l'arbre au soleil descendant/en éveil nocturne ascendant) dans une eau attisée (70 °C).

Accessibilité : un thé en subtilité et en lente émotion. A réserver aux initiés confirmés.

UN TAIPING HOUKUI

Origine : depuis la dynastie Ming, le Taiping Houkui est cultivé dans la région de Taiping (province d'Anhui), à l'ombre des versants nord des montagnes du Huangshan, au climat brumeux et très pluvieux. Il s'agit d'un thé vert dont les feuilles ont la particularité, sans être parfumées, de s'imprégner de l'odeur nocturne des orchidées sauvages locales. Il a été primé en 1915 à l'Exposition internationale du Pacifique, à San Francisco.

Aspect du thé : fines feuilles vert clair tirant vers le jaune. Le bourgeon et les deux premières feuilles sont parfois encore attachés, formant un ensemble assez long.

Infusion : feuilles vert clair épanouies au parfum végétal et poussiéreux.

Aspect de la liqueur : jaune pâle.

Liqueur en nez : une rosée d'orchidée au caractère laiteux.

Liqueur en bouche : soyeuse, fraîche et fondante.

Liqueur en finale : avec une faible longueur structurelle, elle laisse un fin souvenir de fleur. Un thé séducteur.

Présence : un vêtement de soie qui caresse un corps de femme.

Moment privilégié : les minutes d'une sensualité lumineuse.

Conseil de pratique : 2 g pour 10 cl, de 3 à 4 mn (éveil nocturne ascendant) dans une eau attisée (70 °C).

Accessibilité : très sensuel, accueillant, le Taiping Houkui peut être conseillé à ceux qui, dans les premiers temps, redoutent la dite amertume des thés verts. Il doit toutefois être réservé aux initiés.

UN XINYANG MAOJIAN

Origine : connu depuis la dynastie Tang, le Xinyang Maojian pousse dans le climat brumeux de la préfecture montagneuse de Xinyang, dans la province du Henan.

Aspect du thé : fines feuilles, vert foncé, légèrement torsadées, avec des bourgeons duveteux.

Infusion : vert-gris clair, légèrement poivrée.

Aspect de la liqueur : orange-jaune, avec un caractère laiteux.

Liqueur en nez : herbacée, marquée de notes végétales humides, parfois de fougères.

Liqueur en bouche : une amertume en vagues multiples.

Liqueur en finale : une longue amertume enveloppante.

Remarque : un thé très structurel.

Présence : brumes sur un paysage végétal.

Moment privilégié : du fond d'une fraîcheur matinale.

Conseil de pratique : 2 g pour 10 cl, de 2 mn 30 à 3 mn 30 (de l'arbre au soleil descendant/en éveil nocturne ascendant) dans une eau attisée (70 °C).

Accessibilité : du mouvement, de la présence, et un mystère quasi palpable. Pour les initiés ou ceux qui veulent « toucher » un thé vert dès le premier contact.

UN BOUQUET ÉTOILÉ

Aspect du thé : feuilles vertes et bourgeons duveteux noués en étoile.

Infusion : l'étoile s'est épanouie.

Aspect de la liqueur : jaune pâle peu soutenu.

Liqueur en nez : un peu fleurie.

Liqueur en bouche : fine, quelque peu introvertie.

Liqueur en finale : manquant de présence.

Remarque : les feuilles, nouées entre elles, n'ont pas la place de développer leur flaveur.

Présence : l'image d'une fleur aquatique.

Moment privilégié : le moment d'une légère contemplation.

Conseil de pratique : une étoile par tasse, de 3 à 4 mn (éveil nocturne) dans une eau attisée, allante, enthousiaste ou souriante (75-95 °C).

Accessibilité : l'intérêt du Bouquet Étoilé tient à sa présentation... Mais le thé est là pour qu'on le boive, pas pour qu'on le regarde...

UN DAFANG

Origine : selon la légende, c'est il y a quatre siècles environ que l'ermite Dafang, retiré dans la montagne Sonluo, apprit aux habitants du village de Laozhu l'art et la manière de travailler différemment le thé. Le Dafang pousse toujours aux alentours de ce village, à environ 1 300 mètres d'altitude, dans le climat humide des montagnes du Huangshan, à la frontière des provinces Anhui et Zhejiang. Sa meilleure qualité, la récolte du printemps, qui faisait partie du tribut impérial sous la dynastie Qing, est traditionnellement nommée Ding Gu Dafang.

Aspect du thé : feuilles vert foncé enluminées de jaune, plates, longues et étroites.

Infusion : vert clair et vert foncé, avec des feuilles épanouies et un parfum végétal flétri.

Aspect de la liqueur : jaune clair légèrement orangé.

Liqueur en nez : végétale, chaude, rayonnante et éloquente, des contours fleuris.

Liqueur en bouche : onctueuse et mousseuse.

Liqueur en finale : une calme amertume végétale.

Présence : un sursaut de fraîcheur.

Moment privilégié : en fin de matinée, avant que le soleil n'ait atteint le zénith.

Conseil de pratique : 2 g pour 10 cl, de 2 à 3 mn (de l'arbre au soleil) dans une eau attisée (70 °C). Ou en plusieurs appels : 2,5 g pour 10 cl, 2 mn (à la surprise d'un nuage d'ivresse descendant) dans une eau attisée (70 °C).

Accessibilité : ce thé, d'une belle tenue, peut être recommandé après les premiers émois d'une initiation au thé vert.

■ **ET D'AUTRES THÉS VERTS :** Baihao (Lingyun dans la région autonome de Guangxi Zhuang), Bai-Yun, Ching Cheng (dans la région du Sichuan), Emei Ruizi (province dans le Sichuan), Guangdong (de la province du même nom), Gulao (de Guluao, dans le Guangdong), Guo Gu Nao (province Jiangxi), Huading Yunwu, Tiantai Yunwu (dans le Zhejiang), Hubei green (province Hubei), Huiming (dans le Zhejiang), Hunan green (province Hunan), Huo Shan Maojian (province d'Anhui), Jin-Chu, Jingting Luxue (province d'Anhui), Jiukeng (province Zhejiang), Lanxi Maofeng (province Zhejiang), Liuxi, Luan Guapian (province Anhui), Lushan Yunwu (province Jiangxi), Mengding (province Sichuan), Pei Hou (province Zhejiang), Puto Fo Cha (province Zhejiang), Shi-Feng (province Zhejiang), Son Yang Ying Hao (province Zhejiang), Tianmu Qingding (province Zhejiang), Weishan Maojian (province Hunan), Xiazhou Bifeng (province Hubei), Yongxi Huoqing (province Anhui), Yulu (province Hubei), Zisun (province Zhejiang), et encore : Bai-Yun, Hsieh-Tou, Jin-Chu et mille autres rares ou communs, authentiques ou légendaires...

Quelques thés blancs et jaunes

UN YIN ZHEN

Origine : le Yin Zhen (« aiguilles d'argent ») n'est constitué que de bourgeons. Comme tous les thés blancs, il n'est pas vraiment fermenté, mais subit un procédé destiné à faire se dresser les poils blancs du duvet du bourgeon. Les bourgeons sont torréfiés à 32 °C, puis enveloppés de papier pour être stockés dans des caisses en bois pendant 2 jours. Après quoi ils subissent une deuxième torréfaction, à basse température celle-là, et sont de nouveau enveloppés et stockés pendant 1 journée. Enfin, ils sont soumis à une torréfaction finale.
Ce thé est principalement produit dans le nord Fujian et dans le Hunan (Jun Shan) à partir de théiers Shui Hsien et Dai Bai (« grand blanc »), mais d'autres pays que la Chine, comme le Sri Lanka, en produisent de petites quantités. Il en existe des variantes, comme le Yinfeng (« point d'argent ») ou le Jun Shan Yin Zhen (voir p. 181).

Aspect du thé : bourgeons couverts de duvet blanc.

Infusion : bourgeons mouillés avec une petite note fruitée acidulée.

Aspect de la liqueur : orange très pâle.

Liqueur en nez : fraîche, fleurie.

Liqueur en bouche : sucrée, avec une base acide et une légère viscosité.

Liqueur en finale : sucrée, avec une persistance aromatique notable. Sans fatigue ni effort.

Remarque : quelque chose du tilleul, mais en plus sec.

Présence : le vent léger d'un jeune été.

Moment privilégié : quand la présence de fleurs, proches mais non visibles, nous est claire.

Conseil de pratique : 2,5 g pour 10 cl, de 5 à 15 mn (à la lumière d'une bougie rouge/au charme des fleurs ultimes) dans une eau embrassée ou attisée (60-70 °C).

Accessibilité : le Yin Zhen est si déconcertant qu'il se révélera salutaire pour ceux qui se font du thé une idée trop précise. Avec les autres, déjà initiés, il saura trouver sa place.

UN JUN SHAN YIN ZHEN

Origine : le thé jaune Jun Shan Yin Zhen est un Yin Zhen (voir p. 180) récolté sur le mont Jun Shan (mont de l'Empereur), qui se dresse dans le lac Dongting (Hunan).

La légende raconte qu'il y a quatre mille ans les deux veuves de l'empereur Shun, traversant le lac en barque pour ramener le corps de leur défunt époux, auraient été entraînées par une lame et seraient tombées à l'eau. Afin de les ramener à la surface et de les sauver de la noyade, des coquillages se seraient regroupés, formant une colline, le mont de l'Empereur, haute de près de 80 mètres.

Aspect du thé : bourgeons couverts de duvet doré.

Infusion : bourgeons mouillés et jaunes, avec un parfum fruité.

Aspect de la liqueur : jaune cristallin.

Liqueur en nez : fruitée, avec un fond de poire cuite.

Liqueur en bouche : fondante et texturée.

Liqueur en finale : sucrée et régulière.

Présence : les parfums discrets mais insistants d'arbres fruitiers.

Moment privilégié : quand on appelle les parfums.

Conseil de pratique : 2,5 g pour 10 cl, de 5 à 15 mn (à la lumière d'une bougie rouge/au charme des fleurs ultimes) dans une eau attisée (70 °C).

Accessibilité : ce thé pour initiés est très appréciable en relation avec le Yin Zhen, puis, après plusieurs échanges, pour lui-même.

UN PAI MU TAN

Origine : le Pai Mu Tan, ou Bai Mu Dan (« pivoine blanche »), est un thé blanc composé du bourgeon et des deux premières feuilles, cueillis lors de la récolte de printemps. Celui que l'on cueille en été, de qualité moins fine, est appelé Gong Mei.

Aspect du thé : bourgeons duveteux et feuilles séchées. De l'argent, du jaune et des éclats vifs et tendres.

Infusion : un harmonieux mélange de plusieurs verts et de marron clair et foncé, une note herbacée de fougère humide, avec un scintillement sucré.

Aspect de la liqueur : jaune clair légèrement orangé.

Liqueur en nez : fleurie et herbacée, parfois vive.

Liqueur en bouche : fraîche et veloutée, quelque peu acidulée.

Liqueur en finale : une légère et plaisante amertume de fleurs fanées et séchées.

Présence : croquer une fleur.

Moment privilégié : lorsqu'on promet.

Conseil de pratique : 2,5 g pour 10 cl, de 4 à 7 mn (au départ des amis/à la lumière d'une bougie rouge) dans une eau allante (75-85 °C).

Accessibilité : pour beaucoup, le Pai Mu Tan sera certainement idéal pour une initiation aux thés blancs.

FORMOSE (TAIWAN)

Superficie : 21 221 ha (1996)
Production : 17 418 t (1996)
Exportation : 3 475 t (1996)

Le nom de Formose (ou Formoza), qui signifie « la belle », fut donné au XVIe siècle par les Portugais à ce qui allait devenir Taïwan, et c'est sous cette appellation que le monde du thé continue de désigner l'île. Les premières graines destinées à la culture furent apportées du Fujian en 1810, et c'est en 1865 que commencèrent les exportations de thés manufacturés, malheureusement durement touchées par l'effondrement du cours mondial du thé. Les Oolong restant à quai, les producteurs mirent au point les Pouchong (des Oolong très légèrement fermentés).

Lorsque, grâce au dynamisme d'un commerçant originaire du Fujian, les thés taïwanais s'exportèrent à nouveau, ils prirent une telle importance dans l'économie locale que le premier gouverneur de l'île, à la fin du XIXe siècle, y encouragea la multiplication des jardins. En 1893, il s'exportait 120 fois plus de thé qu'en 1865 !

Sur cette île longue de 350 kilomètres du nord au sud, dont les principales régions productrices sont Taipei, Taoyuan, Hsinchu, Miaoli, Nantou, Chiayi, Yunlin, Yilan, Hwalien et Taitung, le thé pousse à une altitude comprise entre 80 et 300 mètres. Il y reçoit 2 400 millimètres de pluie par an, avec un minimum de 50 millimètres dans chacun des mois secs. On compte cinq récoltes d'avril à décembre, les meilleures feuilles étant celles récoltées de mi-mai à fin août.

UN POUCHONG

Origine : bien qu'originaire du Fujian, ce thé, si peu fermenté (environ 10 %) qu'il peut être considéré comme à mi-chemin entre un thé vert et un Oolong, est devenu une spécialité de Formose. Comme son nom l'indique – Pouchong, Bao Zhong ou Pao Zhong signifie « style enveloppé » –, il est enveloppé dans du papier de coton pendant le séchage et avant la torréfaction. Un Européen en visite en Chine dans la première moitié du XIXe siècle écrivait que les Chinois enveloppaient les feuilles roulées dans des carrés de papier qu'ils mettaient ainsi à sécher, avant de les soumettre à l'action d'un feu très doux. Le Wen Shan Pouchong (ou Wen Shan Bao Zhong), l'un des Pouchong les plus réputés de Formose, pousse dans le nord de l'île, près de Taipei, à une altitude proche de 400 mètres.

Aspect du thé : feuilles longues et torsadées, essentiellement vert sombre, avec quelques points vert clair et un reflet d'argent.

Infusion : feuilles longues entières, ouvertes, d'un vert foncé soutenu.

Aspect de la liqueur : jaune pâle tirant vers le vert, avec une lumière mousseuse.

Liqueur en nez : une verdeur onctueuse de fleur blanche.

Liqueur en bouche : sucrée, soyeuse, fraîche, corps sans poids, immatériel, en quasi-apesanteur.

Liqueur en finale : une belle envolée exigeante, et une longueur aromatique délicate et persistante. Sans orgueil.

Présence : l'amour de l'or spirituel.

Moment privilégié : retrouvailles estivales entre deux amis.

Conseil de pratique : 2 g pour 10 cl, de 3 à 4 mn (en éveil nocturne) dans une eau souriante (95 °C). Ou en plusieurs appels : 2,5 g pour 10 cl, de 15 s à 1 mn (cheminant de parfum en parfum) dans une eau souriante (95 °C).

Accessibilité : le Pouchong fait mentir la maxime selon laquelle les thés d'une grande finesse sont difficiles d'approche. Sans complaisance ni effets, il ouvre l'accès aux thés verts et, dans une moindre mesure, aux Oolong.

UN TUNG TING

Origine : le Tung Ting (un Oolong méthode chinoise) est plus fermenté qu'un Pouchong (voir ci-dessus) et qu'un Oolong méthode chinoise : entre 30 et 40 %. Il pousse dans la montagne brumeuse qui lui a donné son nom, à une altitude moyenne de 800 mètres et à une température qui dépasse difficilement les 20 °C. On le trouve également sous le nom de Dong Ding Oolong, ce qui signifie « brumes glacées des hauteurs ». Selon certains, il provient d'un théier indigène, mais d'autres pensent, et c'est plus vraisemblable, qu'il vient d'un théier Fujian.

Aspect du thé : feuilles vert sombre et vert clair roulées en boules peu serrées.

Infusion : vert-jaune foncé.

Aspect de la liqueur : jaune-doré pâle, avec une lumière nette.

Liqueur en nez : une fleur jaune à la débordante senteur solaire (comme le jasmin).

Liqueur en bouche : huileuse comme une essence de fleur. Caressante comme une brise d'été.

Liqueur en finale : asséchante et d'un bon soutien aromatique.

Présence : une fleur d'été. Un thé qui imprègne l'atmosphère.

Moment privilégié : à la joie de juillet… jusqu'à la mi-août. Et avant ou après, lorsqu'elle reste intacte dans le cœur.

Conseil de pratique : 2 g pour 10 cl, de 3 à 4 mn (en éveil nocturne) dans une eau souriante (95 °C). Ou en plusieurs appels : 2,5 g pour 10 cl, de 15 s à 1 mn (cheminant de parfum en parfum) dans une eau souriante (95 °C).

Accessibilité : le Tung Ting est un Oolong souriant, favorable aussi bien aux amateurs de thés semi-fermentés qu'à ceux qui leur reprochent des valeurs boisées parfois trop sérieuses.

UN FANCY OU ORIENTAL BEAUTY

Origine : le Fancy est un Oolong préparé selon la méthode de Formose, c'est-à-dire fermenté à 60-70 %. On le trouve sous divers noms : Oolong Impérial, Oolong Fancy, Oriental Beauty, Grand Oolong, Bai Hao Oolong, etc. Les jardins qui le produisent sont, pour la plupart, situés dans les régions de Xinzhu et Taoyuan.

Aspect du thé : longues feuilles et bourgeons à duvet blanc, un thé de couleur non homogène : brun, marron, rouge, doré.

Infusion : marron cuivré avec des incidences vert sombre, et une note fleurie et acide.

Aspect de la liqueur : un orange clair habité d'un léger rouge un peu diffus.

Liqueur en nez : une note fleurie et sucrée d'orchidée, avec une tendance citron. Des notes s'apprivoisant.

Liqueur en bouche : joliment fine, fraîche et vive, ponctuellement acide.

Liqueur en finale : un souffle d'expiration aromatique à la couleur souvent boisée, une longueur structurelle de forme carrée.

Présence : le trouble d'un présent en devenir.

Moment privilégié : au cœur des métamorphoses de l'automne. Lorsqu'on tient compte de tout cela...

Conseil de pratique : 2 g pour 10 cl, de 4 mn 30 à 5 mn 30 (au départ des amis/à la lumière d'une bougie rouge) dans une eau allante, enthousiaste ou souriante (80-95 °C).

Accessibilité : du fait de sa préparation différente de celle des autres Oolong, le Fancy est très typé. Il s'agit toutefois d'un Oolong à l'approche plaisante et amicale, qui peut être recommandé à ceux qui souhaitent approcher les Oolong ou, à l'inverse, qui veulent parfaire leur sensibilité aux thés semi-fermentés.

UN TARRY SOUCHONG

Origine : ce thé noir fumé est préparé selon les règles chinoises, mais il est plus fumé que les Lapsang Souchong.

Aspect du thé : longues feuilles noires entières et torsadées.

Infusion : brune, avec quelques incidences rouges et une note fumée et d'eucalyptus.

Aspect de la liqueur : jaune orangé clair, sans épaisseur.

Liqueur en nez : très parfumée, boisée, avec une note fumée de feu de bois, parfois une note médécinale, doit être affirmée mais non brouillonne.

Liqueur en bouche : elle a peu de corps, mais rayonne au fond de la bouche.

Liqueur en finale : une persistance aromatique longue et cordiale, oxygénée.

Remarque : faible en théine, plus fumé que le Lapsang Souchong.

Présence : le présent d'un feu de bois.

Moment privilégié : quand l'hiver nous prend en son cœur.

Conseil de pratique : 2 g pour 10 cl, de 5 à 7 mn (à la lumière d'une bougie rouge) dans une eau souriante (95 °C).

Accessibilité : plus fumé et parfois moins subtil que le Lapsang Souchong, le Tarry Souchong est à recommander soit en approche du Lapsang, pour ceux qui n'ont pas de préjugé sur le caractère fumé, soit en peaufinement du Lapsang.
Formose produit également « ses » Gunpowder, Lung Ching, Pi Lo Chun...

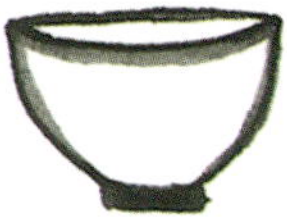

INDE

Superficie : 434 376 ha (1996)
Production : 780 034 t (1996)
Exportation : 20 3028 t (1996)

C'est en 1823 que le major écossais Robert Bruce découvrit, dans la jungle de l'Assam, une tribu qui préparait une boisson à partir de feuilles provenant d'arbres immenses. L'idée lui venant qu'il pouvait s'agir de théiers, il fit un rapport et décida de revenir un an plus tard pour en rapporter des plants et des graines. Mais il mourut avant de réaliser son projet et c'est son frère Charles Alexandre, commandant la canonnière *Diana,* qui prit la relève. Mais, à Calcutta, où l'on s'était enfin résolu à créer des plantations de thé en Inde, on restait dubitatif. Un théier, pensait-on, était chinois ou n'était pas, à moins qu'il ne s'agisse de théiers sauvages, évidemment incapables de produire un thé correct. C'est pourquoi les Anglais préférèrent envoyer des espions en Chine, avec mission d'en rapporter des graines, du savoir et de la main-d'œuvre. Mais Bruce n'avait pas dit son dernier mot. Il finit par créer une exploitation pilote avec de la main-d'œuvre chinoise et c'est ainsi qu'en 1836, après de longs et difficiles efforts, le premier thé d'Assam fut expédié à Calcutta. Trois ans plus tard, le 10 janvier, les huit caisses débarquées à Londres par le *Calcutta* allaient, pour la première fois sous le ciel britannique, être soumises aux enchères de Mincing Lane. Ce fut un succès commercial... pour des raisons de curiosité plus que de goût. L'Assam Company, fondée dans la foulée, procéda à la création systématique de plantations à Assam, bientôt suivies d'autres dans les régions de Darjeeling, Cachar, Sylhet, Dooars, Terai, Nilgiri, etc.

L'Inde est aujourd'hui l'un des géants du thé, tant par la quantité et la qualité de sa production que par sa passion théière et son dynamisme en matière de recherche. Elle illustre l'un des paramètres essentiels de l'économie du thé : le rapport entre la consommation nationale et le pourcentage destiné à l'exportation. Lorsque des plantations de thé sont introduites dans un pays qui n'en possédait pas auparavant, la consommation interne n'absorbe d'abord qu'une toute petite partie de la production, le reste partant pour l'exportation. Puis, année après année, le thé s'enracine dans les mœurs et la consommation interne augmente... réduisant d'autant la part d'exportation. Tel est le cas de l'Inde, qui peut désormais difficilement accroître ses plantations, voire pas du tout dans des terroirs comme Darjeeling. La quantité sur le marché international se réduit, les prix montent, et la demande nationale croissante impose la production de thés peu chers, au détriment de celle des thés de haute qualité destinés à l'exportation. C'est ce qui explique, entre autres, le pourcentage sans cesse plus faible des thés orthodoxes dans la production indienne. Sans compter que le CTC, qui entre dans la composition des thés rapides à infuser, de plus en plus demandés, s'avère également très rentable pour l'industrie du thé en sachet. La consommation intérieure indienne augmente désormais de quelque 3 à 4 % par an, ce qui semble peu, sauf si l'on multiplie ce chiffre par près de 1 milliard d'habitants. De 30 % au début des années 50, elle est passée à 75 % en 1992 et à près de 80 % en 1996 !

Les principales régions productrices sont Darjeeling, Assam, Dooars, Terai, Kangra, Cachar, Travancore, Nilgiri et Sikkim.

Une liqueur chaude (à gauche) et froide (à droite) du même Assam. Le précipité visible à droite, appelé cream, est obtenu après refroidissement et dénote une certaine qualité.

Assam

Si l'histoire du thé assamais commença avec Charles Alexander Bruce, qui construisit les premières *factories* indiennes, celle-ci n'est pas sans équivoque. Tout d'abord, à trop affirmer que c'est son frère, Robert, qui aurait « découvert » le thé assamais, on oublie que des tribus locales l'avaient fait des siècles, voire des millénaires avant lui. De plus, la « découverte » de Robert Bruce serait en fait celle d'un Assamais. Quant à l'obtention de graines auprès de la tribu Singpho, des rumeurs font mention d'un peu d'opium et de quelques contraintes... Après quoi il y eut le défrichage de cette jungle hostile, coupée de tout, qui coûta très cher en vies humaines.

De cette histoire passionnée et dramatique, il nous reste la tombe de Charles Alexandre Bruce (1793-1871), à Tezpur, et un thé unique au monde, généreux et charpenté, puissant et velouté, épicé et malté : l'Assam, qui représente 47 % de la production indienne de thé. L'Assam est toujours cette immense jungle, propice à des conflits armés qui la rendent si peu sûre que son accès est interdit à quiconque n'est pas muni d'un visa spécial.

Près de 900 jardins se succèdent dans cette vallée grandiose et sauvage de 600 kilomètres, entre l'Himalaya au nord et les monts Naga et Patkoi au sud, parcourue par le Brahmapoutre, l'un des fleuves les plus impétueux du monde. La mousson du Sud-Ouest y cause d'importantes précipitations pendant les chauds mois d'été. En revanche, les théiers souffrent d'un déficit en eau en hiver et au début du printemps.

Le calendrier des récoltes en Assam
Trois grandes récoltes ont lieu de mars à novembre.
La première récolte *(first flush)* a lieu de mi-mars à mi avril. Elle est suivie d'une *Banjhi period*, de mi-avril à mi-mai.
La deuxième récolte *(second flush)* est effectuée de mi-mai à fin juin-juillet. Elle est suivie d'une *rain tea* (récolte de mousson) en août.
La troisième récolte *(third flush)* a lieu de septembre à novembre.

UN ASSAM FIRST FLUSH
(première récolte)

Aspect du thé : longues feuilles noires, entières et torsadées.

Infusion : cuivrée tendant vers le vert.

Aspect de la liqueur : d'un orange-rouge lumineux.

Liqueur en nez : fleurie, végétale, jeune.

Liqueur en bouche : pleine mais non ferme, c'est une construction en développement.

Liqueur en finale : une chaude persistance aromatique et une délicate amertume.

Présence : l'effleurement d'une calme puissance.

Moment privilégié : dans la première moitié d'une nuit de jeune été.

Conseil de pratique : 2 g pour 10 cl, de 4 à 5 mn (au départ des amis) dans une eau souriante (95 °C).

Accessibilité : le First Flush d'Assam est à recommander à ceux qui ont une bonne pratique des Second Flush feuilles entières. Ceux qui croiront trouver un thé fleuri avec du corps risquent de le trouver peu expressif. Son approche n'est pas évidente, mais, dès que les présentations sont faites, on regrette de ne pas le trouver plus aisément sur le marché. Dans les premiers contacts, pensez qu'il s'agit de surprendre l'émoi nocturne d'une fleur attendant la rosée.

UN FIRST FLUSH D'UN JARDIN D'ASSAM
Bamonpookri (CTC et Orthodoxe).

UN ASSAM SECOND FLUSH
feuilles entières

Aspect du thé : feuilles noires entières avec des *golden tips* (« bourgeons »).

Infusion : cuivrée.

Aspect de la liqueur : d'un rouge orangé profond.

Liqueur en nez : épicée et maltée. A éviter lorsqu'elle présente des notes de laine mouillée.

Liqueur en bouche : charnue, charpentée et veloutée, non fatigante.

Liqueur en finale : amertume poivrée. Une liqueur masculine.

Remarque : en refroidissant, la liqueur doit se troubler d'un léger voile brillant.

Présence : le sourire, la plénitude.

Moment privilégié : juste avant que ne nous parviennent les sons clairs d'un soir d'été.

Conseil de pratique : 2 g pour 10 cl, de 3 à 5 mn (en éveil nocturne/au départ des amis) dans une eau souriante (95 °C).

Accessibilité : le Second Flush feuilles entières est d'une bonne accessibilité. Il faudra néanmoins rechercher, derrière les premières satisfactions qu'offre ce thé charnu, son moelleux, ses riches notes épicées et son malt dans des qualités supérieures.

■ QUELQUES SECOND FLUSH FEUILLES ENTIÈRES DES JARDINS D'ASSAM

Numalighur (CTC et Orthodoxe) – Bhooteachang (CTC et Orthodoxe) – Dimakusi (CTC et Orthodoxe) – Seajuli (Orthodoxe).

UN ASSAM SECOND FLUSH
feuilles brisées

Aspect du thé : feuilles noires brisées avec des *golden tips* (« bourgeons »).

Infusion : de préférence cuivrée.

Aspect de la liqueur : d'un rouge dense.

Liqueur en nez : épicée et muscadée. A éviter lorsqu'elle présente des notes de laine mouillée.

Liqueur en bouche : charnue, charpentée, elle peut être un peu lourde et manquer de vigueur. D'un apport massif.

Liqueur en finale : une longueur plus structurelle qu'aromatique. Farouche.

Remarque : la liqueur doit se troubler d'un léger voile brillant en refroidissant.

Présence : une tendre puissance sur laquelle on peut compter.

Moment privilégié : une après-midi substantielle.

Conseil de pratique : 2 g pour 10 cl, de 3 à 4 mn (en éveil nocturne) dans une eau souriante (95 °C).

Accessibilité : le Second Flush feuilles brisées est d'une bonne accessibilité pour ceux qui cherchent un thé de petit déjeuner. Toutefois, ils auraient tort de s'en tenir là.

■ QUELQUES SECOND FLUSH FEUILLES BRISÉES DES JARDINS D'ASSAM

Thowra (CTC et Orthodoxe) – Tarajulie (Orthodoxe) – Dirai (CTC et Orthodoxe).

UN ASSAM SECOND FLUSH
feuilles broyées

Aspect du thé : feuilles noires souvent parsemées de *golden tips* (« bourgeons »).

Infusion : de préférence cuivrée.

Aspect de la liqueur : d'un rouge intense et substantiel.

Liqueur en nez : épicée, mais parfois peu développée.

Liqueur en bouche : robuste et de bonne mâche, elle impose sa charpente puissante et rectangulaire.

Liqueur en finale : une amertume terrienne qui ne doit pas être excessive. Un peu fruste.

Remarque : la liqueur doit se troubler d'un léger voile brillant en refroidissant.

Présence : une présence dense à boire.

Moment privilégié : un moment de réconfort vigoureux.

Conseil de pratique : 2 g pour 10 cl, de 2 mn 30 à 3 mn (de l'arbre au soleil descendant) dans une eau souriante (95 °C).

Accessibilité : peu disponible en vrac, l'Assam Second Flush feuilles broyées se trouve essentiellement en sachets. On peut le regretter. Dès les premières tasses, et à condition de rechercher des thés corsés, il offre une bonne accessibilité. Plus tard, il méritera d'être régulièrement redécouvert.

■ QUELQUES SECOND FLUSH FEUILLES BROYÉES DES JARDINS D'ASSAM

Langharjan (CTC et Orthodoxe) – Betjan (Orthodoxe) – Hajua (CTC et Orthodoxe) – Rungagora « J » (CTC et Orthodoxe).

UN ASSAM CTC

Aspect du thé : feuilles propres et rouges en forme de boules de taille variable.

Infusion : cuivrée, brillante.

Aspect de la liqueur : d'un rouge très dense, brillante, avec beaucoup de substance.

Liqueur en nez : épicée et poivrée.

Liqueur en bouche : très charpentée, charnue, riche et corsée, quelque peu agressive, mordante mais qui doit être sans âcreté.

Liqueur en finale : sa bonne amertume laisse la bouche toute remuée. Une liqueur musclée.

Remarque : en refroidissant, la liqueur de ce thé très tactile doit se troubler d'un léger voile brillant.

Présence : toucher la matière.

Moment privilégié : chaque instant d'une mesure substantielle.

Conseil de pratique : 2 g pour 10 cl, de 2 mn 30 à 3 mn 30 (de l'arbre au soleil descendant/en éveil nocturne ascendant) dans une eau souriante (95 °C).

Accessibilité : mordant, plein et substantiel, un bon CTC est quelque chose de formidable, mais il faut traverser l'immense jungle des CTC moyens et médiocres avant de trouver cette tasse pleine d'allant, de générosité, d'esprit et de condensé. Ne vous découragez pas !

QUELQUES CTC DES JARDINS D'ASSAM

Borsapori (CTC et Orthodoxe) – Hattiali (CTC et Orthodoxe) – Duklingia (CTC).

UN ASSAM VERT

Aspect du thé : feuilles entières.

Infusion : verte, avec un parfum de feuillage.

Aspect de la liqueur : orange doré.

Liqueur en nez : herbacée et sucrée.

Liqueur en bouche : présente et vive.

Liqueur en finale : insistante et restant nerveuse.

Remarque : l'Assam produit très peu de thés verts, mais ils méritent d'être découverts.

Présence : l'intimité sauvage des végétaux.

Moment privilégié : un moment d'accointance avec le rugissement végétal.

Conseil de pratique : 2 g pour 10 cl, de 2 mn 30 à 3 mn (de l'arbre au soleil descendant) dans une eau enthousiaste ou souriante (90-95 °C).

Accessibilité : un thé vert qui n'est pas un chef-d'œuvre de finesse, mais dont la présence a quelque chose de simple et de fort. C'est son caractère brut qui le rend accessible ou non.

■ UN THÉ VERT D'UN JARDIN D'ASSAM

Jaboka (CTC et Orthodoxe).

Cachar

Le Cachar, proche du Bangladesh, produit dans ses 126 jardins du CTC de qualité très moyenne, représentant un peu plus de 6 % de la production indienne.

Darjeeling

Darjeeling, dont le nom signifie, en tibétain, « le pays des orages », est la capitale du Bengale, qui se situe au pied de l'Himalaya. Selon les registres, les premières plantations commerciales, qui étaient au nombre de 3, y datent de 1856. (North Tukvar [Singla] planté par le capitaine Masson, Aloobari Tea Estate planté par Kurseong & Darjeeling Land Mortgage Bank et Hopetown Tea Estate planté par M. Smith.) Elles étaient 113 moins de vingt ans plus tard et ne sont plus aujourd'hui que 80, mais leurs 20 000 hectares fournissent environ 2 % de la production indienne.

Les plantations de Darjeeling s'échelonnent de 150 mètres à plus de 2 000 mètres d'altitude. Au niveau moyen – 1 200 mètres –, les températures n'excèdent pas 25 °C en été et ne descendent pas sous 8 °C en décembre et janvier. Il arrive que les théiers plantés au-dessus de 1 500 mètres aient à subir le gel et la neige ; durant la période de mousson, de juin à octobre, les brumes sont quasi permanentes. Les précipitations dépendent elles aussi de l'altitude et de l'exposition. Ainsi, si Nagri Farm reçoit 2 400 millimètres de pluie par an, en d'autres endroits du terroir de Darjeeling on note 1 600 ou 4 000 millimètres par an. Pendant l'hiver, le Nord subit la neige et le gel ; le Sud, lui, connaît un temps très pluvieux. Ces écarts se répercutent également sur les périodes de récolte, les théiers d'en bas étant plus précoces que ceux d'en haut.

De gauche à droite, un Darjeeling de printemps, d'été et d'automne provenant du même jardin.

Le calendrier des récoltes à Darjeeling
Darjeeling connaît trois récoltes principales et deux récoltes intermédiaires.

- **La récolte de printemps *(first flush)*** a lieu de mi-mars à mi-avril, lorsque les théiers se réveillent après les mois d'hiver. Les feuilles, peu nombreuses, tendres et sombres, donnent un thé à la fraîcheur délicate, à consommer dans les 12 mois. La liqueur est d'un jaune léger tirant sur le vert, note verte, mordante, légère et pointue, elle a peu de corps, arôme délicat et frais. Sa fraîcheur se conserve peu de temps. Les quelques caisses de First Flush affrétées par avion dès le début de la saison donnent des liqueurs souvent trop précoces, et d'une amertume affirmée due au *grassy effect*. La durée de vie de ce thé, sous ces caractéristiques, est également très courte, du fait du brusque changement de climat.
- **Une récolte intermédiaire *(in-between)*** est effectuée de mi-avril à mi-mai – on distingue même des liqueurs *post-first flush* et *pre-second flush*. La note verte et fleurie disparaît progressivement sous l'amertume fruitée d'un Second flush se précisant de plus en plus. Les thés qui en sont issus n'ont ni la spontanéité enjouée des First Flush ni le rayonnement

chaud et généreux des Second Flush. Ils entrent surtout dans la composition des *blends*, quand ils ne sont pas purement et simplement, pour des raisons commerciales, baptisés First ou Second Flush. Malgré tout, ce thé à degrés est captivant pour qui peut suivre son évolution, miraculeux dans la très courte période d'équilibre où il se parfait entre First et Second Flush.

• **La récolte d'été *(second flush)*** a lieu de mi-mai à début juillet. Sa liqueur, tout en restant claire, s'est cuivrée. Elle est aromatique et développe un goût de fruit mûr, un goût de muscat unique au monde. C'est à cette époque, alors que le thé a atteint sa maturité, que les « mouches vertes » attaquent les théiers, qui réagissent en concentrant tout leur suc dans leurs jeunes feuilles. Ce phénomène serait à l'origine de la fameuse flaveur de muscat, qui ne concerne en réalité qu'un nombre de jardins très limité. Ce thé peut présenter une certaine amertume fruitée. Son bouquet est riche. Peu de corps.

• **La récolte de la mousson ou de la saison des** septembre/octobre. Elle donne des thés bon marché, quelque peu amers, très utilisés pour la confection des *blends*.

• **La récolte d'automne *(third flush)*** prend place de mi-septembre/mi-octobre à début novembre. Elle donne des liqueurs qui montrent un caractère épicé si on les boit rapidement.

Les thés de Darjeeling sont essentiellement noirs, mais, depuis quelques années, certains jardins, devant l'intérêt croissant de l'Occident, produisent des thés verts, Oolong et biologiques (sans engrais ni pesticides chimiques).

Quelques jardins de Darjeeling

Il est grandement conseillé de choisir un thé de Darjeeling qui porte mention du nom de son jardin et de la récolte dont il est issu.

• **Darjeeling Est :** Arya – Chongtong (Sirisi) – Dooteriah (Upper) – Kalej Valley – Lingia – Liza Hill – Marybong – Mim – Orange Valley – Poobong – Pussimbing – Risheehat – Rungmook/Cedars – Tumsong.

• **Darjeeling Ouest :** Aloobari – Badamtam – Bannockburn – Barnesbeg – Ging – Happy Valley – North Tukvar – Pandam – Phoobsering Rangaroon – Rungneet – Singtom/Steinthal – Soom – Tukvar (Puttabong) – Vah Tukvar.

- **Kurseong Nord :** Ambootia – Avongrove – Balasun Dhajea – Dilaram – Eden Vale – Margaret's Hope – Moondakotee – Oaks – Ringtong – Singell – Springside.
- **Kurseong Sud :** Castleton – Giddapahar – Goomtee – Jogmaya – Jungpana – Longview – Mahalderam – Makaibari – Mohan Majhua – Monteviot – Mullootar – Narbada Majhua – Nurbong – Seepoydhura – Selim Hill – Sivitar – Tindharia.
- **Mirik :** Gopaldhara – Gyabaree/Millikthong – Okayti – Phuguri – Seeyok – Singbulli – Soureni – Thurbo.
- **Rungbong :** Chamling/Chamong – Nagri – Nagri Farm – Selimbong – Sungma/Turzum.
- **Testa Valley :** Ambiok/Hillton – Gielle – Glenburn – Kumai (Snow View) – Lopchu – Mission Hill – Namring – Pashok – Runglee Rungliot – Samabeong – Testa Valley – Tukdah – Upper Fagu.

Bien qu'à Darjeeling près de 60 % du matériel végétal soit de type chinois ou à partir d'hybrides chinois, le panachage est ici très important. En effet, les graines d'Assamica et de Sinensis n'ont pas connu la même carrière à Darjeeling. Les Sinensis sont préférés pour les hautes altitudes en raison de leur résistance au froid et les Assamica sont réservés aux basses altitudes pour leur résistance aux fortes pluies.

Ce matériel végétal a ses propres caractéristiques : ainsi, l'Assamica, charnu et construit, en First Flush développe de belles valeurs vertes, alors que le Sinensis, aromatique et fin, en Second Flush rendra parfait le *muscatel flavour*.

La productivité à l'hectare, particulièrement basse à Darjeeling, ne cesse de diminuer. La plupart des théiers sont en effet ceux plantés à l'origine, et leur repeuplement est dramatiquement insuffisant. Dans le meilleur des cas, il faudrait 40 ans pour les renouveler intégralement, ce qui veut dire que les trois quarts d'entre eux auraient plus de 30 ans à la fin de l'opération. Si l'on ajoute à cela la perte de terrain, due à l'érosion naturelle et à la déforestation, la période de dormance des théiers, les changements fréquents de propriétaires et la carence des investissements, on ne s'étonnera pas que les coûts de production aient augmenté de façon considérable.

Le thé le plus « copié » au monde

Le Darjeeling est un des thés les plus chers du monde. Cela n'est pas tombé dans l'oreille de sourds, puisque, s'il s'en exporte près de 7 000 tonnes par an pour une production de près de 11 000 tonnes, on en trouve environ 45 000 tonnes sur le marché !

Certes, certains jardins de basse altitude situés au-delà des frontières organoleptiques de la « flaveur Darjeeling » bénéficient de la mention « Darjeeling ». Mais cela n'explique pas tout, et les responsabilités sont largement partagées. Ainsi certains pays importateurs autorisent-ils la mention « Darjeeling » dès qu'un paquet contient plus de 50 % de Darjeeling. D'autres importateurs ne s'étonnent pas de ne pas voir le label « appellation contrôlée » sur leurs caisses de thé. Et puis, il y a tous les faux, comme tel thé 100 % Argentine (basse qualité, bas prix) vendu sous le nom de « thé de Ceylan » (meilleure qualité, prix bien plus cher)... Cette politique, outre qu'elle est malhonnête, est très rentable à court terme mais détruit l'image et la réputation d'un thé sur le long terme. Il est extrêmement urgent que les pays producteurs apprennent à protéger plus efficacement leurs appellations et que les marchands peu scrupuleux deviennent intègres... Ce dernier cas risquant de prendre du temps...

UN DARJEELING FIRST FLUSH

Aspect du thé : fauve, avec de nombreuses feuilles vertes et des bourgeons.

Infusion : cuivrée et verte.

Aspect de la liqueur : fraîche, d'un léger jaune pâle tirant sur le vert.

Liqueur en nez : très aromatique, florale, avec une note verte.

Liqueur en bouche : pointue et vive, avec peu de corps.

Liqueur en finale : prenante et tonique.

Remarque : se conserve peu de temps.

Présence : le vif réveil du printemps.

Moment privilégié : dans l'élan d'une renaissance.

Conseil de pratique : 2 g pour 10 cl, de 2 mn 30 à 3 mn 30 (de l'arbre au soleil descendant/en éveil nocturne ascendant) dans une eau souriante (95 °C).

Accessibilité : certains s'y essaient en s'imaginant que *first flush* signifie « récolte de première qualité », d'autres, qui n'en connaissent que les premières caisses transportées par avion, y trempent les lèvres pour avoir le « privilège » de faire partie des premiers. A vrai dire, il n'est pas certain que les Darjeeling soient d'une approche facile. Le First Flush sera sans doute plus accessible aux familiers des thés verts, le Second Flush à ceux des thés noirs.

QUELQUES FIRST FLUSH DES JARDINS DE DARJEELING
Nagri Farm (thé noir) – Namring (thé noir) – Margaret's Hope (thé noir) – Seeyok (thé noir).

UN DARJEELING IN-BETWEEN

Aspect du thé : fauve, avec des feuilles vertes et des bourgeons.

Infusion : cuivrée et verte.

Aspect de la liqueur : d'un léger jaune pâle.

Liqueur en nez : aromatique, en métamorphose : la note verte et fleurie disparaît progressivement sous l'amertume fruitée d'un Second Flush.

Liqueur en bouche : d'une consistance légère.

Liqueur en finale : fraîche.

Remarque : l'In-Between est assez peu disponible en bonne qualité. Ce thé à degrés est captivant pour qui peut suivre son évolution, miraculeux dans la très courte période d'équilibre entre la première et la deuxième récolte.

Présence : ce qui tient de la découverte du mouvement.

Moment privilégié : à la recherche d'un équilibre passager.

Conseil de pratique : 2 g pour 10 cl, de 3 à 4 mn (en éveil nocturne) dans une eau souriante (95 °C).

Accessibilité : il faut s'être déjà initié au First Flush et au Second Flush pour être capable de trouver dans un In-Between l'équilibre que l'on recherche.

QUELQUES IN-BETWEEN DES JARDINS DE DARJEELING
Orange Valley (thé noir) – Samabeong (thé noir).

UN DARJEELING SECOND FLUSH

Aspect du thé : fauve, avec des feuilles vertes et des bourgeons.

Infusion : cuivrée et verte, mais d'un vert moins dominant que celui des First Flush.

Aspect de la liqueur : jaune pâle s'orangeant quelque peu.

Liqueur en nez : une pleine mesure de fruits – du muscat pour certains jardins –, large, avec un généreux bouquet sucré et en fruit souple avec un soupçon de caramel. Des notes féminines.

Liqueur en bouche : sans beaucoup de corps, délicate, souple et subtile.

Liqueur en finale : une longue persistance aromatique, parfois marquée d'une légère amertume fruitée.

Présence : la chair fondante d'un fruit mûr.

Moment privilégié : dans l'irradiance sans délai de ce qui est aujourd'hui.

Conseil de pratique : 2 g pour 10 cl, de 3 à 4 mn (en éveil nocturne) dans une eau souriante (95 °C).

Accessibilité : nombreux sont ceux qui trouvent une flaveur de muscat à leur Second Flush sans même savoir de quoi il s'agit… Si peu de jardins de Darjeeling produisent des thés offrant la fameuse flaveur, les Second Flush n'en contiennent pas moins de magnifiques notes fruitées. Une certaine amertume fruitée peut toutefois les rendre difficiles d'accès dans un premier temps. Ne soyez pas déçu et n'oubliez pas qu'il existe beaucoup de faux Darjeeling. Cherchez d'autres jardins et commencez par des qualités moyennes à supérieures. Le Darjeeling Second Flush étant la parfaite image d'un thé d'affilage exigeant, il faut vraiment oser la qualité pour le rencontrer.

QUELQUES SECOND FLUSH DES JARDINS DE DARJEELING

Selimbong (thé noir) – Badamtam (thé noir) – Tukvar/Puttabong (thé noir) – Lingia (thé noir) – Makaibari (thé noir et thé biologique).

UN DARJEELING THIRD FLUSH

Aspect du thé : fauve, avec peu de feuilles vertes et peu ou pas de bourgeons.

Infusion : marron clair avec des incidences d'un vert plutôt sombre.

Aspect de la liqueur : d'un jaune orangé trouble et dense.

Liqueur en nez : épicée mais ne s'ancre pas.

Liqueur en bouche : un corps rond, maladroit et lourd si la liqueur manque de vigueur.

Liqueur en finale : courte en bouche, elle s'atténue mais laisse parfois percevoir un peu de structure.

Remarque : sert essentiellement à la confection de *blends*.

Présence : les derniers émois du fruit abordant l'automne.

Moment privilégié : dans le souvenir de l'été.

Conseil de pratique : 2 g pour 10 cl, de 3 à 5 mn (en éveil nocturne/au départ des amis) dans une eau souriante (95 °C).

Accessibilité : le Third Flush n'est pas nécessairement une voie d'accès au Second Flush et au First Flush, qui doivent être abordés par eux-mêmes et pour eux-mêmes. L'intérêt de ce Darjeeling est donc essentiellement d'appoint : il est peu cher mais ne vous emmènera pas de lui-même vers l'expressivité des récoltes plus précoces.
Quoi qu'il en soit, il faut prendre le temps de se familiariser avec les Darjeeling et ne pas aller chercher son bonheur dans les *blends* : il ne s'y trouve certainement pas.

UN THIRD FLUSH D'UN JARDIN DE DARJEELING

Gopaldhara (thé noir et thé vert).

Terai

Situé, comme Darjeeling et Dooars, dans le Bengale ouest, Terai offre des thés de plaine à des altitudes d'environ 300 mètres. Ses 92 jardins fournissent quelque 3,5 % de la production nationale.

UN TERAI

Aspect du thé : feuilles noires à tendance grise pas toujours bien torsadées, avec des bourgeons et quelques morceaux de tiges.

Infusion : d'un marron affirmé, avec des résonances vertes et des réminiscences de cuir.

Aspect de la liqueur : d'un rouge de bonne tenue, malgré un certain manque de vigueur.

Liqueur en nez : expressivité hésitante, des appels maltés obtenant des réponses indistinctes.

Liqueur en bouche : de la rondeur, mais pas assez de matière pour arriver à du moelleux.

Liqueur en finale : on aurait aimé trouver plus de vigueur à cette rondeur qui s'asphyxie et s'assèche.

Présence : qui put le dire ?

Moment privilégié : faire le point sur un passé proche.

Conseil de pratique : 2 g pour 10 cl, de 3 à 4 mn (en éveil nocturne) dans une eau souriante (95 °C).

Accessibilité : le Terai est un thé abordable dès les premiers contacts.

QUELQUES THÉS DES JARDINS DE TERAI

Pahargoomiah (CTC et Orthodoxe) – Sannyasithan (thé vert) – Kamala (CTC et Orthodoxe) – Ashapur (CTC, Orthodoxe et thé vert).

Dooars

Situé dans le Bengale ouest, à l'ouest d'Assam, Dooars est un district de basse altitude. Ses 168 jardins, dont près de 80 % dépassent les 200 hectares, représentent plus de 16 % de la production nationale.

UN DOOARS

Aspect du thé : fauve avec des incidences vertes, de couleur en fait très mélangée, il présente des feuilles assez bien torsadées, quoique de taille inégale, et des bourgeons.

Infusion : marron vert, claire mais sans éclat, elle est fleurie et épicée, avec des volutes poivrées.

Aspect de la liqueur : d'un orange courant rapidement au vert.

Liqueur en nez : une belle annonce de fleurs mauves, poivrées et généreuses accompagne la liqueur pendant toutes les périodes en bouche.

Liqueur en bouche : une substance ronde traversée d'éclairs acides.

Liqueur en finale : un assèchement de la langue, une astringence très localisée, un déséquilibre structurel et aromatique.

Présence : une révolte de fleurs.

Moment privilégié : une instabilité dont on suppose la nécessité.

Conseil de pratique : 2 g pour 10 cl, de 3 à 4 mn (en éveil nocturne) dans une eau souriante (95 °C).

Accessibilité : le Dooars peut convenir dès les premiers contacts.

QUELQUES THÉS DES JARDINS DE DOOARS

Toonbarie (CTC et Orthodoxe) – New Glencoe (CTC, Orthodoxe et thé vert) – Sylee (Orthodoxe) – Oodlabari (thé vert) – Malnady (thé vert) – Carron (CTC et Orthodoxe) Bhatpara (CTC) – Soongachi (CTC).

Kangra

Le Kangra est une région du nord-ouest de l'Inde connaissant de violents tremblements de terre.

UN KANGRA

Aspect du thé : brun-gris mat, avec des *golden tips* (« bourgeons »), quelques feuilles vertes et des morceaux de tiges.

Infusion : marron avec des feuilles vertes, manquant d'éclat, elle est courte, parfumée, mais séchée.

Aspect de la liqueur : orange légèrement rouge.

Liqueur en nez : une note séchée et fugace.

Liqueur en bouche : rugueuse.

Liqueur en finale : d'une astringence manquant de finesse et dépourvue d'arômes.

Présence : un goût sec d'automne affirmé.

Moment privilégié : un court regard, sans complaisance, sur les semaines passées.

Conseil de pratique : 2 g pour 10 cl, de 3 à 4 mn (en éveil nocturne) dans une eau souriante (95 °C).

Accessibilité : d'une approche nette.

Sikkim

Le petit État indien de Sikkim compte un unique jardin : Temi.

UN TEMI

Aspect du thé : fauve plutôt foncé, avec des bourgeons duveteux.

Infusion : d'un cuivre tirant sur le vert, elle est franche, développée, fruitée et sucrée.

Aspect de la liqueur : orange pâle avec un éclat jaune.

Liqueur en nez : fruitée et miellée.

Liqueur en bouche : un peu plus charnue que celle d'un Darjeeling. De la résistance.

Liqueur en finale : aromatiquement un peu courte mais joviale.

Présence : palper la chair du fruit.

Moment privilégié : quand on veut prendre la mesure matérielle d'un fruit.

Conseil de pratique : 2 g pour 10 cl, de 3 mn à 3 mn 30 (en éveil nocturne ascendant) dans une eau souriante (95 °C).

Accessibilité : le Temi est un thé généreux et accessible qui gagne à être considéré pour ce qu'il est, sans comparaisons avec son voisin de Darjeeling.

Inde du Sud

Le sud de l'Inde est peuplé à plus de 98 % de petits jardins (moins de 8 hectares) représentant plus de 94 % des Tea Estates indiens de cette catégorie. C'est grâce à ces innombrables jardins que l'Inde de Sud peut s'enorgueillir de posséder près de 95 % de tous les Tea Estates en Inde ! Des plants du jardin botanique de Calcutta arrivèrent à Nilgiri, dans le Tamil Nadu, en 1839. Près de quatre-vingt-dix ans plus tard, plus de 47 000 hectares avaient été plantés dans le sud de la péninsule, principalement dans le Tamil Nadu et à Travancore (aujourd'hui Kerala). De nos jours encore, plus de trois jardins sur quatre se trouvent dans le Tamil Nadu. De ces 25 800 jardins, presque tous comptent moins de 8 hectares, et l'ensemble fournit plus de 15 % de la production nationale. Quant au Kerala, qui compte quelque 6 100 jardins, d'une surface moyenne elle aussi inférieure à 8 hectares, il contribue pour un peu plus de 8 % à la production nationale. Les théiers sont principalement plantés sur les pentes occidentales des montagnes Ghat et sur des plateaux de 300 à 2 000 mètres d'altitude. Les plantations de basse altitude *(low grown)* connaissent des températures maximales de 30 °C en été à 12 °C en hiver, celles de haute altitude *(high grown)* des températures de 25 à 5 °C.

Les théiers ne sont jamais complètement dormants et la récolte peut se faire toute l'année. Malgré cela, il y a des différences quantitatives d'un mois à l'autre et l'année ne connaît que deux grands pics de récolte : d'avril à mai (25 % de la récolte annuelle) et de septembre à décembre (près de 40 % de la récolte annuelle). Toutefois, à Nilgiri, les périodes de qualité sont en janvier et mars, quand la mousson nord-est arrose les plaines et les plateaux, et de fin juillet à début août.

UN KERALA
(Travancore)

Aspect du thé : un *broken* de feuilles noires quelque peu floconneuses.

Infusion : sourde et foncée, avec une note chaude manquant un peu d'éclat.

Aspect de la liqueur : rouge-orange.

Liqueur en nez : un thé très tactile, peu épanoui.

Liqueur en bouche : peut-être un peu lourde, elle habite la bouche.

Liqueur en finale : une astringence jamais excessive qui apparaît brutalement avant de s'effondrer sur elle-même.

Présence : se mordre la langue sans excès.

Moment privilégié : pour « remuer » sa bouche sans violence.

Conseil de pratique : 2 g pour 10 cl, de 3 à 4 mn (en éveil nocturne) dans une eau souriante (95 °C).

Accessibilité : l'approche du Kerala ne présente pas de vraie difficulté.

UN NILGIRI

Aspect du thé : feuilles gris-noir, avec une grande abondance de morceaux de tiges ressemblant à des aiguilles rouges.

Infusion : quelque peu mentholée, fraîche, sucrée et fleurie, foncée sans être terne.

Aspect de la liqueur : orange avec des reflets jaunes.

Liqueur en nez : fruitée et délicatement acide.

Liqueur en bouche : suave et tranquille, avec des notes rondes tout en douceur.

Liqueur en finale : un discret rappel de la structure et une calme persistance aromatique retiennent l'attention.

Remarque : le Nilgiri rappelle certains Ceylan, en moins astringent.

Présence : les premières lumières dans le soir qui s'assombrit.

Moment privilégié : mesurer la journée écoulée à l'aune d'un nouveau soir.

Conseil de pratique : 2 g pour 10 cl, de 3 à 4 mn (en éveil nocturne) dans une eau souriante (95 °C).

Accessibilité : d'une approche agréable, le Nilgiri gagne à être fréquenté.

BANGLADESH

Superficie : 47 889 ha (1996)
Production : 53 406 t (1996)
Exportation : 26 146 t (1996)

Le thé du Bangladesh pousse à 93 % dans le district de Sylhet, au nord-est, le reste se trouvant dans la zone de Chittagong, au sud-est.

Sylhet a fait partie de l'Assam jusqu'en 1947, date à laquelle le Bangladesh se sépara de l'Inde pour devenir le Pakistan oriental. Ce secteur représentait, lors de la partition, près de 30 000 hectares, soit 7 % de la production indienne.

En 1971, la scission du Bangladesh (ex-Pakistan oriental) d'avec le Pakistan (ex-Pakistan occidental) ouvrit une période très difficile, car nombre de combats de la guerre de libération se déroulèrent dans les régions théières. En un an, la production de thé chuta de 31 000 à 21 000 tonnes. Plusieurs jardins fermèrent et ceux appartenant à des Pakistanais furent abandonnés. Les routes et les chemins de fer furent sérieusement endommagés et, surtout, le Bangladesh perdit son marché principal, le Pakistan occidental, qui absorbait 86 % de sa production.

Par la suite, les efforts conjugués de l'Inde, de la Grande-Bretagne et de l'Union européenne permirent aux plantations de se relever et de se moderniser, si bien que, la qualité du thé augmentant, la quantité s'accrut également.

Les caractéristiques de Sylhet sont semblables à celles du Cachar voisin : des terrains plats à une altitude moyenne en dessous de 50 mètres, des sols acides et pauvres dans les collines basses, fertiles là où les fleuves de l'Himalaya déposent le sable, le limon et l'argile.

La récolte s'échelonne durant neuf mois, mais 80 % de la production se répartit de juin à novembre, la meilleure qualité étant celle de mai et juin.

UN BANGLADESH

Aspect du thé : brun foncé mat, avec des morceaux de tiges et quelques bourgeons duveteux.

Infusion : marron-rouge sombre, avec une note étuvée et mate.

Aspect de la liqueur : orange lumineux.

Liqueur en nez : une note sèche, très courte et peu présente.

Liqueur en bouche : huileuse et d'une émergence tardive.

Liqueur en finale : une amertume rectiligne.

Présence : boire un suc épuisé par la chaleur.

Moment privilégié : au cœur d'un instant chaud et sec.

Conseil de pratique : 2 g pour 10 cl, de 3 à 4 mn (en éveil nocturne) dans une eau souriante (95 °C).

Accessibilité : une approche sans complexité.

NÉPAL

La légende raconte que les premiers plants de thé à avoir pénétré au Népal furent envoyés en remerciement par un roi tibétain du VIIIe siècle qui avait obtenu la main d'une princesse népalaise.

D'après les historiens, l'introduction des théiers ne remonte qu'au milieu du XIXe siècle, en même temps que dans la région voisine de Darjeeling. Quelques théiers sont témoins de cette époque, mais la plupart furent plantés il y a vingt ans, sur l'initiative du gouvernement.

Le thé népalais est produit dans les collines de l'Est, près de Darjeeling – où le meilleur de ce thé de haute altitude est destiné à l'exportation –, et dans la plaine qui relie l'Inde aux contreforts de l'Himalaya. Dans cette région, qui fut longtemps un domaine inhabité réservé aux chasses royales, les planteurs côtoient désormais les éléphants, les tigres, les rhinocéros et les serpents… tout en produisant un CTC destiné à la consommation locale.

UN MALOOM

Origine : district Ilam, Mechi Zone, près de Darjeeling.

Aspect du thé : fauve, avec de nombreuses feuilles vertes et des bourgeons duveteux, et quelque chose d'un Darjeeling.

Infusion : verte et cuivrée, elle est fortement fruitée, avec des notes d'herbes humides, et ressemble à celle d'un Darjeeling.

Aspect de la liqueur : jaune orange.

Liqueur en nez : fruitée et peu sucrée.

Liqueur en bouche : ronde et accueillante, avec un soupçon d'acidité.

Liqueur en finale : une traînée aromatique joliment appuyée, une longueur structurelle onctueuse.

Présence : le fruit au soleil.

Moment privilégié : pour saisir la chaleur de l'été.

Conseil de pratique : 2 g pour 10 cl, de 3 à 4 mn (en éveil nocturne) dans une eau souriante (95 °C).

Accessibilité : ce thé, d'une belle finesse d'approche, est à déconseiller aux néophytes. Donnez-vous encore un peu de temps...

CEYLAN (SRI LANKA)

Superficie : 187 310 ha (1994)
Production : 258 960 t (1996)
Exportation : 233 570 t (1996)

C'est en 1972 que Ceylan prit le nom de Sri Lanka. Mais c'est sa première dénomination, donnée par l'Empire britannique, qui est restée en usage dans le monde du thé.

La première plantation de l'île, ouverte par les Anglais près de Kandy, en 1825, et dédiée au café, fut à l'origine d'une carrière internationale inattendue. Ceylan, en effet, avait devant elle un bel avenir dans la culture de caféiers... jusqu'au jour où *Hemileia vastratix,* la « rouille du café », s'en mêla. De 1865 à 1890, la plupart des plantations furent dévastées par cette maladie des feuilles provoquée par un petit champignon, et bien des planteurs, ruinés, se trouvèrent acculés au suicide.

Plusieurs années auparavant, le botaniste indien Wallick avait envoyé des graines de théiers, puis des plants, au jardin botanique de Peradeniya, près de Kandy. Quelques-uns de ces plants, plus ou moins par erreur, parvinrent à Nuwara Eliya, à une altitude de 2 000 mètres, où ils devaient connaître le succès.

De James Taylor...

Le destin théier de Ceylan fut lié à celui d'un homme : James Taylor. Celui-ci quitta Londres à 17 ans pour Ceylan, le 2 octobre 1851. Vers 1860, dans le jardin Loolecondera, où il travaillait, il reçut des graines, qu'il planta dans le désormais mythique « *field n° 7* », une surface de 8 hectares considérée comme le premier ensemble de théiers commerciaux de l'île.

Son obstination fit école, et l'on remplaça bientôt les caféiers par des théiers. En 1872, la première cargaison de thé était enregistrée : deux petits paquets d'une dizaine de kilos évalués à 58 roupies. Cinq ans plus tard, leurs successeurs embarquaient sur le *Duke of Argyll,* premier vapeur à convoyer du thé de Ceylan jusqu'en Angleterre.

James Taylor inventa également la première machine à rouler les feuilles. Lorsque l'industrie du thé fut bien lancée, la Banque orientale anglaise racheta Loolecondera et renvoya Taylor, qui y avait travaillé sa vie durant. Usé, misérable, atteint de dysenterie à l'âge de 57 ans, il mourut de chagrin le 2 mai 1892, sans avoir le temps d'apprendre que le thé de Ceylan devait être l'une des grandes vedettes de l'Exposition universelle de Chicago, un an plus tard.
Le libéralisme anglais avait encore lâchement fait une victime…

La « reconquête » de l'île fut rapide et nécessita de grands moyens. Dès 1907, le rapport entre caféiers et théiers s'était inversé : la surface plantée en caféiers représentait 400 hectares, contre 150 000 occupés par les théiers. Conan Doyle devait dire de ces champs de thé qu'ils étaient un « véritable monument au courage, comme le lion de Waterloo ».

… à Thomas Lipton
Né en 1850 à Glasgow, Thomas Lipton, dont les parents avait fui la famine irlandaise de 1848, partit très jeune pour l'Amérique. Revenu quelques années plus tard, il ouvrit une épicerie où il fit preuve d'un sens précoce du marketing. Il installa deux miroirs déformants dans sa vitrine : l'un amaigrissant le badaud, où l'on pouvait lire « avant… » l'autre grossissant, où il était écrit « et après être entré chez Lipton ». De nos jours, pour attirer le « gogo », il faudrait plutôt inverser les miroirs…
Thomas Lipton, qui cherchait de bons investissements, entendit dire que l'on pouvait acheter sur l'île de Ceylan, à des planteurs de caféiers ruinés, de la terre pour presque rien. C'est ce qu'il fit, multipliant ses acquisitions à partir de 1890. Il acheta ses premières plantations en 1890 dans le district de Haputele, Laysmastotte, Monarakande et Dambatenne, suivies de l'achat de Pooprassic, Bunyan et d'autres. Il inventa sa phrase « Directement du jardin à la théière, sans intermédiaire », qui ruina un peu plus les intermédiaires. Il développa une réclame si forte autour de ses produits qu'on en oublia que, sur les 153 800 hectares de thé de Ceylan, il n'en possédait pas plus de 2 230. Il peaufina également son image, lui qui avait raté l'époque des clippers, en participant sur ses voiliers, les Shamrocks, à différentes éditions de l'America's Cup… qu'il ne gagna jamais.
Il fut annobli en 1902 et mourut en 1931.

A la suite des réformes agraires de 1972 et 1975, deux tiers des plantations passèrent sous le contrôle de l'État, alors qu'elles étaient près de 80 %, auparavant, à appartenir à des *sterling companies* (compagnies britanniques). La gestion étatique ne donnant pas les résultats escomptés, on incita de nouveau les compagnies privées à reprendre en main le sort des jardins.

Les plantations de Ceylan se répartissent en trois catégories, selon leur altitude. Les Low Grown (LG), en dessous de 600 mètres d'altitude, produisent du thé de qualité moyenne, voire très moyenne ; la quasi-totalité des *factories* y travaillent des feuilles achetées pour plus de la moitié à d'autres jardins. Les Mid Grown (MG), de 600 à 1 200 mètres, produisent des thés de qualité souvent très intéressante. Quant aux High Grown (HG), au-dessus de 1 200 mètres, il en sort un thé de haute qualité, et plus de 89 % des *factories* y travaillent uniquement les feuilles de leur jardin ou avec moins de 50 % de feuilles achetées à d'autres jardins.

Si les thés Low Grown connaissent un grand succès, les Mid Grown et les High Grown souffrent de l'effondrement des investissements, à quoi s'ajoute la concurrence nouvelle des CTC africains. Le CTC, qui ne représentait que 7 % de la production nationale en 1997, pourrait d'ailleurs grimper, selon la politique gouvernementale, à plus de 20 %.

Il est un fait, plusieurs fois répété dans l'histoire, que lorsque les prix du thé sont élevés les différences de coût dans un premier temps entre les bons et les mauvais thés sont étroites. Cela encourage les planteurs à baisser la qualité de leurs standards, ce qui entraîne un plus grand volume de thé de médiocre qualité. Le résultat, dans un second temps, est alors une diminution des prix pour les thés de basse qualité et une augmentation des prix pour les thés de haute qualité. Au vu de ce changement, les planteurs modifient leur production pour améliorer la qualité de leur thé, ce qui augmente le volume de thés chers et ainsi de suite...

En simplifiant, nous présenterons six grandes régions :

– Galle, au sud. Low Grown, zone humide.

– Ratnapura, à l'est de Colombo. Medium et low Grown, zone humide.

– Kandy. Medium et low Grown, zone humide.

– Nuwara Eliya (prononcer Nu-Rai-Lia), région la plus élevée qui est située au centre sud de l'île. High Grown et zone humide. La récolte a lieu toute l'année car elle n'est que très peu concernée par les moussons. Saison de qualité de janvier à mars, quelques fois jusqu'en avril.

– Un groupe Ouest, à l'ouest des montagnes centrales. Principalement incarné par Dimbula. Comprend les districts de Dimbula, Maskeliya, Ramboda, Dickoya, Ambagaduwa... Mousson du sud-ouest de juin à septembre. Période chaude et sèche de décembre à mars. Saison de qualité de janvier à février à fin mars et avril.
– Un groupe Est, à l'est des montagnes centrales. Principalement incarné par Uva. Comprend les disticts d'Haputale, Badulla, Balangoda, Passara, Udapussellawa... Mousson du sud-est de décembre à mars. Vents secs de juin à septembre. Saison de qualité de mi juin-fin juin à septembre.

Ouest

UN CEYLAN OUEST FEUILLES ENTIÈRES

(Orange Pekoe ou Orange Pekoe 1)

Aspect du thé : noir, stylé, torsadé, quelquefois parsemé de morceaux de tiges marron clair.

Infusion : chaude, cuivrée, d'une texture rappelant parfois le cacao.

Aspect de la liqueur : d'un orange lumineux hanté de rouge.

Torrington (OP), Kenilworth (OP) et Pettiagalla (OP 1).

Liqueur en nez : franche, subtilement épicée.

Liqueur en bouche : charnue et onctueuse, elle dénote une vigueur délicate. D'un volume pouvant surprendre.

Liqueur en finale : une astringence chocolatée.

Présence : sentir l'action d'un non-agir.

Moment privilégié : un moment de réflexion, solitaire ou en compagnie d'un ami.

Conseil de pratique : 2 g pour 10 cl, de 3 mn à 4 mn 30 (en éveil nocturne/au départ des amis ascendant) dans une eau souriante (95 °C).

Accessibilité : ce thé peut certainement être un thé d'initation, mais pas de tout premier contact. Son « sens des événements » demande que l'on se soit déjà mesuré à d'autres thés, notamment des thés noirs de Chine.

UN CEYLAN OUEST FEUILLES BRISÉES

(Broken Orange Pekoe)

Aspect du thé : feuilles marron foncé, plutôt floconneuses, avec des fibres beiges.

Infusion : marron-vert.

Diyagama East (BOP) et Dimbula (BOP).

Aspect de la liqueur : orange à reflets rouges.

Liqueur en nez : fruitée.

Liqueur en bouche : corsée, alerte et sans lourdeur.

Liqueur en finale : astringente, persistante.

Présence : un cœur confiant et une générosité vive.

Moment privilégié : pour se remettre au centre d'une vie active, mais non agitée.

Conseil de pratique : 2 g pour 10 cl, de 3 mn à 3 mn 30 (en éveil nocturne ascendant) dans une eau souriante (95 °C).

Accessibilité : dans un premier temps, il est préférable d'aborder ce thé en feuilles entières ou en feuilles brisées. Son approche sera ensuite plus concrète.

UN CEYLAN OUEST FEUILLES BROYÉES

(Fannings)

Aspect du thé : brun foncé, tantôt tirant vers le rouge, tantôt avec une légère résonance verte, avec des fibres.

Infusion : cuivrée, parfois à dominante verte.

Aspect de la liqueur : orange, quelquefois rouge.

Liqueur en nez : fraîche, fruitée et légèrement citronnée.

Liqueur en bouche : consistante et généralement souple, mais parfois ferme.

Liqueur en finale : très astringente, bien définie, elle est longue en bouche, d'une longueur plus structurelle qu'aromatique.

Remarque : un thé de bonne conservation. Autant un Dimbula en saison de qualité est souple, parfumé, léger et d'une couleur orange-jaune, autant le même Dimbula en période normale prendra du poids, de l'épaisseur et s'ombragera d'une couleur dense.

Présence : qui tient d'une substance éclair.

Moment privilégié : encore un dernier instant, fugace, avant la suite...

Conseil de pratique : 2 g pour 10 cl, de 2 mn 30 à 3 mn 30 (de l'arbre au soleil descendant/en éveil nocturne ascendant) dans une eau souriante (95 °C).

Accessibilité : souvent utilisé en mélange dans les sachets, c'est un thé que l'on aborde sans vraiment le savoir. Si tel est le cas, il faut reprendre contact, avec un thé en vrac et non en sachets, car vous êtes loin d'arriver au bout de vos surprises.

■ QUELQUES THÉS DES JARDINS OUEST DE CEYLAN

Torrington (OP) – Kenilworth (OP) – Pettiagalla (OP 1) – Diyagama East (BOP) – Dimbula (BOP) – Uda Radella (Fannings BOPF).

Nuwara Eliya

UN NUWARA ELIYA FEUILLES ENTIÈRES

(Orange Pekoe ou Orange Pekoe 1)

Lover's Leap (Pekoe) et Nuwara Eliya State (OP).

Aspect du thé : feuilles noires quelque peu givrées, torsadées et fines, avec des morceaux de tiges marron. La présence de feuilles brillantes encore vert-jaune, les *blooms*, est un signe de grande qualité.

Infusion : rouge cuivré, sucrée, elle évoque les fruits rouges.

Aspect de la liqueur : lumineuse et substantielle, d'un orange très dense tirant vers le jaune.

Liqueur en nez : fruitée, sérieusement aromatique, elle lance parfois à l'attaque des éclairs de jasmin.

Liqueur en bouche : charnue sans lourdeur, ferme sans sécheresse.

Liqueur en finale : une trace astringente, une longueur aromatique fruitée qui s'ouvre en finale. Bien travaillée.

Présence : une élégance racée et non superficielle.

Moment privilégié : la distinction d'un moment nécessaire au clair de lune.

Conseil de pratique : 2 g pour 10 cl, de 3 à 4 mn (en éveil nocturne) dans une eau souriante (95 °C).

Accessibilité : ce thé, qui demande une bonne pratique des thés racés, est à déconseiller aux non-initiés.

UN NUWARA ELIYA FEUILLES BRISÉES

(Broken Orange Pekoe)

Aspect du thé : brun foncé, avec des morceaux de tiges et quelques morceaux de feuilles vertes. La présence de feuilles brillantes encore vert-jaune, les *blooms*, est un signe de grande qualité.

Infusion : d'un marron tendant vers le vert, elle est très fruitée, racée et distinguée, avec une générosité tout en finesse.

Aspect de la liqueur : d'un orange clair peu soutenu.

Liqueur en nez : fraîche, très aromatique.

Liqueur en bouche : acide et sucrée, fine et affirmée.

Liqueur en finale : un long mouvement aromatique.

Présence : le partage d'une excellence.

Moment privilégié : par une nuit étoilée, lorsqu'on offre avec bienveillance ce qui nous tient à cœur.

Conseil de pratique : 2 g pour 10 cl, de 3 mn à 3 mn 30 (en éveil nocturne ascendant) dans une eau souriante (95 °C).

Accessibilité : ce thé est à réserver à ceux qui ont déjà approché le Nuwara Eliya feuilles entières.

UN NUWARA ELIYA FEUILLES BROYÉES

(Fannings)

Aspect du thé : marron à reflets jaunes, avec des fibres. La présence de feuilles brillantes encore vert-jaune, les *blooms*, est un signe de grande qualité.

Infusion : d'un marron tendant vers le vert, elle est fruitée, réjouissante, avec des élans de citronnelle.

Aspect de la liqueur : d'un orange doré tirant quelque peu vers le vert.

Liqueur en nez : fruitée, très aromatique.

Liqueur en bouche : fine, acidulée et existante.

Liqueur en finale : une astringence élégante et de belles suites aromatiques, avec, éventuellement, un soupçon d'amertume verte.

Présence : l'intimité de la qualité.

Moment privilégié : pour se recueillir, joyeux, dans ce qui est juste et bien vécu.

Conseil de pratique : 2 g pour 10 cl, de 2 mn 30 à 3 mn 30 (de l'arbre au soleil descendant/en éveil nocturne ascendant) dans une eau souriante (95 °C).

Accessibilité : ce thé est une voie d'accès originale pour découvrir l'excellence de Nuwara Eliya.

■ QUELQUES THÉS DES JARDINS DE NUWARA ELIYA

Court Lodge (OP et BOP) – Gastotte (OP) – Lover's Leap (Pekœ et OP) – Mahagastota (Fannings) – Nuwara Eliya State (OP) – Oliphant (BOPF) – Park Group (OP) – Tommagong (BOPF).

Est

UN CEYLAN EST FEUILLES ENTIÈRES

(Orange Pekoe ou Orange Pekoe 1)

Aspect du thé : feuilles brunes à reflets rouges, avec des morceaux de tiges marron rouge.

Infusion : rouge cuivré à incidences vertes.

Aspect de la liqueur : d'un rouge dense, intense et lumineux.

Dyraaba (FP), Saint James (OP) et Attemptia (FP).

Liqueur en nez : bouquetée, fruitée, avec des senteurs de baies légèrement acides, telles des airelles.

Liqueur en bouche : pleine en bouche, rayonnante, en expansion.

Liqueur en finale : d'une belle alliance aromatique, astringente et persistante, elle laisse la bouche embrasée, mais sans violence. Elle a du tempérament.

Remarque : ce thé est d'une garde inférieure à 1 an.

Présence : la chaleur d'un cœur généreux.

Moment privilégié : avec un vieil ami complice.

Conseil de pratique : 2 g pour 10 cl, de 3 à 4 mn (en éveil nocturne) dans une eau souriante (95 °C).

Accessibilité : les thés d'Uva ne sont pas d'approche facile. Certains les appellent « thés d'experts », arguant que seuls les experts peuvent les apprécier. C'est évidemment faux, même s'il faut accepter de modifier ses vues sur le thé pour pouvoir apprécier l'irradiance d'un Uva.

UN CEYLAN EST FEUILLES BRISÉES
(Broken Orange Pekoe)

Aspect du thé : d'un brun foncé parfois noir, avec des reflets rouges.

Infusion : cuivrée avec une fréquente dominante verte, elle est fruitée et sucrée.

Aspect de la liqueur : d'un rouge qui s'orange.

Liqueur en nez : une note de fleur rouge.

Liqueur en bouche : une vive amertume.

Liqueur en finale : une astringence incendiante.

Présence : tout ce qui est donné sincèrement.

Moment privilégié : pour s'éveiller caressé d'une lumière vive.

Conseil de pratique : 2 g pour 10 cl, de 3 mn à 3 mn 30 (en éveil nocturne ascendant) dans une eau souriante (95 °C).

Accessibilité : ce thé de Ceylan ne se révèle pas facilement, mais il mérite absolument que l'on prenne le temps de l'apprécier.

UN CEYLAN EST FEUILLES BROYÉES
(Fannings)

Aspect du thé : d'un brun foncé parfois noir, avec des reflets rouges.

Infusion : cuivrée avec une fréquente dominante verte, elle est fruitée, sucrée et acide.

Aspect de la liqueur : d'un rouge et jaune concentré, elle est éclatante et profonde.

Saint James (Fannings) et Dyraaba (BOPF).

Liqueur en nez : fruitée, elle évoque une brassée de fleurs rouges, sauvages et rayonnantes.

Liqueur en bouche : vive, fraîche et mordante.

Liqueur en finale : très astringente, flamboyante, avec une amertume florale. Elle met le buveur à contribution.

Présence : une eau-de-vie allumant tant de feux essentiels.

Moment privilégié : en hauteur, dans les reflets du soleil couchant.

Conseil de pratique : 2 g pour 10 cl, de 2 mn 30 à 3 mn 30 (de l'arbre au soleil descendant/en éveil nocturne ascendant) dans une eau souriante (95 °C).

Accessibilité : lorsqu'un Uva donne tout ce qu'il a, certains ne résistent pas. Telle Excalibur, l'épée que le roi Arthur fut seul à pouvoir extraire de son socle… ceux qui apprécient un Uva feuilles broyées ont souvent déjà un beau parcours de fait… et encore à faire, car s'ouvre alors tant d'horizons nouveaux. Il rappelle aussi que tous les thés de Ceylan sont intéressants, en feuilles broyées, Pekoe ou Flowery Pekoe. Trop d'amateurs ne recherchent de Ceylan que les Orange Pekoe ou les Broken Orange Pekoe : ils ne savent pas à côté de quoi ils passent.

■ QUELQUES THÉS DES JARDINS EST DE CEYLAN

Saint James (OP et Fannings) – Dyraaba (FP et BOPF) – Attemptia (FP) – Aislaby (BOP).

Galle

UN BERUBEULA

(Flowery Orange Pekoe)

Aspect du thé : feuilles fines d'un noir quelque peu grisé, avec des bourgeons et des morceaux de tiges.

Infusion : marron-rouge, légèrement poivrée, elle rappelle les herbes séchées.

Aspect de la liqueur : d'un orange attiré par le jaune.

Liqueur en nez : stable et sans élan, elle évoque les herbes sèches.

Liqueur en bouche : mince et filante.

Liqueur en finale : asséchante, avec une note de foin.

Présence : marcher sur une végétation sèche.

Moment privilégié : au moment quelque peu étrange d'une ancienne réalité.

Conseil de pratique : 2 g pour 10 cl, de 3 à 4 mn (en éveil nocturne) dans une eau souriante (95 °C).

Accessibilité : ce thé est d'une approche facile.

Ratnapura

UN RATNAPURA
(Orange Pekoe)

Aspect du thé : feuilles fines et étroites d'un noir mat à reflets gris-vert, avec des morceaux de tiges marron foncé.

Infusion : d'un marron-rouge ayant tendance à absorber la lumière. Légèrement épicée, elle manque un peu de nez.

Aspect de la liqueur : d'un orange lumineux habité d'un rouge diffus.

Liqueur en nez : vaguement fruitée.

Liqueur en bouche : douce.

Liqueur en finale : une certaine amertume, sans survivance aromatique.

Présence : un souvenir présent, mais peu certain.

Moment privilégié : un court moment « intemporel » entre deux instants.

Conseil de pratique : 2 g pour 10 cl, de 3 à 4 mn (en éveil nocturne) dans une eau souriante (95 °C).

Accessibilité : ce thé est d'une approche facile.

JAPON

Superficie : 52 700 ha (1996)
Production : 88 709 t (1996)
Exportation : 493 t (1996)

Lorsqu'en 1859 le gouvernement abandonna sa politique d'isolement et s'ouvrit au marché international, l'exportation du thé, comme celle de la soie, représenta une source importante de profits pour le Japon. De ce fait, la production augmenta rapidement, partagée entre thé vert à infuser – principalement –, Matcha (poudre de thé vert) et thé noir. Depuis le début des années 60, la production japonaise s'est toutefois limitée au thé vert, et celle de thé noir a pratiquement disparu dix ans plus tard. La consommation locale ne cesse en effet de baisser – celle du thé vert a chuté de 28 % en vingt ans –, alors que celle du café atteint des sommets. Cela n'empêche pas le Japon de devoir importer une partie de son thé, de Chine, de Taïwan et du Brésil pour le thé vert, du Sri Lanka, d'Inde et même de France pour le thé noir...

Les plantations, dont beaucoup ont une superficie inférieure à 1 hectare, sont installées sur les deux îles du sud, Kyushu et Shokoku, et dans le sud de l'île principale de Honshu. Étant donné que 60 % du thé y pousse en altitude, où les températures négatives ne sont pas rares, le matériel végétal se compose de théiers résistant au froid.

La suprématie embarrassante du Yabukita

Le théier Yabukita, obtenu par clonage, représente 75 % des champs de théiers clonés, ce qui entraîne de nombreux problèmes – standardisation du goût, concentration des temps de cueillette, vulnérabilité des champs à certains parasites ou maladies. En effet, dans un champ de théiers issus de graines, chaque théier à son identité organoleptique et ses capacités de résistance propres. Tandis qu'un clone est une reproduction à l'identique de l'arbre mère, ce qui signifie que, si un jardin est planté avec une forte dominance d'un clone et qu'une des maladies auxquelles il est vulnérable vient à apparaître, tous les théiers sont menacés. C'est pourquoi des efforts sont actuellement faits pour réduire la suprématie du Yabukita au Japon.

L'exploitation des théiers est principalement le fait de paysans qui pratiquent d'autres cultures, telle celle du riz. Alors que l'essentiel des récoltes mondiales sont manuelles, le Japon est l'un des seuls pays, avec la Géorgie, où elles sont mécanisées – dans les plantations à terrain plat, bien entendu. Les machines, cependant, disposent de systèmes sophistiqués de sélection des jeunes feuilles. Une cueillette manuelle (réservés aux thés supérieurs de la première récolte) produit environ 10 à 15 kilos de *shoots* par jour et par personne ; une cueillette pratiquée avec des cisailles manuelles fournit de 60 à 100 kilos ; de 400 à 500 kilos avec des cisailles mécanisées ; de 1 à 2 tonnes avec des machines sur tracteur (pour les grades *common* sur terrain plat). Pour faciliter le passage des machines, les théiers présentent une table de cueillette qui n'est pas droite, mais sphérique.

Le thé pousse entre mars et novembre ; le reste de l'année, il est en phase « dormante ». Quatre récoltes ont lieu.

– Première récolte : de mi-avril à fin mai. Rendement moyen 8 tonnes de feuilles fraîches par hectare. C'est la récolte la plus chère.

– Deuxième récolte : de fin juin au 15 juillet. Rendement moyen 6 tonnes de feuilles fraîches par hectare.

– Troisième récolte : de fin juillet au 15 août. Rendement moyen 4 tonnes de feuilles fraîches par hectare.

– Quatrième récolte : en septembre.

Comme toute date de récolte, celles-ci sont données à titre indicatif et concernent surtout Shizuoka. Avec des températures plus chaudes, comme au sud, ces dates peuvent être avancées de deux semaines.

Le procédé de fabrication du thé vert utilisé dans les *factories* est à base de vapeur, après quoi les feuilles sont roulées sous pression pour prendre leur caractéristique forme d'aiguille. Ce thé, nommé Aracha, n'est à ce stade qu'à moitié manufacturé. Il est vendu irrégulier, contenant des tiges et des particules de thé broyées, à des grossistes qui vont le standardiser en le triant, le tamisant et le séchant une dernière fois afin de lui ôter son odeur « verte », de façon à améliorer la flaveur du thé fini. Ce thé peut être conservé six mois dans des conteneurs à très bas niveau d'oxygène et à température très fraîche.

QUELQUES PRÉFECTURES THÉIÈRES CÉLÈBRES

- Ile principale de Honshu : **Shizuoka – Mie – Kyoto – Nara – Saitama et Tokyo – Aichi**.
- Ile de Kyushu : **Kagoshima – Miyazaki – Kumamoto – Saga – Fukuoka**.

Thés ombrés

UN MATCHA
(poudre)

Origine : survivance de l'époque du thé battu, le Matcha est cette poudre de thé vert qui, battue dans l'eau chaude avec un fouet de bambou, est au centre de la cérémonie du *chanoyu*. De nos jours, 70 % du Matcha est produit à Nishio (Aichi). Il est souvent constitué de Tencha écrasé à l'aide d'une meule en pierre.

Aspect du thé : une poudre verte aux reflets blancs, fine, très volatile, délicatement aromatique.

Infusion : pas d'infusion.

Aspect de la liqueur : vert opaque.

Liqueur en nez : une note végétale aquatique, iodée, mais peu imposante.

Liqueur en bouche : lente à se développer, onctueuse, pleine et mousseuse, non dépourvue de poids.

Liqueur en finale : une agréable sensation tactile laissée par la poudre de thé, une très fine amertume, une délicate continuation aromatique. D'un bon accompagnement.

Remarque : comme tous les thés ombrés, le Matcha présente un taux important de caféine.

Présence : un aliment substantiel, élémentaire et raffiné.

Moment privilégié : le *chanoyu* ou toute autre faim de notre humanité.

Conseil de pratique : mettre 1 g dans une eau embrassée (60 °C) et battre jusqu'à l'apparition d'une mousse de jade.

Accessibilité : ce thé est d'une accessibilité déconcertante, sauf pour ceux qui n'ont pas d'idée préconçue.

UN GYOKURO

Origine : pour obtenir ces thés, uniquement de première récolte, on ombrage les théiers deux ou trois semaines avant la première récolte, au moyen de paille ou de fibre synthétique jaune, de façon à leur retirer 90 % de la lumière du soleil. Une fois cueillies, à la main, les feuilles sont passées à la vapeur, séchées et roulées. Les Gyokuro de l'Uji sont parmi les plus connus.

Aspect du thé : d'un somptueux vert foncé brillant, parsemé de pointes claires, ressemblant à des aiguilles, c'est un thé de feuilles torsadées.

Infusion : d'un vert vif lumineux, elle évoque des algues et des valeurs marines fraîches.

Aspect de la liqueur : d'un jaune-vert trouble et laiteux, avec de l'épaisseur.

Liqueur en nez : des notes de marée (algues et sel), parfois un rappel d'épinards.

Liqueur en bouche : mousseuse, d'attaque plaisante, elle est d'une vigueur agréable, avec des rappels sucrés.

Liqueur en finale : une amertume claire, calme et posée, et une grande longueur aromatique. Une liqueur envoûtante.

Remarque : comme tous les thés ombrés, le Gyokuro contient un taux important de caféine.

Présence : cette mer végétale...

Moment privilégié : une soif intime de contemplation maritime.

Conseil de pratique : 10 g pour 6 cl, 2 mn 30 (l'arbre au soleil au zénith) dans une eau éclairée (autour de 50 °C). Un autre appel pourra être fait avec 3 cl d'une eau éclairée (à 50 °C) pendant 30 s (cheminant de parfum en parfum).

Accessibilité : un thé à réserver aux initiés des thés verts.

UN TENCHA

Origine : les feuilles du Tencha sont mises à l'ombre, cueillies, puis passées à la vapeur et séchées, mais elles ne sont pas roulées. Il s'agit essentiellement d'un thé de première et de deuxième récolte.

Aspect du thé : feuilles brisées vert sombre et vert clair, de forme très irrégulière, avec une poussière de thé, floconneux.

Infusion : vert tendre, courte en nez, elle évoque le lichen.

Aspect de la liqueur : pâle et trouble, d'un jaune tirant vers le vert.

Liqueur en nez : légèrement herbacée.

Liqueur en bouche : assez pesante, elle témoigne d'un manque de vigueur.

Liqueur en finale : courte – seule subsiste une légère impression structurelle au fond de la bouche.

Remarque : comme tous les thés ombrés, le Tencha contient un taux important de caféine.

Présence : la forêt, dense, sombre et humide.

Moment privilégié : avant une promenade tardive en forêt, avec un ami.

Conseil de pratique : 5,5 g pour 10 cl, 2 mn (l'arbre au soleil) dans une eau embrassée ou attisée (de 60 à 70 °C). Un autre appel pourra être fait avec 8 cl d'une eau attisée (70 °C) pendant 10 s (cheminant de parfum en parfum ascendant).

Accessibilité : ce thé demande que l'on ait déjà pris la mesure de ce que peut offrir un thé vert.

Thés pleine lumière

UN SENCHA

Origine : les feuilles du Sencha – qui représente quelque 80 % de la production nationale – ne sont pas ombragées, mais passées à la vapeur de 30 à 90 secondes et se présentent sous forme d'aiguilles vert sombre. La liqueur des meilleurs Sencha est dorée, transparente et a du bouquet. Mélangée à du Fukamushi, elle est très populaire.

Aspect du thé : feuilles plates, coupées dans le sens de la longueur, d'un vert foncé brillant, avec quelques éclats vert clair. Il en existe de nombreuses qualités, dont certaines demandent à être tamisées.

Infusion : des bourgeons humides, verts, avec des éclats jaunes.

Aspect de la liqueur : jaune très légèrement orangé, pâle et trouble.

Liqueur en nez : des taillis bourgeonnants humides, avec une entêtante note de sève.

Liqueur en bouche : d'une amorce sucrée, c'est une liqueur sans poids.

Liqueur en finale : une longue amertume végétale en crescendo, accompagnée d'une longueur aromatique inégale.

Présence : un printemps du désordre à l'ordre.

Moment privilégié : un moment premier, humble, sans rien d'exceptionnel, et pris comme il arrive.

Conseil de pratique : grades supérieurs : 5,5 g pour 10 cl, 2 mn (l'arbre au soleil) dans une eau embrassée ou attisée (de 60 à 70 °C) ; un autre appel pourra être fait avec 8 cl d'une eau attisée (70 °C) pendant 10 s (cheminant de parfum en parfum ascendant). – Grades ordinaires : 3,5 g pour 10 cl, de 30 s à 1 mn (cheminant de parfum en parfum descendant) dans une eau attisée, allante ou enthousiaste (de 70 à 90 °C) ; un autre appel pourra être fait pendant 10 s dans 9 cl d'eau enthousiaste (90 °C).

Accessibilité : ce thé, qui se décline en de nombreuses qualités, permet de faire un voyage initiatique, de qualité en qualité, sans jamais quitter le cœur des Sencha. Il est idéal pour une bonne initiation aux thés verts, surtout japonais.

UN FUKAMUSHI

Origine : Sencha dont les feuilles sont passées à une forte vapeur de 90 à 150 secondes.

Aspect du thé : il est floconneux avec des morceaux de feuilles broyées, vert jaunâtre.

Infusion : la tasse est de couleur verte et riche en goût et à la flaveur épaisse.

Conseil de pratique : 3,5 g pour 10 cl, 30 s (cheminant de parfum en parfum) dans une eau enthousiaste ou souriante (de 90 à 100 °C). Un autre appel pourra être fait pendant 10 s dans 9 cl d'eau enthousiaste (90 °C).

Accessibilité : demande d'avoir déjà parcouru les Sencha.

UN TAMARYOKUCHA OU GURI OU YONKON

Origine : les feuilles sont passées à la vapeur, puis roulées jusqu'à obtention d'une forme enroulée. Tamaryokucha ou Kamairi : feuilles non passées à la vapeur mais torréfiées dans des bassines selon la méthode chinoise. Proche du thé vert chinois.

Aspect du thé : feuilles vert foncé avec des pointes blanches, torsadées et plates, de forme inégale.

Infusion : d'un vert net, comme une végétation aquatique d'eau douce.

Aspect de la liqueur : jaune-vert, trouble, quelque peu laiteuse.

Liqueur en nez : végétale et aquatique, mais étuvée.

Liqueur en bouche : souple et rayonnante.

Liqueur en finale : une amertume avec du relief, qui peut toutefois masquer une timide présence aromatique.

Présence : un étang au soleil.

Moment privilégié : une promenade calme et tranquille, sans but précis.

Conseil de pratique : 3,5 g pour 10 cl, de 30 s à 1 mn (cheminant de parfum en parfum descendant) dans une eau attisée (70 °C). Un autre appel pourra être fait pendant 10 s dans 9 cl d'eau enthousiaste (90 °C).

Accessibilité : en Kamairi, présente l'intérêt d'un thé japonais à la chinoise.

UN BANCHA

Origine : le bourgeon et deux ou trois feuilles sont réservés pour les meilleurs grades. Les feuilles à partir de la quatrième et la cinquième, la tige et les feuilles de la récolte d'été et d'automne sont manufacturées en Bancha.

Aspect du thé : d'un vert foncé tirant vers le jaune, avec des feuilles longues et étroites, enroulées et plates, de forme inégale, et des morceaux de tiges.

Infusion : des feuilles ouvertes, larges et déchirées, de plusieurs verts, avec une dominante de vert foncé et une évocation de lichen cuit et de noix.

Aspect de la liqueur : d'un jaune vif pâle.

Liqueur en nez : une mousse d'arbre appauvrie.

Liqueur en bouche : une tendance amère et asséchante manquant d'une franchise substantielle.

Liqueur en finale : courte, manquant de relief, avec un corps sec.

Présence : une végétation en expansion, mais fatiguée.

Moment privilégié : un état au bout de ce qui a été parcouru.

Conseil de pratique : 2,5 g pour 10 cl, 30 s dans une eau souriante (95 °C). Un autre appel pourra être fait pendant 10 s dans 9 cl d'eau souriante (95 °C).

Accessibilité : il n'est pas toujours pertinent de commencer par des thés de qualité moyenne. Le Bancha en est un exemple. Généralement trop « amer » pour les néophytes du thé vert, et présentant peu d'intérêt pour les initiés.

UN GENMAICHA

Origine : le Genmaicha est un mélange de Bancha ou de Sencha avec du riz et du maïs soufflé.

Aspect du thé : Bancha avec riz et maïs soufflé.

Infusion : du riz soufflé, une note sucrée.

Aspect de la liqueur : d'un jaune pâle peu soutenu.

Liqueur en nez : une dominante de riz soufflé, des notes quelque peu doucereuses.

Liqueur en bouche : instable, assez remuante.

Liqueur en finale : courte en arômes, marquée d'une petite amertume.

Remarque : de même que le thé vert au jasmin, ce thé peut représenter une approche pour ceux qui souhaitent s'initer aux thés verts mais se sentent intimidés par ce dépaysement gustatif.

Présence : légèreté et sympathie.

Moment privilégié : comme ça… sans effets ni conséquence.

Conseil de pratique : 2,5 g pour 10 cl, 1 mn 30 dans une eau souriante (95 °C). Un autre appel pourra être fait pendant 10 s dans 9 cl d'eau souriante (95 °C).

Accessibilité : et si c'était un thé pour approcher les thés verts dans les tout premiers temps ? Quoi qu'il en soit, son approche est agréable, douce et ludique.

UN HOJICHA
(Bancha grillé)

Origine : ce thé s'obtient en chauffant un Bancha aux alentours de 180 °C, ce qui a pour effet de tripler ses arômes volatiles.

Aspect du thé : des feuilles marron de forme très inégale, avec quelques survivances de vert et des morceaux de tiges.

Infusion : du charbon de bois avec une légère note verte et des arômes boisés, des feuilles d'un lumineux brun foncé, avec quelques éléments encore verts.

Aspect de la liqueur : orange, avec des reflets jaune clair.

Liqueur en nez : une note grillée et de châtaigne.

Liqueur en bouche : assez huileuse, comme filante.

Liqueur en finale : sans amertume, d'un arôme soutenu aux échos de croûte de pain de campagne.

Présence : une douceur paisible et originale.

Moment privilégié : en prélude à une rencontre calme et agréable.

Conseil de pratique : 2,5 g pour 10 cl, 2 mn 30 dans une eau souriante (95 °C). Un autre appel pourra être fait pendant 10 s dans 9 cl d'eau souriante (95 °C).

Accessibilité : une approche qui peut déconcerter, mais qui, très vite, présente un visage accueillant.

MALAISIE

Superficie : 3 100 ha (1996)
Production : 6 500 t (1996)
Exportation : 750 t (1995)

C'est en 1929 que John A. Russell, fils d'un fonctionnaire britannique, créa avec l'aide de A. B. Milne, un vieux planteur de Ceylan, la première plantation de thé des Cameron Highlands.

De nos jours, outre ces plantations situées entre 900 et 1 600 mètres d'altitude, il en existe quelques autres sur la côte. Les précipitations sont assez bien distribuées tout au long de l'année, et la récolte a lieu pendant douze mois.

UN MALAISIE

Aspect du thé : un Broken brun avec des morceaux de tiges.

Aspect de la liqueur : d'un orange clair lumineux accompagné d'un peu de vert.

Infusion : des élans fruités, vite masqués et absorbés par un parfum sourd, sombre et incertain.

Liqueur en nez : des herbes sèches avec un soupçon de menthe sèche, le tout rapidement voué au silence.

Liqueur en bouche : de la résistance malgré la minceur. Avec plus de substance, elle pourrait avoir de la mâche... mais on en est loin.

Liqueur en finale : rien... ou, plus précisément, presque rien.

Présence : une transparence quelque peu teintée.

Moment privilégié : un instant très léger.

Conseil de pratique : 2 g pour 10 cl, de 3 à 4 mn (en éveil nocturne) dans une eau souriante (95 °C).

Accessibilité : une approche sans difficulté particulière.

VIETNAM

Superficie : 71 000 ha (1996)
Production : 40 000 t (1996)
Exportation : 14 000 t (1995)

Dans cette région, le thé a été employé comme feuille à mâcher, légume ou herbe médicinale bien avant de servir à préparer des boissons. Les Français ont tenté d'y développer des plantations dès le XIXe siècle, mais la production a toujours été absorbée par la consommation locale.

Comptant 2 500 hectares de théiers dans les années 80, le Vietnam est aujourd'hui passé à plus de 71 000, soit une progression de 2 880 % ! On compte actuellement 70 *factories*.

Les thés verts au jasmin ou les thés noirs, notamment d'Annam, sont bien connus.

UN VIETNAM NOIR

Aspect du thé : un Broken aux feuilles irrégulières, avec des bourgeons.

Infusion : marron sombre, elle évoque de la laine.

Aspect de la liqueur : orange sombre.

Liqueur en nez : du caoutchouc.

Liqueur en bouche : glissante et sans aspérités.

Liqueur en finale : pas de retenue pour ce thé sans prise.

Présence : un thé passant, mais sans fraîcheur.

Moment privilégié : lorsque le soir nous surprend.

Conseil de pratique : 2 g pour 10 cl, de 5 à 7 mn (à la lumière d'une bougie rouge) dans une eau souriante (95 °C).

Accessibilité : une approche sans complexité, mais pas nécessairement enjouée.

UN OOLONG DU VIETNAM

Aspect du thé : un Oolong vert foncé, lourd, avec des feuilles entières recroquevillées, élégantes, et des bourgeons.

Infusion : feuilles vert sombre séchées et épanouies, avec un manque de relief et des élans de menthe séchée.

Aspect de la liqueur : d'un orange lumineux.

Liqueur en nez : une attaque réglissée faisant place à une note de mandarine.

Liqueur en bouche : sucrée, elle prend de la consistance en note de corps.

Liqueur en finale : elle se termine sur une note terreuse et âpre.

Remarque : un Oolong rêche, qui demande à développer de la subtilité.

Présence : un tempérament tel quel.

Moment privilégié : un moment nature, sans revendication ni tentative d'aucune sorte.

Conseil de pratique : 2 g pour 10 cl, de 5 à 7 mn (à la lumière d'une bougie rouge) dans une eau souriante (95 °C).

Accessibilité : pour ceux qui sont à la recherche d'un Oolong brut.

INDONÉSIE

Superficie : 128 503 ha (1994)
Production : 121 000 t (1996)
Exportation : 101 532 t (1996)

L'Indonésie comprend 13 000 îles, dont les cinq principales sont Sumatra, Sulawesi, Kalimantan, Irian Jaya et Java. Seules Java et Sumatra possèdent des plantations, ainsi que, récemment, le sud de l'île Sulawesi.

Après un net recul pendant la Seconde Guerre mondiale, où l'on dut défricher les plantations de thé de basse altitude pour les remplacer par des cultures de subsistance, l'Indonésie contribue aujourd'hui pour 6 % à la production mondiale de thé.

Java

Après plusieurs tentatives infructueuses menées à partir de 1728 avec des graines et des plants originaires de Chine et du Japon, il fallut attendre quelque cent cinquante ans pour que des planteurs privés procèdent à de nouveaux essais, réussis ceux-là, avec des graines de type Assamica, semblables à celles utilisées par les Britanniques en Assam. C'est ainsi qu'à la fin du XIXe siècle Java pouvait s'enorgueillir d'une industrie du thé florissante, moderne et mécanisée.

Sur cette île longue de 950 kilomètres, les plantations de thé se trouvent essentiellement à l'ouest, à une altitude le plus souvent inférieure à 1 000 mètres. Le climat est tropical, et la présence de la mer limite les écarts de température d'une saison à l'autre. La meilleure qualité de thé est celle récoltée pendant la saison la plus sèche, de juin à septembre.

UN JAVA

Aspect du thé : un Broken de feuilles noires, avec des bourgeons et peu de tiges.

Infusion : une promesse fleurie mais séchée, marron clair, manquant de rayonnement.

Aspect de la liqueur : d'un orange lumineux tirant vers le jaune.

Liqueur en nez : un ensemble fleuri assez imprécis qui s'ouvre par le milieu.

Liqueur en bouche : de la substance, mais pas de lourdeur.

Liqueur en finale : une astringence élégante dont on aimerait qu'elle s'accompagne de notes aromatiques.

Présence : un essai, un effort, du mérite.

Moment privilégié : une pause dans sa recherche.

Conseil de pratique : 2 g pour 10 cl, de 3 à 4 mn (en éveil nocturne) dans une eau souriante (95 °C).

Accessibilité : une approche franche et honnête.

Sumatra

Les graines plantées à Sumatra, en 1911, le furent sur la côte nord-ouest, en provenance d'Assam, de Java et de Ceylan. La plupart des plantations se trouvent à une altitude comprise entre 200 et 1 000 mètres. La température et la pluviométrie y sont proches de celles de Java, et la récolte y a lieu toute l'année avec une période de qualité, toutefois assez modérée, de fin mai à fin août-début septembre.

UN SUMATRA

Aspect du thé : un Broken, avec des *golden tips* (bourgeons). Il est assez propre – sans morceaux de tiges –, mais moins que le Java.

Infusion : marron foncé quelque peu terne, elle laisse percevoir des fleurs rouges lointaines.

Aspect de la liqueur : d'un rouge profond et clair aux contours jaunes.

Liqueur en nez : une note de fleur rouge affirmée, distincte, mais se termine en foin.

Liqueur en bouche : avec une astringence qui s'épanouit sans s'imposer, elle est de bon maintien, parfois légèrement dure.

Liqueur en finale : un resserrement au fond de la bouche, d'une longueur structurelle.

Présence : de l'honnêteté et du bien-faire.

Moment privilégié : lors des premières pauses d'un travail.

Conseil de pratique : 2 g pour 10 cl, de 3 à 4 mn (en éveil nocturne) dans une eau souriante (95 °C).

Accessibilité : une approche sans difficulté réelle.

ASIE MINEURE

IRAN

Superficie : 34 000 ha (1996)
Production : 50 000 t (1996)
Exportation : 1 500 t (1996)

L'habitude de boire du thé en Iran semble dater de la fin du XVe siècle. Le café y était très apprécié, mais les difficultés liées à son acheminement et l'éloignement des zones de production lui firent préférer le thé, d'accès plus aisé grâce à la route de la soie, en provenance de Chine.

En 1882, Haj Mohammad Hossein Esfahani apporta quelques graines d'Inde afin de cultiver des théiers en Iran... mais sa tentative échoua. Dix-sept ans plus tard, Mohammad Mirza importa 3 000 graines de la vallée Kangra, située dans le nord de l'Inde. Il les sema près de la ville de Lahijan, au sud de la mer Caspienne. Cette fois, ce fut une réussite et les plantations se développèrent, de la province de Gillan à celle de Mazandran. A partir des années 20, l'Iran, cultivant du thé entre la rive sud de la mer Caspienne et les montagnes Elburz, au nord du plateau persique, rejoignit le cercle des pays producteurs de thé.

Dans les régions théières, la température peut descendre à – 5 °C en janvier, février et mars, et monter jusqu'à 33 °C en juillet et août. Le niveau pluviométrique est d'environ 1 300 millimètres par an, mais des insuffisances dans les mois d'été nécessitent un système d'irrigation. Les plantations, dont la moitié ont une superficie inférieure à 1 hectare, appartiennent à de petits propriétaires qui possèdent d'autres productions agricoles. Les opérations de champ et de récolte sont manuelles. La période de production est de début mai à fin octobre. Les feuilles cueillies sont vendues aux *factories* : il en existe une bonne centaine aujourd'hui, qui fabriquent de l'Orthodoxe et un peu de CTC.

UN IRAN

Aspect du thé : des feuilles marron, floconneuses et inégalement fermentées (vertes, noires, etc.) et des morceaux de tiges.

Infusion : marron clair, avec une fleur rouge mais de courte longueur.

Aspect de la liqueur : rouge-orange, lumineuse.

Liqueur en nez : une fleur rouge, fraîche et quelque peu citronnée.

Liqueur en bouche : une âpreté équilibrée.

Liqueur en finale : une astringence suivie se terminant chaotiquement, et un manque de longueur aromatique.

Présence : un souffle spontané parcourant un champ de fleurs.

Moment privilégié : entre amis, pour commencer une discussion impromptue.

Conseil de pratique : 2 g pour 10 cl, de 3 à 5 mn (en éveil nocturne/au départ des amis) dans une eau souriante (95 °C).

Accessibilité : une approche qui se fait d'elle-même.

TURQUIE

Superficie : 76 743 ha (1996)
Production : 114 540 t (1996)
Exportation : 2 301 t (1995)

Si l'on trouve bien trace de troc de briques de thé avec les Chinois dès 476 après J.-C., l'habitude de boire du thé ne s'ancra réellement en Turquie qu'au début du XVIe siècle, et la production de thé y commença en 1924 à partir de graines venues d'Union soviétique. Les plantations partirent de la frontière russe, sur la côte de la mer Noire, à Rize, puis s'étendirent jusqu'à Trabzon, Giresun et Ordu. Situées sur des terres plates ou des collines jusqu'à 500 mètres d'altitude, elles sont généralement de petite taille, et la culture y est principalement familiale.

Les régions productrices sont Rize, Artvin, Trabzon, Giresun, Ordu et Toplam. De température plus ou moins semblable (aux alentours de 14 °C de moyenne annuelle), elles diffèrent surtout par leur niveau pluviométrique. Les théiers utilisés sont des hybrides de type chinois, capables de supporter la neige et le froid de l'hiver. La récolte a lieu de mai à octobre ; la production couvre la consommation locale, et les quelques excès sont exportés.

UN RIZE

Aspect du thé : feuilles floconneuses marron sombre, avec des morceaux de tiges.

Infusion : marron clair, avec quelques feuilles plus vertes. Peu de nez.

Aspect de la liqueur : rouge vif lumineux.

Liqueur en nez : une note florale, fugace, que l'on aimerait plus affirmée.

Liqueur en bouche : une certaine présence, mais manquant de vigueur.

Liqueur en finale : une légère astringence, et la sensation d'une langue rétrécie. Une liqueur s'éloignant.

Remarque : un thé simple, court, mais non dépourvu de charme.

Présence : un souhait bienveillant.

Moment privilégié : peut-être pour peser une résolution avant de l'affirmer.

Conseil de pratique : 2 g pour 10 cl, de 3 à 5 mn (en éveil nocturne/au départ des amis) dans une eau souriante (95 °C).

Accessibilité : un thé d'une approche simple et facile.

CEI (EX-URSS)

Superficie : chiffre non communiqué
Production : 8 000 t (1996)
Exportation : chiffre non communiqué

Malgré quelques graines semées dans le jardin botanique de Nikity, en Crimée, la culture débuta réellement à la fin du siècle dernier avec des graines provenant de Chine. Le thé fut d'abord planté sur la rive est de la mer Noire, en Géorgie. Puis les cultures s'étendirent en Azerbaïdjan et à Krasnodar.

Le thé, issu de théiers de type chinois, seuls capables de supporter les hivers froids de ces plantations les plus septentrionales du monde, est planté sur des terrasses et des collines en pente douce. La récolte, généralement mécanisée, a lieu de mai à octobre.

UN GÉORGIE

Aspect du thé : feuilles marron sombre de taille inégale, avec des morceaux de tiges et des cailloux.

Infusion : sourde et cuite, sombre et assez terne.

Aspect de la liqueur : d'un rouge lumineux et dense cerné d'un halo jaune.

Liqueur en nez : assez fade et poussiéreuse.

Liqueur en bouche : mince.

Liqueur en finale : de faibles arômes qui s'étiolent vite, laissant quelques instants encore une langue tapissée, relativement âpre.

Présence : un état des lieux peu réconfortant.

Moment privilégié : lorsqu'on est pris dans les mailles d'un court instant pas facile.

Conseil de pratique : 2 g pour 10 cl, de 3 à 5 mn (en éveil nocturne/au départ des amis) dans une eau souriante (95 °C).

Accessibilité : une approche sans complexité, pas très festive.

OCÉANIE

PAPOUASIE/NOUVELLE-GUINÉE

Superficie : 4 000 ha (1996)
Production : 7 000 t (1996)
Exportation : 6 300 t (1996)

Dans les années 1900, quelques graines d'Assam furent apportées de Malaisie pour être cultivées dans les jardins botaniques de Brisbane. Une trentaine d'années plus tard, l'administration australienne de Papouasie-Nouvelle-Guinée tenta – avec succès – d'acclimater quelques-unes des graines issues de ces plants dans la province de Morobe. La culture du thé commença à une large échelle à partir du milieu des années 50.

Le thé produit aujourd'hui est exclusivement du CTC. Il pousse dans la vallée Waghi, sur les hautes terres de l'Ouest, à une altitude comprise entre 1 600 et 2 000 mètres. La température clémente (de 12 à 25 °C) et les précipitations régulières (de 1 800 à 2 400 mm/an) permettent aux théiers de pousser toute l'année. La période de qualité va de juillet à août.

UN PAPOUASIE/NOUVELLE-GUINÉE

Aspect du thé : un Fannings, marron, fibreux, avec quelques morceaux de feuilles plus grandes.

Infusion : marron sombre avec des résonances vertes, très courte en nez, elle évoque les raisins secs.

Aspect de la liqueur : d'un beau rouge intense, clair et sanguin.

Liqueur en nez : peu étendue, légèrement sucrée.

Liqueur en bouche : de la résistance.

Liqueur en finale : une quasi-absence aromatique, une astringence plate et courte.

Présence : un claquement soudain occasionné par le vent.

Moment privilégié : un bref instant sans suite.

Conseil de pratique : 2 g pour 10 cl, de 2 mn 30 à 3 mn (à la surprise d'arbre au soleil descendant), dans une eau souriante (95 °C).

Accessibilité : une approche sans profonde difficulté.

AUSTRALIE

Superficie : 680 ha (1996)
Production : 700 t (1996)

La culture commerciale du thé débuta en Australie près d'Innisfail, non loin de la côte nord-est du Queensland, à partir de 1960 – ou recommença, car les premiers hectares, plantés vers 1890, avaient été ravagés en 1918 par un cyclone.

Les surfaces théières, situées aux alentours de 160 mètres d'altitude, reçoivent près de 3 700 millimètres d'eau par an, surtout dans les six premiers mois de l'année. Le thé produit est du thé noir, qui couvre 5 % de la consommation domestique.

UN AUSTRALIE

Aspect du thé : un Broken floconneux, avec des fibres et des tiges, quelques feuilles entières et d'autres de fermentation inégale.

Infusion : sombre et terne, avec un parfum mat et torréfié.

Aspect de la liqueur : voilée, d'un rouge tirant vers le vert.

Liqueur en nez : une attaque caramel mais sans suite.

Liqueur en bouche : maigre et adhérente.

Liqueur en finale : une finale très atténuée, de l'ordre du vague souvenir.

Présence : une présence qui s'évanouit.

Moment privilégié : un moment dont on ne retient que les premiers instants.

Conseil de pratique : 2 g pour 10 cl, de 3 à 4 mn (en éveil nocturne) dans une eau souriante (95 °C).

Accessibilité : une approche motivée par la curiosité plus que par une recherche gustative.

AFRIQUE

KENYA

Superficie : 112 556 ha (1995)
Production : 257 162 t (1996)
Exportation : 244 226 t (1996)

Le thé fut introduit au Kenya en 1903. La production commerciale ne fut possible qu'après les années 20, lorsque commencèrent les défrichages agricoles dans les hautes terres, mais elle ne se développa qu'après la Seconde Guerrre mondiale.

Le Kenya arrive en tête des pays d'Afrique pour la surface, la quantité et, dans une large mesure, la qualité du thé produit. Malgré son entrée récente dans le club des producteurs de thé, il lui arrive, certaines années, d'exporter plus que le Sri Lanka.

En 1945, la totalité des 6 356 hectares théiers du pays appartenait à des colons blancs. Dix ans plus tard, le gouvernement ouvrit un secteur de petits propriétaires et créa une administration chargée de les aider : le KTDA (Kenya Tea Development Authority). En 1975, le rapport était inversé, et l'on comptait 37 205 petits propriétaires pour 24 337 grands exploitants, regroupés au sein du Kenya Tea Growers Association.

La production kenyane est composée à 99 % de CTC. Les plantations, situées à cheval sur l'équateur, s'échelonnent entre 1 600 et 2 250 mètres d'altitude, les principaux districts se trouvant entre le mont Kenya et le lac Victoria, des deux côtés de la vallée du Rift. L'Ouest connaît une saison sèche de décembre à février, l'Est de juin à septembre. La récolte a lieu toute l'année, avec des pointes pendant les saisons des pluies. Les saisons de qualité, réservées aux thés de haute altitude, correspondent aux périodes de sécheresse.

UN MARINYN

Aspect du thé : de belles feuilles assez noires, bien que parfois un peu grises, des bourgeons et quelques morceaux de tiges.

Infusion : florale, cuivrée.

Aspect de la liqueur : d'un rouge substantiel quelque peu trouble.

Liqueur en nez : de la violette, du tempérament, des sillages.

Liqueur en bouche : corpulente, pleine, mais souple.

Liqueur en finale : le grondement sourd d'une amertume poivrée.

Présence : une terre sèche vrombissant sous nos pieds.

Moment privilégié : quand on sent le moment secoué des vibrations d'une gestation.

Conseil de pratique : 2 g pour 10 cl, de 3 à 4 mn (en éveil nocturne) dans une eau souriante (95 °C).

Accessibilité : un thé d'Afrique qui ne se laisse pas facilement approcher, telle une fleur un peu sauvage. A aborder après d'autres thés du continent.

MALAWI

Superficie : 18 986 ha (1996)
Production : 38 313 t (1996)
Exportation : 36 661 t (1996)

Le Malawi, ancien Nyasanland, est le premier pays africain à avoir développé commercialement la culture du thé. Le thé y fut planté en 1878 par Jonathan Duncan, jardinier à la mission de l'Église d'Écosse, près de Blantyre, qui utilisa des graines du jardin botanique d'Édimbourg. Ce fut un échec, mais, en 1886, le docteur Elmslie, venant d'Écosse et se rendant à la mission Livingstonia, lui apporta d'autres graines, dont quelques-unes des célèbres jardins Kew de Londres. Cette fois, deux graines poussèrent (un de ces deux théiers existe toujours), mais le thé, que l'on manufactura très artisanalement à partir de ces théiers, était désastreux... Dans les années 1880, d'autres graines d'Édimbourg et de Kew furent plantées à Lauderdale, au pied de la montagne Mulanje, et le thé se répandit progressivement aux districts voisins, Thyolo et Nkhata.

Les plantations de Mulanje – qui abrite la Fondation de recherche sur le thé d'Afrique centrale – s'échelonnent entre 700 et 1 000 mètres d'altitude, celles de Thyolo jusqu'à 1 300 mètres. Le niveau pluviométrique est très variable, n'excluant pas de graves périodes de sécheresse, comme celle qui, en 1992, provoqua un effondrement de la croissance.

Lujeri, Bloomfield et Chombe, trois jardins très connus, produisent du CTC. La récolte de qualité commence en octobre-novembre, et la plus abondante en décembre-début janvier, après le début de la mousson.

UN MALAWI

Aspect du thé : un CTC marron, avec quelques fibres.

Infusion : d'un marron cuivré manquant juste un peu d'éclat, elle est mate et sourde au nez, avec une note cuite et des notes sous-jacentes animales (de cuir, parfois de cuir de sellerie).

Aspect de la liqueur : un rouge dense habité d'un rouge sombre diffus, avec un léger anneau de vert.

Liqueur en nez : elle commence modestement, sur des notes sèches, boisées, sans grande expressivité.

Liqueur en bouche : monotone, elle s'installe et prend sa place en milieu de bouche.

Liqueur en finale : une petite amertume bien tenue – que l'on aurait souhaitée moins éphémère – s'efface.

Présence : une main se posant, puis se retirant.

Moment privilégié : un instant de calme où l'indicible ne se résout pas à dire son nom.

Conseil de pratique : 2 g pour 10 cl, de 3 à 4 mn (en éveil nocturne) dans une eau souriante (95 °C).

Accessibilité : le Malawi représente une bonne initiation aux thés d'Afrique.

MOZAMBIQUE

Superficie : 2 000 ha (1995)
Production : 1 500 t (1995)
Exportation : 450 t (1996)

C'est dans le district Milange, voisin de celui de Mulanje, au Malawi, que l'on commença de planter des théiers dans les années 20, suivant en cela l'exemple du Malawi. D'autres districts suivirent, plus favorables à la culture théière, tels Gurue et Socone, devenus depuis les principales régions productrices du Mozambique, ou Tacuane. Les températures et les saisons de cueillette y sont assez semblables à celles du Malawi. Les récoltes commencent en septembre jusqu'à fin juin, avec un pic quantitatif en janvier-février. L'essentiel de la production est constitué d'Orthodoxe.

UN MOZAMBIQUE

Aspect du thé : un CTC brun foncé, propre et graineux.

Infusion : marron tirant vers le vert, avec une odeur crémeuse sur une base de cacao.

Aspect de la liqueur : d'un profond rouge doré.

Liqueur en nez : une approche cacao, suivie de valeurs de terre sèche et de notes de sable.

Liqueur en bouche : elle occupe la bouche, mais sans lourdeur.

Liqueur en finale : terre et cendres.

Présence : du chemin parcouru et encore à parcourir.

Moment privilégié : un moment de pause dans une traversée physique.

Conseil de pratique : 2 g pour 10 cl, de 3 à 4 mn (en éveil nocturne) dans une eau souriante (95 °C).

Accessibilité : une bonne approche pour un thé qui a des choses à dire.

ZIMBABWE

Superficie : 6 858 ha (1996)
Production : 16 822 t (1996)
Exportation : 9 160 t (1995)

Les cultures commerciales débutèrent en 1925 près de la frontière du Mozambique, dans les districts de Chipinga et Inyanga. Les plantations, situées entre 800 et 1 100 mètres d'altitude, connaissent des températures assez clémentes, favorables aux théiers de type *Assamica,* mais un niveau pluviométrique trop peu satisfaisant. Les récoltes principales se font de décembre à mars.

UN ZIMBABWE

Aspect du thé : un Broken aux feuilles marron, propres, homogènes et dépourvues de fibres.

Infusion : aromatique, acide, chaude et pleine, elle a des accents verts, cuivrés, mais à tendance mate.

Aspect de la liqueur : d'un rouge orange dense.

Liqueur en nez : ronde, épicée, elle n'est malheureusement pas assez soutenue.

Liqueur en bouche : épanouie, solide et dense, mais sans lourdeur.

Liqueur en finale : une belle conclusion structurelle, racée et mesurée. Hélas, un rappel aromatique se fait attendre.

Présence : un peu de nostalgie de ce qui a été parcouru.

Moment privilégié : un moment de léger manque dans notre vie d'effort.

Conseil de pratique : 2 g pour 10 cl, de 2 mn 30 à 3 mn (à la surprise d'arbre au soleil descendant) dans une eau souriante (95 °C).

Accessibilité : ce thé d'un abord agréable demande peut-être quelques précédentes expériences avec des thés africains.

CAMEROUN

Superficie : 1 560 ha (1996)
Production : 4 000 t (1996)
Exportation : chiffre non communiqué

Les premiers théiers camerounais furent plantés par les Allemands, en 1914, à Tole, qui, à 600 mètres d'altitude, se situe au pied du mont Cameroun, dans le sud-ouest du pays, près de la côte Atlantique. Mais ces plantations ne se développèrent réellement qu'à partir des années 50, ainsi que, au nord-ouest, celles de Ndu, sur des hauteurs atteignant 2 100 mètres, ou celles de Djuttitsa. La cueillette a lieu toute l'année. Saison de qualité : fin mars-début avril.

UN CAMEROUN

Aspect du thé : un Fannings marron, presque complètement dépourvu de morceaux de tiges.

Infusion : chaude, cuivrée, elle a du caractère et de l'acidité.

Aspect de la liqueur : rouge, dense et rayonnante.

Liqueur en nez : une note mate et sauvage, un peu abrupte.

Liqueur en bouche : harmonieuse, elle prend sa place avec détermination, mais sans agressivité.

Liqueur en finale : juste ce qu'il faut de présence tannique.

Remarque : ce thé peut manquer de fraîcheur (sauf pour Djuttitsa) ou de relief (s'il s'agit d'un thé de basse altitude).

Présence : des offres d'une bonne mesure.

Moment privilégié : un petit moment d'une agréable surprise dans le quotidien.

Conseil de pratique : 2 g pour 10 cl, de 2 mn 30 à 3 mn (à la surprise d'arbre au soleil descendant) dans une eau souriante (95 °C).

Accessibilité : ce thé de belle qualité, riche en surprises, se décline en trois versions : CTC *High Grown* à Djuttitsa – caractérisé par sa note fraîche –, CTC *Low Grown* à Tole, thé noir orthodoxe *High Grown* à Ndu. A vous de choisir...

OUGANDA

Superficie : 20 500 ha (1996)
Production : 17 418 t (1996)
Exportation : 14 981 t (1996)

Au début du siècle, des plants furent envoyés des jardins botaniques d'Édimbourg et de Kew, en Grande-Bretagne, à celui d'Entebbe. Ils s'y acclimatèrent si bien qu'en 1909, désireux de poursuivre, le gouvernement importa quelque 200 kilos de graines d'Assam pour les semer dans les plantations gouvernementales de Kampala. Ce fut un succès, qui aboutit en 1931 au premier jardin commercial.

Jusqu'au début des années 70, l'exportation de thé constituait l'une des sources de revenus les plus importantes du pays, et le thé ougandais concurrençait le thé kenyan. Mais l'instabilité politique provoqua une chute importante de l'exportation et de la production, dont l'Ouganda commence à peine à se relever. Il ne reste plus qu'à stabiliser la qualité de ces thés... ce qui n'est pas encore acquis.

Les districts d'Ouganda, situés de part et d'autre de l'équateur à une altitude moyenne de 1 300 mètres, sont Mengo, Toro, Mityana, Masaka, Ankolee, Kigezi et Bunyoro. Les chutes de pluie y sont bien réparties dans l'année, et la clémence des températures épargne aux théiers la phase de dormance, si bien que la récolte a lieu plus ou moins toute l'année. Les cueillettes les plus abondantes ont lieu pendant les périodes de pluie, de septembre à novembre et de mars à mai, et celles de qualité supérieure dans la période de sécheresse, en janvier-février.

UN OUGANDA

Aspect du thé : un Broken fait de feuilles non homogènes, avec des morceaux de tiges.

Infusion : d'un marron peu homogène, avec des accents verts, elle est étonnamment fraîche et fleurie, quoique un peu courte.

Aspect de la liqueur : peu dense, d'un rouge fondant au vert.

Liqueur en nez : une touche de menthe séchée à l'attaque, se concluant en herbes sèches.

Liqueur en bouche : légère, mince... voire un peu inexistante.

Liqueur en finale : nette et sans suite, elle s'essouffle et s'épuise.

Présence : un léger vent parvenu à terme.

Moment privilégié : un instant de répit, sans nécessité particulière de réconfort.

Conseil de pratique : 2 g pour 10 cl, de 2 mn 30 à 3 mn (à la surprise d'arbre au soleil descendant) dans une eau souriante (95 °C).

Accessibilité : une approche sans histoire... qui manque peut-être un peu d'histoire.

TANZANIE

Superficie : 20 564 ha (1996)
Production : 19 768 t (1996)
Exportation : 18 468 t (1996)

Les Allemands y cultivèrent du thé dès le début du siècle, mais il fallut attendre 1930 pour que s'y organisent des plantations à grande échelle, dans les montagnes Usambara et sur les hautes terres du Sud, dans les districts de Mufindi et Rungwa, bientôt suivis de Bukoba, sur la rive occidentale du lac Victoria.

De nos jours, la Tanzania Tea Authority, qui possède 5 des 21 *factories* de Tanzanie, aide les petits propriétaires, qui représentent un tiers de la production, en leur achetant leurs récoltes afin de les manufacturer.

UN TANZANIE

Aspect du thé : un CTC marron clair, lumineux, mais fibreux.

Infusion : une poudre humide et cuivrée.

Aspect de la liqueur : d'un rouge dense, parfois un peu trouble.

Liqueur en nez : minimaliste, mais certaine.

Liqueur en bouche : tactile et calme, elle prend ses marques avant de s'effacer.

Liqueur en finale : une rugosité nette, sans exagération.

Présence : un accompagnement sobre, mais existant.

Moment privilégié : pour « marquer le coup » sans excès.

Conseil de pratique : 2 g pour 10 cl, de 3 à 4 mn (en éveil nocturne) dans une eau souriante (95 °C).

Accessibilité : une approche plus tactile que gustative. Pourquoi pas ?

AFRIQUE DU SUD

Superficie : 6 310 ha (1995)
Production : 11 000 t (1995)
Exportation : négligeable

Bien qu'il y ait eu des théiers au jardin botanique de Durban, dans le Natal, dès 1850, c'est en 1877, avec des graines en provenance d'Assam, que commença la culture commerciale. Pendant quelques années, cette production resta insignifiante : à peine 250 kilos en 1882 ! Puis les choses s'accélérèrent et les zones de production s'étendirent : après le Kwazulu d'origine, dans l'est du Transvaal, des plantations furent créées dans le Natal, le Zululand et le Transkei, à des altitudes situées entre 900 et 1 600 mètres. Seul le Transkei plafonne à 300 mètres.

Les journées y sont chaudes, les nuits fraîches et les vents forts. La pluviométrie y est peu régulière et insuffisante, et la production théière souffre régulièrement de la sécheresse. Le thé, cueilli lors de la saison des pluies, de novembre à mars, est manufacturé en CTC. La consommation nationale absorbe une grande partie de la production, qui, de ce fait, s'exporte peu. L'Afrique du Sud offre des thés vigoureux, frais et d'un rouge dense.

ÉTHIOPIE

Superficie : 2 100 ha (1996)
Production : 1 500 t (1996)
Exportation : chiffre non communiqué (1996)

En 1928, un Britannique stationné à Gore fournit des graines de théier en provenance d'Inde à différents fermiers locaux. Parmi eux, Keynazmch Mejid Abboud, un Libanais expatrié à Gumaro, fonda en 1957 la première plantation commerciale de thé. Quant à Wush, la deuxième plantation du pays pour ce qui est de l'importance, elle fut exploitée sur une échelle commerciale en 1973. Toutes deux sont situées au-dessus de 1 700 mètres d'altitude.

UN GUMARO

Aspect du thé : un Broken à feuilles noires homogènes, et une abondance de fibres.

Infusion : cuivrée, avec quelques incidences vertes, elle propose une note chaude et épicée.

Aspect de la liqueur : d'un rouge dense et lumineux.

Liqueur en nez : une note poivrée.

Liqueur en bouche : un corps léger, mais existant.

Liqueur en finale : un accompagnement structurel, chaleureux et onctueux.

Présence : un désir d'aller vers l'autre.

Moment privilégié : à boire seul avant de partir rendre visite.

Conseil de pratique : 2 g pour 10 cl, de 2 mn 30 à 3 mn (à la surprise d'arbre au soleil descendant) dans une eau souriante (95 °C).

Accessibilité : une approche qui se fait d'elle-même.

RWANDA

Superficie : 12 395 ha (1991)
Production : 14 000 t (1992)
Exportation : 13 000 t (1992)

La culture commerciale du thé a débuté au Rwanda dans les années 50. Le thé pousse au sud-est du lac Kivu, entre 1 500 et 2 000 mètres d'altitude. Les conditions climatiques et les saisons de récolte sont assez similaires à celles de l'Ouganda. Ce thé de qualité fut très durement touché par les récents conflits armés. Il est toujours dans l'attente d'une renaissance…

UN RWANDA

Aspect du thé : un Broken marron foncé, avec des morceaux de tiges.

Infusion : marron sombre, épicée (muscade), avec une note chaude sur un fond de fourrure.

Aspect de la liqueur : d'un rouge net, mais doux. Une certaine pénombre n'est pas absente.

Liqueur en nez : épicée, sèche, habitée d'esprit floral.

Liqueur en bouche : de la franchise, de l'amplitude, de la souplesse.

Liqueur en finale : une accroche percutante mais non dérangeante. Laisse la langue tapissée, sans agression.

Présence : du temps, de la simplicité, de l'envie… et quelques fleurs.

Moment privilégié : un moment où on laisse les choses prendre leur place.

Conseil de pratique : 2 g pour 10 cl, de 3 à 4 mn (en éveil nocturne) dans une eau souriante (95 °C).

Accessibilité : ce thé clair et d'approche ample nécessite peut-être un peu de route...

ILE MAURICE

Superficie : 2 100 ha (1995)
Production : 3 800 t (1995)
Exportation : 2 900 t (1995)

L'île Maurice est située dans l'océan Indien, à environ 2 000 kilomètres de la côte est de l'Afrique. Le thé y fut introduit en 1760 par le père Galloys. Mais, pour les Français, qui occupaient l'île à cette époque, la culture du thé n'était pas une priorité. C'est pourquoi Pierre Poivre garda son premier plant comme un spécimen de musée.

Au XIXe siècle, sir Robert Farquhar, gouverneur de l'île Maurice, encouragea les plantations à l'échelle commerciale. Mais le boom du sucre du début des années 20 entraîna un désintérêt pour le thé et la disparition de plusieurs plantations. Il fallut la récession mondiale des années 30, qui toucha durement les industries sucrières, pour que le thé revienne sur le devant de la scène. Au début de la Seconde Guerre mondiale, l'île comptait 850 hectares de thé et 5 *factories*. En 1948, pour la première fois, du thé mauricien était exporté. Un centre de recherche fut créé à Curepipe, et un programme d'aide aux petits propriétaires lancé en 1955.

Depuis, il semble que l'histoire soit capable de se répéter, ou du moins les hommes capables de recommencer les mêmes erreurs, puisque le boom du sucre fait à nouveau rage et menace sérieusement les plantations de thé de l'île.

Les récoltes sont mécanisées et ont principalement lieu pendant les pluies, en janvier, février et mars.

UN ILE MAURICE

Aspect du thé : un Fannings terne, poussiéreux, très inégal en forme et en taille, avec beaucoup de fibres.

Infusion : aromatiquement mince, avec une note cuite, herbacée, terne, et un manque de lumière.

Aspect de la liqueur : d'un rouge sombre dense, avec un léger halo vert.

Liqueur en nez : jeune et éphémère.

Liqueur en bouche : assez pesante, un rappel immature de la matière première lui retirant toute possibilité d'être moelleuse.

Liqueur en finale : une structure courte, des arômes absents, une âpreté défraîchie.

Présence : de la rapidité… trop de rapidité.

Moment privilégié : un instant comme ça, rapide… très rapide.

Conseil de pratique : 2 g pour 10 cl, de 3 à 4 mn (en éveil nocturne) dans une eau souriante (95 °C).

Accessibilité : une approche sans complexité.

AMÉRIQUE

ARGENTINE

Superficie : 39 000 ha (1996)
Production : 43 000 t (1996)
Exportation : 41 307 t (1996)

C'est à la fin des années 40 que l'Argentine entreprit véritablement de se livrer à la culture commerciale du thé dans la province nord de Misiones, à la frontière du Brésil. Les plantations de Misiones réalisent aujourd'hui 95 % de la production nationale, celles de Corrientes fournissant le reste. L'expansion fut rapide, si l'on considère que la surface plantée passa de 1 500 hectares en 1950 à 39 000 aujourd'hui, et la production de 6 486 à 43 000 tonnes dans le même temps. Dans ces régions de collines, les conditions climatiques sont pourtant peu favorables : de 1 500 à 2 000 millimètres d'eau par an en distribution irrégulière, des différences entre les températures diurne et nocturne de l'ordre de 20 à 25 °C, parfois du gel entre mai et septembre, des hivers humides et froids, des étés chauds et secs – bref, des conditions à faire frémir plus d'un théier. La récolte a lieu d'octobre à avril. La saison de qualité est comprise de mi-octobre jusqu'à novembre inclus.

UN ARGENTINE

Aspect du thé : un Broken poussiéreux, d'un marron rouge voilé de gris, avec des morceaux de tiges.

Infusion : une note terne et poussiéreuse de terre.

Aspect de la liqueur : orange à tendance verte, elle manque de clarté et de netteté.

Liqueur en nez : une attaque étouffante, suivie de notes poussiéreuses, transpirantes, sans relief, et parfois de notes sous-jacentes d'ardoise.

Liqueur en bouche : plate, sans vigueur.

Liqueur en finale : manquant d'empreinte, dénuée de vécu, elle laisse une sensation d'âcreté poussiéreuse, asséchante.

Remarque : ce thé entre dans la composition de nombreux *blends* bon marché.

Présence : une présence pour faire baisser les coûts !

Moment privilégié : quand on ne souhaite pas aller beaucoup plus loin.

Conseil de pratique : 2 g pour 10 cl, de 2 mn 30 à 3 mn (à la surprise d'arbre au soleil descendant) dans une eau souriante (95 °C).

Accessibilité : une approche sans richesse et pas spécialement festive.

BRÉSIL

Superficie : 6 000 ha (1996)
Production : 9 000 t (1996)
Exportation : 6 000 t (1996)

La culture du thé a débuté en 1818 au Brésil, lorsque Dom Joao VI créa les jardins botaniques de Rio de Janeiro, où il ordonna que soient plantées des graines de théiers venues de Chine. Les premières cultures prirent place sur les collines de Rio et, semble-t-il, sur les côtes du célèbre Pain de Sucre. Grâce à des experts chinois, ces tentatives furent couronnées de succès, et l'on étendit l'opération à des régions plus favorables, tels le Minas Gerais et São Paulo. Mais l'abolition de l'esclavage, en 1888, porta un rude coup à ce secteur.

Le thé suscita un nouvel intérêt dans les années 20 avec l'arrivée d'immigrés japonais, qui trouvèrent dans la région de Registro un climat semblable à celui de leur sol natal. L'un des nouveaux arrivants, Torazo Okamoto, se mit à la culture du thé vert, puis du thé noir. En 1935, il importa du Japon l'équipement de *factory* le plus moderne, puis ramena clandestinement, cachées dans sa poche, des graines de théiers de type *Assamica* « empruntées » lors d'une visite dans des plantations indiennes et cinghalaises. Depuis, la plupart des théiers cultivés dans le Registro proviennent de ces graines.

Actuellement, le thé est cultivé au sud de São Paulo, où les meilleures récoltes ont lieu de novembre à mars.

UN BRÉSIL

Aspect du thé : brun foncé noir, floconneux, avec des morceaux de tiges, présence de *stalks* et des feuilles insuffisamment sous-fermentées.

Infusion : sombre, d'une couleur beige à marron foncé, elle laisse échapper un surprenant éclair de fleur d'oranger, sur une base de menthe séchée.

Aspect de la liqueur : orange pâle.

Liqueur en nez : florale à l'ouverture, poivrée en milieu, fuyante en fin de note de corps.

Liqueur en bouche : maigre, affamante, elle témoigne d'une conduite dissipée.

Liqueur en finale : on aurait souhaité plus de distinction et de maintien.

Présence : des promesses... en attente de résultat.

Moment privilégié : pour essayer, et se donner soif d'amélioration.

Conseil de pratique : 2 g pour 10 cl, de 3 à 4 mn (en éveil nocturne) dans une eau souriante (95 °C).

Accessibilité : une approche facile qui demeure en suspens.

ÉQUATEUR

Production : 1 500 t
Exportation : 1 200 t

Depuis que ce pays a entrepris de cultiver du thé, en 1968, une partie de sa production est exportée aux États-Unis.

UN ÉQUATEUR

Aspect du thé : un Broken de feuilles noires, assez uniforme, mais floconneux.

Infusion : des feuilles séchées et épicées, une infusion sombre et terne.

Aspect de la liqueur : d'un rouge manquant de netteté, qui absorbe la lumière et crée des zones d'ombre.

Liqueur en nez : une absence remarquée.

Liqueur en bouche : métallique et maigre.

Liqueur en finale : un soupçon de céréales, histoire de...

Remarque : un thé muet.

Présence : ni promesse ni résultat.

Moment privilégié : pour un instant sans engagement.

Conseil de pratique : 2 g pour 10 cl, de 3 à 4 mn (en éveil nocturne) dans une eau souriante (95 °C).

Accessibilité : une approche sans difficulté.

LES BLENDS

Le *blend* – ou mélange de différents thés – ne sert trop souvent qu'à conjuguer la médiocrité des produits utilisés. Pourtant, il existe bel et bien un art du *blend*, qui doit conduire à chercher le meilleur parmi une multiplicité inégale.

Qu'est-ce qu'un blend ?

Les *blends* sont des mélanges de thés provenant de différents jardins d'une même localité ou d'un même pays – « thé de Darjeeling », « Assam » ou « Kenya ». Mais certaines législations permettent la mention « Assam », par exemple, si la moitié du thé entrant dans la composition du *blend* est originaire de cette région... ce qui autorise une autre moitié composée de thés venus d'ailleurs, et généralement moins chers. Un *blend* « pur Assam », en revanche, garantit qu'il s'agit de thés issus à 100 % des jardins de la région.

Mais cette mention est elle-même insuffisante : « Thé de Ceylan » équivaut à une étiquette « vin de France » sur une bouteille de vin, et thé de Darjeeling ne correspond à rien de plus que « vin de Bordeaux ». Plus la référence est large (une région « thé d'Uva », un pays « thé de Chine », un continent « thé d'Afrique »), moins elle a de pertinence.

Bien que typé par la couleur du terroir, chaque jardin apporte en effet sa touche propre. D'abord, le matériel végétal n'est pas le même d'un jardin à l'autre. Ensuite, contrairement au raisin qui va faire le vin, le thé connaît plusieurs récoltes par an – donc une ou plusieurs saisons de qualité –, aussi différentes que possible les unes des autres. Enfin, il faut compter avec les types de thé manufacturés. Que peut bien signifier le traditionnel « thé de Chine », hormis le préjugé commun désignant un thé fumé : s'agit-il d'un thé vert, d'un thé noir, d'un Oolong, d'un fumé ? Et lequel ? Quant à ceux qui, dans un café, décident de commander « un thé » après avoir lu « thé nature » sur la carte, ils sont bien téméraires.

Plus fréquemment, on trouve des *blends* qui ne mentionnent aucune origine et se contentent de porter un nom – comme « thé excellent », « mélange rouge », « label exclusif » ou « thé des samouraïs ».

Trois motivations peuvent présider à la réalisation d'un *blend*. Le premier souci peut être celui de maintenir un goût,

Quelques blends. *Réussir un* blend *est un exercice d'équilibre, d'audace et de compétence... à moins de faire un standard commercial de divers stocks.*

un parfum, une couleur et une lumière identiques tout au long de l'année, quelles que soient les récoltes ou les ruptures de stock d'une origine ou d'un jardin. On comprend qu'une grande marque ayant un fort débit ne puisse se satisfaire de la production limitée de quelques jardins aux caractéristiques quantitatives et qualitatives par ailleurs imprévisibles. Cette marque va donc mélanger des thés en provenance d'une vingtaine de jardins, certaine d'obtenir ainsi une relative stabilité : en multipliant les origines, on diminue leur incidence sur la liqueur.

De plus, un *blend* augmente les volumes de thé disponibles. Une marque à grand volume divise sa gamme de produits de façon à toucher différentes cibles et à occuper une surface plus importante en rayon. Mais, dans le même temps, elle se garde bien de les multiplier à l'excès, car, dès lors qu'il sont disponibles en quantité trop faible, les produits sont sujets à des ruptures de stock qui rendent impossible la fidélisation des clients. Mêler les lots constitue donc une solution commerciale efficace face à de fortes demandes relativement uniformes.

Enfin, on peut avoir le désir de créer des accords nouveaux, de jouer sur l'éventail des flaveurs, de faire du sur-mesure. Cela demande beaucoup d'agilité, un bon sens de l'équilibre et, de préférence, un peu d'audace. Ces *blends*, vendus dans des boutiques spécialisées ou par correspondance, sont d'un volume insuffisant pour être disponibles à grande échelle.

Les classiques

Voici maintenant 9 *blends* « classiques ». Ils ont fait leurs preuves et sont tous très répandus. Chacun d'eux peut se présenter sous une forme merveilleuse, pour peu qu'il ait été monté avec le plus grand soin, ou sous une forme commerciale plus commune et peu intéressante.

L'IRISH BREAKFAST

Ce *blend* de Ceylan et d'Assam repose sur la combinaison d'un Ceylan vif, pénétrant, aromatique et d'un Assam substantiel, chaud et malté. Le résultat peut être alerte, charnu et parfumé.

Conseil de pratique : 2 g pour 10 cl, de 3 à 4 mn (en éveil nocturne) dans une eau souriante (95 °C).

L'ENGLISH BREAKFAST

Plus connu que l'Irish Breakfast, il est généralement fait de feuilles brisées, voire broyées. Il donne une liqueur à forte extraction, corsée, constituée de thés à corps originaires d'Assam ou d'Afrique. En qualité médiocre, la tasse sera terne, lourde, déplaisante. En bonne qualité, elle sera envoûtante, reconstituante et structurante, mêlant malt et épices. Un Ceylan lui apportera du mordant et des valeurs florales ou herbacées ou citronnées, mais un Nilgiri, bien que moins astringent, pourra s'y subsituer. En haut de gamme, on préférera à la nervosité du Ceylan l'arôme de tête d'un Darjeeling, ou le retour sur les notes épicées, cette fois avec de la rondeur, d'un Darjeeling Third Flush.

Conseil de pratique : 2 g pour 10 cl, de 3 à 4 mn (en éveil nocturne) dans une eau souriante (95 °C).

LE BRUNCH

Le Brunch, de création assez récente, trouve son équilibre dans le corps d'un Assam et dans la richesse aromatique d'un Darjeeling. Cette belle promesse peut être tenue par un Assam malté, mais non agressif, et un Darjeeling fruité ou fleuri, selon l'envie.

Conseil de pratique : 2 g pour 10 cl, de 3 à 4 mn (en éveil nocturne) dans une eau souriante (95 °C).

L'AFTERNOON TEA

L'Afternoon est souvent de même composition que le Breakfast, mais le Broken Orange Pekoe (BOP) fait ici place à un Flowery Orange Pekoe (FOP) ou à un Orange Pekoe (OP). Aussi le *blend* est-il moins corsé, moins violent et plus aromatique.

Conseil de pratique : 2 g pour 10 cl, de 3 à 5 mn (en éveil nocturne/au départ des amis) dans une eau souriante (95 °C).

LE FIVE O'CLOCK TEA

Le Five o'Clock, rapidement décrit, est un *blend* FOP ou OP, Ceylan marié à un Darjeeling ou à un Assam. A ce mélange fleuri et astringent, il est possible d'apporter une note fruitée et sucrée en choisissant un Darjeeling Second Flush. Il convient toutefois de faire attention aux notes de queue et de minimiser la longueur en bouche structurelle au profit d'une persistance aromatique. Cela ne va pas de soi si le Darjeeling développe son amertume fruitée ou sa vigueur printanière.

Conseil de pratique : 2 g pour 10 cl, de 3 à 5 mn (en éveil nocturne/au départ des amis) dans une eau souriante (95 °C).

LE MÉLANGE ANGLAIS

C'est l'un des mélanges les moins définis qui soient : Inde, Ceylan, Afrique, Indonésie, Chine, Argentine... on peut tout y trouver, et ce grand « tout » est souvent un grand « rien ».

Conseil de pratique : 2 g pour 10 cl, de 3 à 5 mn (en éveil nocturne/au départ des amis) dans une eau souriante (95 °C).

L'IMPÉRIAL OR

C'est un *blend* de thés de Chine, délicatement fumé, avec un peu de thé au jasmin. Parfumé, avec peu de corps, il est traversé d'éclairs de chaleur sur une terre à la végétation fraîchement brûlée.

Conseil de pratique : 2 g pour 10 cl, de 3 à 5 mn (en éveil nocturne/au départ des amis) dans une eau souriante (95 °C).

LE CARAVANE

Ce *blend* fait de thés de Chine non fumés est censé retracer la route d'une caravane. Ainsi le Szechuan, fleuri et rond, s'associe à un Keemun légèrement amer au parfum de rose, et/ou à un Yunnan organisant l'espace, pacifiant les thés vifs mais désordonnés. Quand ce *blend* utilise des « vrais » thés, l'alliance des caractères a réellement le goût de la marche, de la terre parcourue, de notes poussiéreuses, de fleurs séchées et chaudes. Si

en revanche il mélange des thés noirs de Chine médiocres, la tasse s'affame, la liqueur est maigre et peut se trouver étouffée par un Yunnan médiocre.
Conseil de pratique : 2 g pour 10 cl, de 3 à 5 mn (en éveil nocturne/au départ des amis) dans une eau souriante (95 °C).

LE CHINE POINTES BLANCHES

Des thés fumés sont ici mélangés avec des thés chinois non fumés et agrémentés de bourgeons duveteux – pour un effet surtout décoratif. Très en vogue en France entre les deux guerres mondiales, ce *blend* offre une tasse délicate, fine et aromatique, moins fumée qu'un Lapsang Souchong.
Conseil de pratique : 2 g pour 10 cl, de 3 à 5 mn (en éveil nocturne/au départ des amis) dans une eau souriante (95 °C).

LES THÉS PARFUMÉS ET AROMATISÉS

Un thé noir au chrysanthème, un thé vert au jasmin, un thé vert au lotus, un thé Oolong à l'orchidée, un thé noir à la rose… Encore trop d'artifices floraux pour quelques-uns d'entre eux.

Il y a thés aromatisés et thés aromatisés. Des deux procédés utilisés, le traditionnel, pratiqué en Asie, est à base de fleurs ; l'autre, plus moderne, pratiqué dans les pays importateurs, utilise des essences, des huiles essentielles, des arômes naturels ou de « nature identique ».

Les procédés à base de fleurs

Les thés parfumés aux fleurs (Huacha) sont de longue tradition en Chine, puisque le thé au jasmin était déjà très apprécié sous la dynastie Song (960-1279). Ils sont traditionnellement montés sur une base de thé vert.

LE JASMIN

Ce thé est produit principalement à Fuzhou, dans le Fujian, avec les fleurs qui poussent le long de la rivière Min et répandent leur merveilleuse senteur le soir venu. C'est pourquoi l'on a soin de les cueillir dans la fraîcheur du matin et de les garder au frais jusqu'à la tombée de la nuit. Lorsque, avec l'humidité nocturne, elles répandent leurs volutes chaudes et sucrées, on place à côté d'elles un tas de thé vert séché. Toute la nuit, le thé va capter la flagrance florale. A plusieurs reprises, les tas seront défaits et refaits afin que le plus possible de parfum soit donné par la fleur et accepté par le thé. Un grade ordinaire aura droit à deux ou trois *rounds,* alors qu'un thé haut de gamme montera jusqu'à sept. Enfin, les feuilles seront à nouveau desséchées, car il faut retirer toute humidité pour ne pas gâter la finesse du parfum.

Dans certaines régions, on superpose des couches de thé et de jasmin, selon des proportions bien définies. Les feuilles de jasmin sont ensuite soigneusement retirées, afin que la liqueur ne tourne pas au contact de l'eau chaude. C'est pourquoi, plus un thé au jasmin a de fleurs, moindre est sa qualité.

LE LOTUS

Il y a quelque temps, pour donner à un thé un parfum de lotus, on le plaçait une nuit entière à l'intérieur d'un petit sachet de soie que l'on déposait au cœur de la fleur. Le thé était ensuite repris lors de la rosée, lorsqu'il s'était enivré de parfum.

LES AUTRES THÉS PARFUMÉS

Parmi les thés parfumés aux fleurs selon les méthodes traditionnelles, citons le thé à la rose (Meigui Hongcha), à l'orchidée (Chulan Huacha), au magnolia (Yulan Huacha), au chrysanthème… Pour parfumer le thé noir, les Chinois sèchent les fleurs puis les réduisent en une poudre qu'ils mélangent au thé lors de la phase de dessiccation. Des thés parfumés à base de fleurs sont également réalisés sur des bases Oolong.

Les procédés modernes

Les procédés « modernes », courants dans les pays importateurs, font appel à une grande variété de techniques sans cesse en élaboration. S'ils ne peuvent se prévaloir de l'ancienneté, ils possèdent néanmoins leurs classiques, dont le plus connu est l'Earl Grey.

L'EARL GREY

Selon la petite histoire, Édouard Grey, comte *(earl)* de Fallodon et ministre des Affaires étrangères de Grande-Bretagne de 1905 à 1916, aurait rapporté d'un voyage diplomatique une recette chinoise consistant à aromatiser un thé chinois avec de la bergamote. Il offrit cette idée à une grande marque anglaise de thé (Jackson of Picadilly), qui, pour le remercier, donna son nom au nouveau thé.

Ayez des exigences simples et légitimes.
Voici un panel de thés aromatisés non exempts de feuilles mal roulées, mal fermentées, mal tamisées, de tiges, de « yaourtisation » et de liqueurs ternes.
En vérité, votre bonheur, ici, est loin d'être acquis…
Il faudra encore chercher.

Quant à la bergamote, c'est un agrume à peau lisse, mince et coriace, obtenu peu avant 1700, en Italie du Sud, par l'hybridation d'un citronnier et d'un bigaradier (citrus proche de l'orange). Les grandes cultures de bergamote se trouvent actuellement en Calabre, en Sicile, en Guinée, en Côte-d'Ivoire et au Brésil.

LE GOÛT RUSSE

« Goût russe » – à ne pas confondre avec le thé russe – désigne un mélange de Ceylan, d'Inde et de Chine additionné d'arômes d'agrumes. Le cadre étant vaste, on peut arriver à des résultats très différents.
Conseil de pratique : 2 g pour 10 cl, de 3 à 5 mn (en éveil nocturne/au départ des amis) dans une eau souriante (95 °C).

■ LES AUTRES THÉS AROMATISÉS

Parmi les autres thés aromatisés, certains sont devenus de réelles références commerciales : caramel, citron, menthe, orange, pêche, vanille... Les possibilités techniques sont presque illimitées. Pour vous en convaincre, voici une liste non exhaustive :

- **Fleurs :** chrysanthème, fleur de cerisier, fleur d'oranger, jasmin, lotus, magnolia, orchidée, rose, violette, ylang-ylang...
- **Agrumes :** bergamote, citron, citron vert, orange, orange amère, orange sanguine, pamplemousse...
- **Fruits de nos pays :** abricot, baies sauvages, cassis, cerise, coing, figue, fraise, fraise des bois, framboise, fruits de la forêt, fruits rouges, groseille, melon, mandarine, mirabelle, mûre sauvage, myrtille, pêche, poire, pomme, prune, raisin, reine-claude...
- **Fruits exotiques et épices :** ananas, banane, cannelle, cardamome, épices diverses, fruit de la passion (maracuja), gingembre, ginseng, kiwi, litchi, mangue, vanille...
- **Fantaisies et divers :** anis, bonbon anglais, cacahuète, caramel, champagne, chocolat, choco-menthe, cognac, cola, crème, miel, moka, noisette, noix, noix de coco, menthe poivrée, pistache, réglisse, rhubarbe, rhum, spearmint, whisky, zubrovka...

La toute dernière création est le thé de l'Intersection Venue, constitué d'une base thé vert dont l'amertume, discrètement accompagnée d'amande, est traversée de subtils élans d'acidité fournis par des baies sauvages et éclairés par un jasmin rayonnant. Pour le soutien, un peu d'orgueil de rose a été ajouté. Enfin, en note de queue, la note sucrée, épicée et profonde d'un réglisse vient arrondir le tout.

Ce mélange, pas vraiment sérieux, a été créé, pendant que vous lisiez la liste ci-dessus, au moyen des lettres J-R-A-B-R, premières lettres de Jasmin-Rose-Amande-Baies sauvages-Réglisse et des mots de la phrase : « **J**e vous **R**emercie de votre **A**ttention. **B**onne **R**oute... »

Ce voyage qui nous a amenés à travers le monde des thés s'achève ici... pour l'instant. Mais vous continuerez, de vos propres pas, ce parcours qui sera désormais le vôtre... Si tel est le cas, et je l'espère profondément, je suis certain que nous nous retrouverons. A bientôt !

Les Corbières, mars 1999

GUIDE DES JARDINS A DÉCOUVRIR

Outre ceux déjà cités, voici un guide non exhaustif des jardins à découvrir pour partir à la conquête de votre propre monde des thés.

ASIE

Assam (Inde) sont indiqués entre parenthèses le district et le nombre d'hectares cultivés.

Légende des districts Dax : Darrang / Dx : Dibrugarh / Jx : Jorhat / Kmx : Kamrup / Lx : Lakhimpur /Nx : Nowgong / Sx : Sonitpur / Sbx : Sibsagar.

Non représentés, les districts : Borshola - Dhubri - Goalpara - Karbi Anglong - Kokrajhar - Mangaldai.

Addabarie (Sx, 683 ha) - Amgoorie (Sbx, 710 ha) - Amluckie (Nx, 574 ha) - Arun (Sx, 337 ha) - Attabarrie (Sbx, 388 ha) - Attareekhat (Dax, 408 ha) - Bamonpookrie (Sbx, 373 ha) - Bazaloni (Dx, 879 ha) - Behali (Sx, 490 ha) - Behora (Jx, 656 ha) - Betjan (Dx, 428 ha) - Bhooteachang (Dax, 468 ha) - Bogapani (Dx, 746 ha) - Bordubi (Dx, 801 ha) - Borengajuli (Dax, 598 ha) - Bukhial (Jx, 483 ha) - Cinnamara (Jx, 625 ha) - Dekorai (Sx, 857 ha) - Dikom (Dx, 558 ha) - Dimakusi (Dax, 422 ha) - Dirai (Sbx, 500 ha) - Dirial (Dx, 525 ha) - Dirok (Dx, 688 ha) - Doomni (Kmx, 696 ha) - Dufflaghur (Sx, 636 ha) - Gingia (Sx, 404 ha) - Greenwood (Dx, 556 ha) - Hajua (Sbx, 293 ha) - Halem (Sx, 475 ha) - Harmutty (North Lx, 381 ha) - Hattialli (Dx, 363 ha) - Hazelbank (Dx, 258 ha) - Itakhoolie (Dx, 379 ha) - Jaipur (Dx, 287 ha) - Jamirah (Globe) (Dx, 350 ha) - Joonktollee (Dx, 410 ha) - Keyhung (Dx, 601 ha) - Khongea (Sbx, 475 ha) - Lahoalbari (Dx, 130 ha) - Mahakali (Dx, 304 ha) - Maijan (Dx, 682 ha) - Maud (Dx, 155 ha) - Meleng (Jx, 819 ha) - Mijicajan (Sx, 583 ha) - Monabarie (Sx, 1 060 ha) - Nagrijuli (Kmx, 797 ha) - Namroop (Dx, 381 ha) - Napuk (Sbx, 519 ha) - Nonaipara (Dax, 621 ha) - Numalighur (Jx, 329 ha) - Paneery (Dax, 364 ha) - Romai (Dx, 300 ha) - Rungagora "J" (Jx, 311 ha) - Rungagora "U" (Dx, 433 ha) - Rupai (Dx, 633 ha) - Sankar (Dx, 203 ha) - Santi (Dx, 144 ha) - Sapoi (Sx, 589 ha) - Seajuli (North Lx, 255 ha) - Sealkotee (Dx, 412 ha) - Silonibari (North Lx, 439 ha) - Sonajuli (Sx, 555 ha) - Sycotta (Jx, 765 ha) - Talup (Dx, 690 ha) - Tara (Dx, 666 ha) - Tarajan (Dx, 326 ha) - Tarajulie

(Sx, 513 ha) - Teloijan (Dx, 335 ha) - Thowra (Dx, 484 ha) - Tippuk (Dx, 383 ha) - Tirual (Jx, 100 ha) - Tulip (Sx, 230 ha) - Tyroon (Jx, 553 ha) - Udalguri (Dx, 154 ha) - Umatara (Dx, 253 ha) - Woka (Sbx, 262 ha) - Zaloni (Dx, 349 ha)...

Terai (Inde) Atal - Bagdogra - Chandmani - Fulbari - Fulbari Patan - Gayaganga - Gulma - Gungaram - Marionbari - Matigara - New Chumta - Nischintapur - Nuxalbari - Ord - Sahabad - Sayedabad - Simulbarie - Singhia Jhora - Taipoo...

Dooars (Inde) Ambari - Atiabari - Bagracote - Baintgoorie - Banarhat - Batabari - Bharnobari - Bhatkawa - Binaguri - Birpara - Bundapani - Central Dooars - Chengmari - Chinchula - Choonabhutti - Chulsa - Cooch Behar - Dalgaon - Dalmore - Dalsingpara - Dam Dim - Dheklapara - Diana - Dima - Dumchipara - Gandrapara - Garganda - Ghatia - Good Hope - Gopaljur - Hantapara - Hope - Huldibari - Indong - Jadavpur - Jainti - Jiti - Joges Chandra - Joteswar - Kalchini - Karballa - Kartick - Katalguri - Killcott - Kohinoor - Kumargram - Kumlai - Lakhipara - Lankapara - Leesh River - Looksan - Madhu - Manabarie - Matelli - Mathura - Mechpara - Moraghat - Mujnai - Nagaisuree - Nagrakata - Nangdala - New Dooars - Nowera Nuddy - Nya Sylee - Phaskawa - Radharani - Rahimpur - Raimatang - Raipur - Ramjhora - Rungamutte - Rydak - Samsing - Sankos - Singhania - Subhasini - Telepara - Toorsa - Turturi - Washabarie - Zurrantee...

Cachar (Inde) Aenakhal - Arcuttipore - Arunodaya - Aylabari - Ballacherra - Bhubrigaht - Bhuvan Valley - Bicarampore - Binnakandy - Borojalingah - Borokai - Burnie Braes - Burtoll - Chandighat - Chandypore - Coombergram - Cossipore - Craigpark - Degubber - Dewan - Dholai - Doloo - Doyapore - Dullabcherra - Endogram - Hatticherra - Hattikhira - Hilara - Iringmara - Isa Bheel - Jala Nagar - Jatinga Valley - Jellapore - Kalinagar - Kalline - Kallinecherra - Koomber - Kooyah - Kunchunpore - Labac - Lallacherra - Lallamookh - Longai - Martycherra - Narsingpore - New Jatinga Valley - Pallorbund - Pathecherra - Pathemara - Poloi - Rahman Nagar - Rampore - Roopacherra - Rosekandy - Rukni (Monierkhal) - Sephinjuri - Serispore - Silcoorie - Sultanicherra - Urrunabund - Vernerpur - West Jalinga...

Nilgiri (Inde du Sud) Burnside - Cairnhill - Chamraj - Corsley - Crofton - Deepdale - Grahamsland - Havukal - Koderi - Korakundah - Kotada - Nunsuch - Pascoes Woodlands-Thiashola - Tigerhill - Tungmullay - Welbeck...

Kerala central (Inde du Sud) Moongalaar - Pattumallay - Wallardie...

High Range (Inde du Sud) Lockhart - Panniar - Peermade - Surianalle - Vanidperyar...

Wynaad (Inde du Sud) Achoor - Arrapetta - Chundale - Mayfield - Sentinel Rock - Wentworth...

Bangladesh Allynugger - Balisera - Baraoora - Chandpore - Chatlapore - Deanston - Etah - Karimpore - Hingajea - Lungla - Luskerpore - Mazdehee - Nalua - Rajghat - Rajkie - Rasidpur - Shumshernugger - Silloah...

Népal Burnie - Chillingkote - Fikkal Ilam - Kanyam - Himalaya - Ilam - Maloom - Nestprol - Sotkim - Tokla...

Ceylan Ouest Abbotsleigh - Adam's Peak - Albion Group - Alton - Annfield - Balmoral - Bambrakelly (HG) - Battalgalla (HG) - Beaumont Group - Bearwell (HG) - Blinkbonnie - Bogahawatte - Braemore - Brownlow (HG) - Brunswick - Calsay / Maha Eliya - Christler's Farm - Clarendon - Craigie Lea - Darawella (HG) - Dartry - Deeside - Delta - Derryclare - Dessford - Dickoya - Dimbula - Diyagama East - Diyagama West - Diyanilakelle - Drayton (HG) - Dunkeld - Edinburgh - Eildon Hall - Fairlawn (HG) - Fassifern - Ferham - Fernland - Fetteresso - Fordyce - Frotoft Group - Gartmore Group - Glasgow (HG) - Glassaugh - Glenloch - Glentilt - Gouravilla - Great Western - Hapugastenne (Oakdale) - Harrington - Hauteville Group - Hellbodde - Henfold - Ingestre - Invery - Kaloogalla - Kelaneiya & Braemar - Kelliewatte (Nado Totem) - Kenilworth (MG) - Kew - Kirkoswald (HG) - Kottyagalla - Labookellie - Laxapana - Lippakelle Group - Logie State Plantation - Loinorn - Luccombe - Lyddesdale - Mahavilla - Maskeliya - Mattakelle - Mayfield Group - Melfort - Melton (HG) - Mocha (HG) - Moray - Mount Vernon - Mousakellie - Nayapane (MG) - New Peacok (MG) - New Portmere - North Meddecoombra (HG) - Norwood (HG) - Osborne - Ouvahkellie - Palmerston State - Pettiagalla (MG) - Powysland - Poyston (HG) - Queensland - Radella State Plantation - Rahanwatte - Rogbill - Rothschild - Saint Clair State - Saint Coombs - Sanquhar - Shannon (HG) - Sogama (MG) - Somerset State Plantation - South Meddecoombra - Stellenberg - Stonycliff Group - Storefield - Strathspey Group - Talankande - Talawakelle (HG) - Tangakelle (HG) - Tembiligalla - Theberton Group - Theresia - Tillicoultry - Tillyrie - Torrington - Troup - Uda-Radella - Venture (HG) - Waltrim Group - Wanarajah (HG) - Watte Gode - Waverley - Weddemulla Group - Wooton - Yarrow - Yuillefield (HG) - Ythanside...

Ceylan Est Adawatte - Aislaby - Allagolla (Mansfield) - Ambagasdowa - Attempettia (MG) - Bandara Eliya - Battawatte - Beauvais - Blairlomond - Bombagalla Uva - Brookside Group - Cannavarrella Group - Chelsea - Craig - Craigforest - Cullen - Dambatenne Group - Dammeria Group - Delmar (HG) - Demodera Group - Dickwella - Downside - Dyraaba (HG) - Ellawella - El Teb (MG) - Gallola - Gampaha - Glen Alpin (MG)

- Glenanore - Glenshee Uva - Gonakelle (MG) - Gonamotava - Gordon - Gowaerakelle - Halpewatte - High Forest - Hindagalla - Hapugahawatte - Haputale - Hopton Group - Hugoland - Idulgashena - Kahagalla - Kaloogala - Kandahena Group - Keenakelle (Meerakelle) - Kinellan - Kirklees (HG) - Koslanda - Leangawella - Ledgerwatte Group - Liddesdale Group - Luckyland (HG) - Macaldeniya - Mahadowa - Mahakande - Maha Uva - Nahavilla - Nayabedde - Needwood - Neluwa (HG) - Newburgh - Ohiya - Oodoowerre - Passara Group - Pingarawa - Pitaratmalie - Poonagalla - Queenstown Group - Ragalla Group - Roeberry Group - Roehampton - Rookatenne Uva (MG) - Saint James (HG) - Saint Leonards Estates - Sarnia Group - Shawlands - Spring Valley (HG) - Telbedde (MG) - Thotulagalla - Udaveria - Ury Group - Uva Highlands (HG) - Uvakelle - Uva Ketawella - Uvatenne (MG) - Verellapatna (HG) - Waldemar Group - Wevekellie - Wewesse - Yapame...

Ceylan Galle Allen Valley - Devonia - Galaboda...

Malaisie Boh, Bukit Cheeding, Fairlie, Sungei Palas...

Vietnam Ladotea - Phu Ben...

OCÉANIE

Java Arum Sari - Bedakah - Ciater - Cibojong - Cibuni - Cisaruni - Gunung Cempaka - Gunung Gambir - Gunung Kencana - Gunung Mas - Gunung Rosa - Harendong - Jolotigo - Kaligua - Kertamanah - Kertasarie - Kertowono - Kondang - Malabar - Melania - Mitra Kerenki - Montaja - Nirmala - P. Nangka - Pagiliran - Papandajan - Parakan Salak - Pasir Malang - Pasir Nangica - Pasir Yunghuhn - Patuahwattee - Rantcabolang - Santoon - Santosa - Semugih - Singa - Sinumbra - Taloon - Tambaksari - Tambi - Tanawattee - Tjibuni - Walini...

Sumatra Bah Birung Ulu - Bah Butong - Danau Kembar - Gunung Dempo - Kayu Aro - Marjandi Raya - Sidamanik - Tobasari...

Papouasie - Nouvelle-Guinée Aviamp - Bunum Wo - Kindeng - Kudjip - Kuri - Kurumul - Madan - Minjigina - Paraguai - Pugam - Tigi - Warrawau...

AFRIQUE

Kenya Arroket - Bondet - Changoi - Cheboswa - Chebut (*) - Chemomi - Chenamu - Chinga (*) - Forest - Gathuthi (*) - Gatunguru (*) - Gethuti (*) - Githambo (*) - Githongo (*) -

(*) : jardins du KTDA

Gitugi (*) - Ikumbi (*) - Imenti (*) - Iriaini (*) - Jamji - Kaboswa - Kagwe (*) - Kaimosi - Kaisugu - Kamarya - Kambaa (*) - Kangaita (*) - Kanyanyaini (*) - Kanyenya (*) - Kapchorua - Kapgwen - Kapkatet (*) - Kapko (*) - Kapkoros (*) - Kapset (*) - Kapsongoi - Kapsumbeiwa - Karirana - Kebirigo (*) - Kepchomo - Kericho - Keritor - Kiamokama (*) - Kibabet - Kibwari - Kiegoi (*) - Kimugu - Kimunye (*) - Kinoro (*) - Kip Koimet - Kipkaimet - Kipkebe - Kiru (*) - Koiwa - Litein (*) - Mabroukie - Makomboki (*) - Mataara (*) - Matuta - Mettarora - Michimukuru - Mogogo (*) - Mokama (*) - Mudete (*) - Mungania (*) - Mununga (*) - Nandi - Ndima (*) - Ngere (*) - Njunu (*) - Nyamache (*) - Nyambeni - Nyankoba (*) - Nyansiongo (*) - Ogembo (*) - Ragati (*) - Roret - Rukuriri (*)- Sanganyi (*) - Saosa - Savani - Siloi - Siongo (*) - Siret - Sisiba - Soet - Sokot - Tagabi - Tegat (*) - Tenduet - Theta (*) - Thumaita (*) - Tiluet - Tinderet - Tombe (*) - Tungor...

Mulanje (Malawi) Bloomfield - Chisambo - Chitakali - Eldorado - Esperenza - Glenorchy - Lauderdale - Likanga - Likhubula - Limbuli - Lujeri - Mimosa - Mini Mini - Nakhola - Nsuwadzi - Pwazi - Ruo - Sayama - Thornwood...

Nkhata Bay (Malawi) Chombe - Kavuzi - Kawalazi...

Thyolo (Malawi) Bandanga - Chawani - Chisunga - Delule - Glengarri - Gotha - Kachimanga - Kasembereka - Kumadzi - Lipomula - Lujenda - Mafisi - Makwasa - Mapingo - Massatchezi - Matawale - Mboma - Mianga - Mikunddi - Mindali - Mpezo - Mwalamphanda - Mwalanthunzi - Nabomba - Nachipere - Nakhurumbo - Namadzi - Namingomba - Namitete - Nasonia - Nchima - Nikhami - Nsikizi - Pumula - Sambankhanga - Satemwa - Thyolo - Tunga - Wamphanzi - Zoa...

Zimbabwe Aberfoyle - Jersey - Katiyo - Ratelshoek - Southdown - Wamba - Wanganella - Zindi - Zona...

Ouganda Igara - Kayonza - Kiamara - Kiko - Kwamkoro - Mabale - Mityana - Mpanga - Toro...

Tanzanie Bulwa - Derema - Herkulu - Itona - Kibena - Kibwele - Kilima - Kwamkoro - Lugoda - Lupembe (TTA) - Luponde - Monga - Mwakaleli (TTA)...

Éthiopie Gumaro - Wush-Wush...

Rwanda Gisakura - Gisovu - Kitabi - Mata - Pfunda - Rukeri - Shagasha...

AMÉRIQUE

Brésil Cha Ribeira - Yamatea...

LE MONDE DES THÉS : UN ITINÉRAIRE BIS

N'oublions pas ces quelques pays, États ou régions qui, bien que n'étant que des petits producteurs, ne constituent pas moins un « itinéraire bis » vous invitant à parfaire votre tour du monde des thés...

ASIE

INDE

Tripura – Le Tripura, à l'est du Bangladesh, compte 57 *tea estates* (6 049 ha de culture, 1 100 kg/ha/an) pour à peu près 1 % de la production indienne. Quelques jardins : Adarini - Durgabari - Fatikcherra - Golokpur - Gopalnagar - Halaicherra - Harendranagar - Harishnagar - Huplong Cherra - Kalyanpur -Luxmilonga - Mahabir - Meghlibundh - Mekhlipara - Mohonpur - Murticherra - Pearacherra - Ramdurlabpur - Rangrung - Ranibari - Sova - Sunamukhi - Tufanialonga.

Uttar Pradesh – Cette région de Dehra Doon compte 11 *tea estates*. Quelques jardins : East Hope Towr, Arcadia.

Bihar – Région de Ranchi, compte 17 *tea estates*.

Himachal Pradesh – 1 660 *tea estates*, 100 % des plantations ont moins de 8 ha. Un jardin : Manjhi Valley.

Arunachal Pradesh – État indien entre l'Assam et le Bhoutan. 20 *tea estates* à une altitude moyenne de 500 m. Quelques jardins : Donyipolo - Ganesh Tea - Gunatea - Olingtong...

Manipur – État semi-indépendant de la Fédération assamaise situé entre le Bangladesh et la Birmanie du Nord. 5 *tea estates*.

Nagaland – État de l'Assam ayant pour capitale Kohima (10 000 habitants). 8 *tea estates*.

Orissa – Province orientale de l'Inde au sud du Bihar où vivent encore, dans les forêts denses, des tribus primitives. 2 *tea estates*.

BHOUTAN

La production de ce royaume sub-himalayen, à l'est de Darjeeling, est petite et absorbée dans sa quasi-totalité par la consommation locale.

CORÉE

Ce serait Kim Taeryom, un envoyé coréen, qui, de retour de Chine, aurait planté des graines de théier sur le mont Chiri, dans le sud de la Corée. Ce pays, passage privilégié entre la Chine et le Japon, où la culture du thé est très importante, notamment dans la pratique du Gongfu Cha, ne produit que très peu de thé, absorbé par la consommation locale.

OCÉANIE

NOUVELLE-ZÉLANDE

En 1981, la production de thé vert fut commencée, à partir de greffes provenant du Japon *(Camellia sinensis)*, à Motueka, près de Nelson, sur la côte nord de l'île sud. Les premières plantations commerciales débutèrent en 1988, et la première récolte commerciale eut lieu en 1991. Maintenant, la superficie théière représente 60 ha.

A l'instar de l'Australie, la Nouvelle-Zélande voulait se consacrer à la production de thé noir, mais les planteurs observèrent, sur les conseils du Japon, qu'il y avait une demande sur le marché, durant la période de non-récolte de l'hémisphère Nord, pour des thés verts frais. Pour cette raison, la Nouvelle-Zélande ne produit que du thé vert.

Le standard de cueillette est de 3 feuilles. Des projets similaires sont actuellement en étude en Tasmanie avec clones Okihiri, Syamakuri et Yabukita importés du Japon.

AFRIQUE

ZAÏRE

Les montagnes Kivu, à l'ouest du lac Kivu, constituent le principal centre théier de ce pays, qui présente de grandes similitudes en température et pluviométrie avec l'Ouganda.

Superficie : 9 000 ha (1996)
Production : 2 500 t (1996)
Exportation : 2 000 t (1996)

BURUNDI

La culture commerciale du thé ne commença réellement, dans ce pays, qu'au début des années 70. On y trouve 5 *factories*, dont 4 à plus de 1 800 m d'altitude. Les thés produits sont proches de ceux du Rwanda voisin.

Superficie : 8 000 ha (1996)
Production : 7 000 t (1996)

Quelques jardins : Ijenda - Rwegura - Teza - Tora...

MADAGASCAR

Les plantations sont situées à plus de 1 700 m d'altitude. Madagascar produit des thés intéressants, d'une bonne qualité, mais malheureusement peu disponibles sur le marché actuel. Un jardin parmi d'autres : Sahambavy.

LA RÉUNION

La Réunion a une toute petite production de thé ; les plantations sont situées jusqu'à 1 300 m. La principale récolte se fait pendant la saison chaude, de novembre à avril ; parfois, entre mai et octobre, la production s'arrête.

AMÉRIQUE

PÉROU

Le thé est cultivé à Cuzco et Huanuco.

Production : 3 000 t (1996)
Exportation : 300 t (1996)

ÉTATS-UNIS

Un botaniste français, André Michaux, aurait essayé en 1775, près de Charleston (Caroline du Sud), de créer la première plantation américaine, mais il fut rappelé en France avant d'obtenir des résultats significatifs. Le Dr Junius Smith essaya au même endroit, en 1848, sans succès. Le célèbre Robert Fortune, envoyé en 1858 par le gouvernement américain en Chine, a permis de rapporter des graines qui furent fournies gratuitement à des planteurs. Quelques théiers poussèrent dans les Carolines,

Géorgie, Floride, Louisiane et Tennessee sans succès commercial. Plusieurs essais furent faits en 1890 et 1920 – en vain.

Enfin, à force d'obstination, Charleston Tea Plantations fut créé à Charleston... sur l'emplacement d'une ancienne plantation expérimentale de Lipton.

Conseil de pratique : 2 g pour 10 cl, de 2 mn 30 à 3 mn (à la surprise d'arbre au soleil descendant) dans une eau souriante (95 °C).

Accessibilité : plus pour la curiosité que pour la recherche gustative.

EUROPE

LES AÇORES

Vers 1820, on rapporta du Brésil des graines et des plants de théiers sur l'île de São Miguel. C'est ainsi qu'on put compter 300 ha cultivés dans la première moitié du XXe siècle. Mais, dans les années 60, ces surfaces ne représentaient plus qu'environ 150 ha, et la qualité chuta de même. Depuis une quinzaine d'années, des efforts sont faits pour améliorer la qualité et la quantité, satisfaire au moins la consommation touristique, puis la consommation locale et, peut-être, l'exportation...

LEXIQUE

A

Affilage (thé d') – Thé remarquable par sa présence aromatique, son pouvoir d'évocation, la richesse de son évolution en bouche et en nez (ex. : Darjeeling).

Allogamie – Mode de reproduction par fécondation croisée d'individus différents.

Anhui – Province de Chine centrale, l'une des principales productrices de thé noir et vert.

Annonce (eau) – Eau bouillante que l'on verse dans la théière et dans les tasses afin de les préchauffer.

Appel – Nouvelle utilisation de feuilles déjà infusées pour préparer un thé.

Assam – Province du nord-est de l'Inde.

Arbre mère – Théier sélectionné pour certaines de ses caractéristiques (résistance, goût, rendement, etc.) et sur lequel le planteur prélève des boutures.

Arcure – Méthode consistant à courber certaines branches d'un théier.

B

Bancha – Thé vert japonais de qualité très moyenne.

Banjhi – (Du mot hindi signifiant « qui dort ».) Bourgeon en dormance. Deux feuilles sans bourgeon ou avec un bourgeon dormant.

Banking – Liqueur retenue dans la feuille égouttée, après infusion, qui sort seulement sous la pression des doigts.

Blanc (thé) – Thé manufacturé selon un procédé destiné à faire se dresser les poils blancs du duvet du bourgeon.

Blend – Mélange de différents thés.

Bought-leaves – Désigne des feuilles cultivées par une plantation, puis vendues à une manufacture.

Broken – Thé aux feuilles brisées lors du roulage.

Broken Orange Pekoe (BOP) – Un grade de thé.

Broken Pekoe (BP) – Un grade de thé.

Broker – Négociant de thé payé à la commission.

Brout – Résidu d'une taille de théier.

C

Cachar – District de l'Assam.

Camellia – Genre botanique du thé.

Cash crop – Culture marchande, opposée à culture de subsistance.

Ceylan – Sri Lanka. Thé de cette région.

Cha – « Thé », en chinois.

Chairi – Bassine pour chauffer le thé.

Chanoyu – Littéralement, « eau chaude pour le thé », nom de la cérémonie japonaise du thé.

Chingwoo – Thé chinois noir et non fumé de la province de Fujian.

Chop – De l'hindi *chapna* (« tamponner, numéro, marque ») : terme désignant un certain nombre de caisses de thé portant toutes la même marque.

Chung – Tasse chinoise sans anse munie d'un couvercle et d'une soucoupe profonde.

Clipper – Bateau à voile fin, élégant et rapide servant à transporter le thé d'Asie en Europe à l'époque de la suprématie britannique.

Clonage – Bouturage d'un arbuste provenant d'un arbre mère, génétiquement identique, par reproduction asexuée.

Cold fermented – « Fermenté à froid » : la fermentation, notamment sa durée et la température de la masse des feuilles, fait l'objet d'un contrôle précis tenant compte de l'humidité, de la température, du roulage et du flétrissage.

Congou – Thé noir de Chine.

Crop – Terme utilisé en Chine à la place de *flush (first crop, second crop...)* pour désigner une récolte.

CTC – L'un des procédés de manufacture du thé noir.

D

Darjeeling – Province montagneuse au nord-est de l'Inde. Thé de cette région.

Dessiccation – Séchage des feuilles de thé, l'une des étapes de la fabrication.

Dhool – Mot indou pour « petit vrac ». Désigne les premiers triages de feuilles de thé après le roulage.

Dimbula – Région de Ceylan. Thé de cette région.

Dooars – Région du nord de l'Inde. Thé de cette région.

Dormance – Période de l'année pendant laquelle le théier se repose.

E

Earl Grey – Mélange de thés parfumé à la bergamote.

Endurcissement – Pratique qui consiste à diminuer progressivement l'ombre d'une pépinière afin d'habituer les jeunes plants à la lumière.

Enzyme – Substance protéinique agissant comme catalyseur en provoquant, facilitant, accélérant ou accroissant une réaction biochimique lors de la fabrication du thé.

Estate – Propriété ou holding rassemblant plusieurs jardins ou plantations de thé sous une unique direction ou possession.

F

Factory – Lieu où le thé est manufacturé.

Fannings – Thé broyé.

Fermentation – L'une des étapes de la fabrication du thé.

Fine plucking – Cueillette fine.

Fish-leaf – Feuille en forme de petit poisson, aussi appelée *kepel,* servant de repère pour la cueillette.

Flaveur – Ensemble des saveurs et des arômes d'une liqueur.

Flétrissage – L'une des phases de la manufacture du thé.

Flowery Orange Pekoe (FOP) – Un grade de thé.

Flowery Pekoe (FP) – Un grade de thé.

Fluff – Désigne un duvet chevelu et épais sur la feuille de thé, récupéré lors du blending ou du tamisage du thé et utilisé dans la manufacture de la caféine.

Flush – Récolte *(first flush, second flush, etc.)* suite à la formation d'une pousse. Thé issu de cette récolte.

Formose – Taïwan. Thé de Taïwan.

Fujian – Province de Chine.

G

Galle – Région du Sri Lanka. Thé de cette région.

Genmaicha – Mélange japonais de thé vert (Bancha ou Sencha) avec du maïs et du riz soufflé.

Golden Broken Orange Pekoe (GBOP) – Un grade de thé.

Golden Flowery Orange Pekoe (GFOP) – Un grade de thé.

Golden tip – Bourgeon doré dans le thé noir (une caractéristique très recherchée).

Grade – Niveau de qualité d'un thé.

Guangxi – Province de Chine.

Guizhou – Province de Chine.

Gunpowder – Thé vert, généralement de Chine, dont chaque feuille est roulée en petite boule.

Gyokuro – (« Perle de rosée », en japonais.) Thé ombré de très haute qualité.

H

High Grown – Plantation et thé de haute altitude (au-dessus de 1 200 mètres).

Hubei – Province de Chine.

Hunan – Province de Chine.

Hyson – (« Printemps fleurissant », en chinois.) Un thé vert de Chine.

I

Ichiban-cha – Mot japonais pour « premier thé » ou « première cueillette ».

Impériale (cueillette) – Cueillette du bourgeon seul ou du bourgeon et d'une feuille.

In-between – Récolte située entre la première et la seconde récolte. Thé issu de cette récolte.

Indiamen (East) – Bateaux lourds et lents chargés de thé. Ils appartenaient à la Compagnie des Indes et furent détrônés par les clippers.

Infusion – Feuilles mouillées ayant servi.

J

Janam – (« Naissance », en hindou.) Petite feuille de forme particulière apparue juste après les bractées.

Jardin – Plantation de thé.

Jat – De l'hindou « type », désigne, avec l'appellation d'une région d'origine, une descendance générative ayant des caractéristiques locales déterminées.

Jaune (thé) – Variante du thé blanc.

K

Kabuse-cha – (« Thé couvert », en japonais.) Théier poussé à l'ombre.

Kandy – Région de Ceylan. Thé de cette région.

Keemun – Un thé noir de Chine.

Kepel – Voir Fish-leaf.

L

Lapsang Souchong – Thé noir chinois fumé

Liqueur – Liquide obtenu dans la tasse après infusion.

Lot – Quantité de thé proposée, lors des enchères, sous un seul numéro de série.

Low Grown – Plantation et thé de basse altitude (en dessous de 600 mètres).

M

Matcha – Thé vert japonais en poudre, utilisé pour la cérémonie du thé.

Medium pruning – Taille de remise à niveau et de régénération des théiers.

Mid Grown – Plantation et thé de moyenne altitude (de 600 à 1 200 mètres).

Muscatel flavour – Goût de muscat très recherché, caractéristique de certains Darjeeling Second Flush.

N

Nilgiri – Région du sud-est de l'Inde. Thé de cette région.

Ningchow – Thé chinois de la province Hubei.

Noir (thé) – Thé fermenté.

Nursery – Pépinière.

O

Oolong – (« Dragon noir », en chinois). Thé semi-fermenté.

Orange Pekoe (OP) – Un grade de thé.

Organoleptique – Signifie la capacité d'un objet à laisser une sensation gustative, tactile ou olfactive.

Orthodoxe (méthode) – L'une des méthodes de fermentation du thé. Thé produit selon cette méthode.

Ouvrage (thé d') – Thé remarquable par son élaboration (ex. : thé vert en poudre Matcha, thé sculpté ou en brique, thé vert au jasmin, etc.).

P

Panyong – Thé noir de Chine de la région du Fujian.

Pekoe (P) – (« Cheveu » ou « duvet blanc », en chinois.) En réalité un faux bourgeon terminal, constitué de feuilles enroulées. De nos jours, *pekoe* fait juste référence à un grade de feuille.

Pekoe Congou – Un thé noir du sud de la Chine.

Pekoe Souchong (PS) – Un grade de feuille.

Pouchong – Oolong très légèrement fermenté, généralement produit à Taïwan.

Plucking – Cueillette.

Process – Désigne un type de procédé ou l'ensemble de la manufacture d'un thé.

Pruning – Taille des théiers.

Q

Quality teas – Thés récoltés dans une saison de qualité.

R

Rain tea – Récolte en période de mousson. Thé issu de cette récolte.

Rim-lung – Technique connaissant un certain succès au Kenya et consistant à tailler uniquement le centre du théier, en laissant intactes quelques branches du pourtour.

Roll-breaker – Appareil qui, après le Rotorvane, brise les boulettes de feuilles de thé agglomérées en les passant dans des tamis successifs.

Rotorvane – « Hachoir » cylindrique dans lequel les cellules des feuilles de thé sont brisées.

Rouge (thé) – Thé fermenté.

Roulage – L'une des phases de la manufacture du thé.

Roupie companies – Compagnies théières à direction cinghalaise ou indienne, généralement en opposition à *sterling companies*.

S

Samban-cha – Mot japonais pour « troisième thé » ou « troisième récolte ».

Sample – Échantillon.

Sanchun – Mot chinois pour « troisième bond » ou « troisième récolte ».

Scorch – Brûlure des feuilles due à une soudaine montée de température.

Sencha – Thé vert japonais ordinaire.

Shoot – Pousse cueillie.

Silver tips – Bourgeons de couleur argentée.

Skiff – Taille dans le vert.

Souchong – Mot chinois signifiant « petite sorte ». Il s'agissait à l'origine de feuilles provenant d'un petit théier et qu'on laissait se développer. Ce terme s'applique désormais à des feuilles matures larges.

Sowmee – Un grade de thé chinois.

Spring teas – Thés de la récolte de printemps.

Stalks – Morceaux de tiges présents dans le thé.

Sterling compagnies – Sociétés à capitaux anglais, par opposition à *roupie companies*.

Structure (thé de) – Thé remarquable par l'équilibre de ses saveurs (ex. : Assam, Yunnan).

Summer tea – Thé de la récolte d'été.

Sylhet – Ancien district d'Assam, maintenant dans le Bangladesh.

Szechuan – Province de Chine.

T

Tarry Souchong – Un thé fumé.

Tea-bag – Sachet de thé prêt à infuser.

Tea-taster – Expert qui évalue la qualité d'un thé lors d'une dégustation organoleptique.

Terai – Région proche de Darjeeling, dans le nord de l'Inde.

Théière à trait – Théière vidée dès le premier service.

Théière à garde – Théière dont la contenance n'est pas épuisée après le premier service.

Tip – « Faux » bourgeon couvert de duvet constitué par la prochaine feuille qui se développera. On retrouve ces bourgeons, *silver* ou *golden*, dans le thé manufacturé.

Tipping – Taille cyclique des théiers permettant de maintenir la table de cueillette à une bonne hauteur.

Tippy teas – Thés contenant des *silver* ou des *golden tips*.

Travancore – Région du sud de l'Inde, connue désormais sous le nom de Kerala.

Two leaves and a bud – Expression traditionnelle désignant une récolte comprenant deux feuilles et le bourgeon.

U

Uva – District de Ceylan. Thé de ce district.

V

Vert (thé) – Thé non fermenté.

W

Warm fermented – « Fermenté à chaud » : lors de la fermentation, la température de la masse des feuilles n'est pas contrôlée. Elle dépend du temps de flétrissage, du *panning-process* (roulage à la main dans des bassines), de la température locale, etc. Concerne essentiellement les thés congou chinois.

Y

Yunnan – Province de Chine. Thé de cette province.

Z

Zhejiang – Province de Chine. Thé de cette province.

A la source des chiffres :

• Calcutta Tea Traders Association ;

• International Tea Committee, Londres ;

• Japan Tea Exporter's Association ;

• Tea Board of India ;

• Tea Board of Sri Lanka.

A la source des photographies :

• David Coulon ;

• pour les photos de plantations : Jean Montseren et les planteurs des quatre coins du monde qui ont contribué à mieux faire connaître le thé de ce côté-ci du globe.

A la source des illustrations :

• Eva-Maria.

• Carte de la p. 154, extraite de *Le Livre de l'amateur de thé*, de Sabine Yi, Jacques Jumeau - Lafond et Michel Walsh (Éditions Robert Laffont).

Remerciements chaleureux :

• à A. Batra, S. M. Changoiwala, K. Katyal, M. Mikuni, R. K. Rathi, B. Raychaudhuri, K. Roy, Mr. Sen, H. Singh, K. Tanimmoto, A. Tekle, C. Thiagarajah... et tous ceux qui ont soutenu, d'une manière ou d'une autre, la réalisation de ce livre ;

• à mes maîtres, aux compagnons du thé ;

• à Eva-Maria, à Michèle, ma famille, mes amis.

Et une amicale pensée à tous ceux qui ont aimé le thé, dont William Harrison Ukers, mort en 1954, qui passa tant d'années de sa vie à écrire son *All about Tea* (1935), véritable référence du thé, et son moins connu *The Romance of Tea* (1936). S'il dépensa si généreusement son énergie et son temps, c'était au nom du thé, et non pour un quelconque profit économique, qui, d'ailleurs, n'aurait jamais pu être à la mesure de ce qu'il nous apporta, à nous, hommes du thé. Un jour, on lui demanda : « Pourquoi persistez-vous dans ce travail si mal récompensé ? » Il répondit calmement en souriant : « Vous écrivez ce que vous savez être vrai, simplement parce que vous savez que c'est vrai. Jamais vous ne vous préoccupez de l'argent que vous espérez en tirer. Votre profession n'a pas pour but de vous rendre riche. Si vous dites ce qui n'est pas vrai pour l'argent que vous pouvez en retirer, vous ne vous réjouissez ni de cet argent ni de ce travail. »